软文写作
与营销实战
从入门到精通

苏航◎著

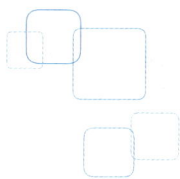

人民邮电出版社
北京

图书在版编目（CIP）数据

软文写作与营销实战从入门到精通 / 苏航著. -- 北京：人民邮电出版社，2016.10
ISBN 978-7-115-42842-4

Ⅰ. ①软… Ⅱ. ①苏… Ⅲ. ①市场营销学 Ⅳ. ①F713.50

中国版本图书馆CIP数据核字(2016)第157687号

内 容 提 要

本书通过 408 个软文营销知识要点与技巧的介绍，帮助读者从零开始学习软文策划、写作与营销知识。读者认真阅读后，将对软文写作、关键词设置、软文策划、软文营销策略、营销误区等有深入了解。

软文写作技巧包括：标题写作、正文写作、开头与结尾的写法、关键词的设置、软文的发布等。

软文营销技巧包括：微信营销、QQ 营销、口碑营销、事件营销、病毒营销、新闻营销、论坛营销、微博营销、百度营销等。

本书最后从案例专题角度，对最为热门的电商软文、房地产行业软文、饮食行业软文、家电行业软文、汽车行业软文进行深入剖析，让读者可以举一反三。

本书结构清晰、内容实用，非常适合做内容营销的新手阅读，对广大文案工作者、网络营销人士、大中专院校的师生等有参考价值。

◆ 著　　　　　苏　航
　　责任编辑　恭竟平
　　责任印制　周昇亮

◆ 人民邮电出版社出版发行　　北京市丰台区成寿寺路 11 号
　　邮编　100164　电子邮件　315@ptpress.com.cn
　　网址　http://www.ptpress.com.cn
　　北京鑫丰华彩印有限公司印刷

◆ 开本：700×1000　1/16
　　印张：20.25　　　　　　　　2016 年 10 月第 1 版
　　字数：374 千字　　　　　　2016 年 10 月北京第 1 次印刷

定价：59.80 元
读者服务热线：(010)81055296　印装质量热线：(010)81055316
反盗版热线：(010)81055315
广告经营许可证：京东工商广字第 8052 号

前言

🎯 写作驱动

随着互联网的迅速发展和普及，越来越多的行业都把目光放在了互联网上。不过也正因为如此，太多的广告在互联网中出现，这也就造成了网络广告的效果不再那么理想。

在此背景下，软文广告应运而生，并且得到了各类企业的热烈追捧。软文也不负众望，为企业带来了非常好的营销效果和不菲的利润。

本书共介绍了 408 个软文营销入门、软文写作技巧、软文营销策略、软文操作方法等招数，用最全面、最实用的技巧帮助企业营销人员掌握软文营销技巧，为企业带来口碑和利润。

💡 本书特色

本书主要特色：内容详细＋实战技巧＋方法全面。

内容详细：本书从基础到高级，对读者进行一步步的引导，就算是初入行的新手在认真学习本书后也能变成软文营销高手。本书内容非常详细和全面，知识覆盖面极广，有助于企业营销人员掌握软文营销的技巧。

实战技巧：拿到就能上手，轻松易学，手把手教会读者进行软文营销。

方法全面：无论是软文的撰写还是营销手段，本书都用了大篇幅来详解和说明，而且还介绍了当前互联网市场中众多的软文营销的手段和方法。

💡 本书内容

本书共有 19 章，内容涵盖了软文写作的各类技巧。介绍了如何设置软文关键词，如何进行软文营销和推广，最后以各类软文案例为切入点，让读者具体了解不同行业的软文写作关键点，从而不至于只会"纸上谈兵"，增加了读者的"实践"经验。

💡 读者定位

- 初入行的软文营销新手。
- 急于在营销工作中有所突破的营销人员。

- 广大的对软文营销感兴趣的人士。
- 互联网与移动互联网营销行业的从业者。
- 各类企业的营销经理、品牌经理、广告策划人员、产品经理等。
- 企业的决策者。
- 相关专业的学生。

作者售后

由于作者知识水平有限，书中难免有错误和疏漏之处，恳请广大读者批评、指正，联系邮箱：licaijulebu@qq.com。

目录 | Contents

第 1 章　软文入门

第 2 章　软文写前准备

第 3 章　软文写作技巧

第 4 章　软文标题的撰写

第 5 章　软文正文写作

第6章 软文开头与结尾写法

第7章 软文关键词的设置

第 8 章　软文的发布

第 9 章　软文营销入门

第 10 章　软文的营销推广

第 11 章　软文的微信营销

第 12 章　软文的 QQ 营销

第 13 章 软文口碑、事件、病毒、新闻营销

第 14 章　软文的论坛、微博、百度营销

第 15 章　案例：电商软文

第 16 章　案例：房地产行业软文

第 17 章　案例：餐饮行业软文

第 18 章　案例：家电行业软文

第 19 章　案例：汽车行业软文

第1章

软文入门

学前提示　　软文，顾名思义，是相对于硬性广告而言，它是由企业的市场策划人员或广告公司的文案人员负责撰写的"文字广告"。

与硬性广告相比，软文之所以叫作软文，精妙之处就在于一个"软"字。

软文入门

什么是软文

软文的分类

软文的作用

软文载体的应用

1.1 什么是软文

俗话说"润物细无声"，相对于硬广（硬性广告）来说，软文的精妙之处就在于一个"软"字，它将宣传内容和文章内容完美结合在一起，让用户在阅读文章的同时还能够了解策划人所要宣传的东西。

一篇好的软文是双向的，既可以让读者得到他想要的内容，也顺便了解了企业想要宣传的内容。下面就带领大家一起走进软文世界，体会软文的魅力。

001　软文的基本定义

如今是读图时代、互联网时代、大数据时代和碎片阅读时代，随着时代的变迁，软文的定义似乎越来越不明晰。很多企业开始思考"什么叫作软文？""长篇文案广告就是软文？""借着新闻点的由头，撰写产品的文字就是软文？""只要是关乎产品、关乎品牌、关乎销售的文字就是软文？"此类相关问题久久不能获得满意的答案。

软文，是相对于硬性广告而言的一种"文字广告"，它主要由企业的市场策划人员或广告公司的文案人员负责撰写。

软文的定义有 2 种，一种是狭义的；另一种是广义的。

1. 软文之狭义的定义

狭义的软文，是早期定义的一种付费文字广告，指企业通过付费的方式在报纸或杂志上刊登的纯文字性的广告，如图 1-1 所示。

▲　图 1-1　报纸上的狭义软文

2. 软文之广义的定义

广义的软文包括很多，如新闻报道、深度文章、案例分析、付费短文广告等。其作用主要是帮助企业提升品牌形象和知名度，促进企业产品的销售等，图1-2为一则付费广告。

▲ 图1-2　报纸上的付费广告

> **专家提醒**
>
> 此外，在文案的范围里，一篇完整的新闻性文章就是我们常说的新闻稿。要区分软文和新闻稿，就看文章里是否有新闻事件。比如文章内容涉及公司获奖信息、公司最新活动等，这些则为新闻稿；比如文章内容涉及公司产品评测、公司发展计划等，这些则为软文。

002　软文的主要形式

纵观广告市场，软文的内容虽然千变万化，但是万变不离其宗。总体来说，它主要有以下几种形式。

1. 新闻事件式

新闻事件式软文，就是以新闻媒体的口吻撰写的文章，可以让读者感受到事件的真实性。但是，企业在写新闻事件式软文时应该结合自身条件，多与策划者沟通，不要天马行空地写，否则，多数会造成负面影响。毋庸置疑的是，新闻事件式软文具有很强的权威性，可以增加文章中提到的广告内容的可信度。

例如，合肥北城某汽车3S店，以"'三八'妇女节夫妻互送玛莎拉蒂"为噱头，出现在新闻媒介上，形成新闻事件式软文，引起了广大人民群众的注意，如图1-3所示。

> 土豪夫妻：过三八节互送玛莎拉蒂
>
> 2015年03月10日 09:31
> 来源：▨▨▨
>
> 摘要："三八"节前，在合肥北城某汽车3S店内，一年轻男子花百万购置一辆红色玛莎拉蒂当礼物送给妻子。妻子感动后当场也做出惊人举动，又花百万购置同款汽车送给丈夫。

▲ 图 1-3　合肥北城某汽车 3S 店的新闻事件式软文

2. 悬念疑问式

悬念疑问式广告充分利用人们的好奇心理，先把问题设置好，让大家去猜测、去关注，等到一定的时候再把答案给出来，它属于自问自答式。

例如，"绿地房产如何打造精致生活""现代园墅何以如此热销？"等，通过设问引起话题和关注是这种方式的优势，如图 1-4 所示。

> ### 房产软文：现代园墅何以如此热销？
>
> **楼市再现彻夜排队，近70套别墅2小时售罄——**
>
> **现代园墅何以如此热销？**
>
> 本报讯（子午）去年，苏州房地产市场在经历了一路高歌猛进之后，逐渐进入低潮，国家宏观调控政策影响及股市的连续震荡下滑，让众多自用及投资客户纷纷选择持币观望。然而，今年5月，位于苏州吴中越溪板块的现代园墅，却逆市飘红，成为近期苏州别墅市场一大看点。开盘前一夜，20多组客户在外排队等候。开盘当天，短短2小时内，约70套房源被抢购一空，场面十分火爆。究竟是什么原因让如此之多购房者如此热情？采访中，透过买卖双方的观点，也许可以看出一些端倪。
>
> **现代园墅销售经理蒋良——**
> **南苏州别墅潜力无穷**

▲ 图 1-4　悬念疑问式软文

此悬念疑问式软文提出"现代园墅何以如此热销？"的问题，一时间，引起人们不断猜想"为什么热销？""现代园墅有什么好？"，然后下文就公布了问题的答案，这种自问自答的方式可以在很大程度上引起读者兴趣。

> 💡 **专家提醒**
>
> 悬念疑问式软文中的问题需要特别设计，首先提出的问题要有吸引力，其次答案要符合常识，不能作茧自缚、漏洞百出。

3. 故事叙述式

通过一个完整的故事给消费者心理造成强烈暗示后再带出产品，从而使销售成为必然。例如，"1.2 亿买不走的秘方""神奇的植物胰岛素"等。

此类软文，讲故事不是其目的，故事背后的产品线索才是文章的关键。听故事是人类最古老的知识接受方式，故事的知识性、趣味性、合理性是软文成功的关键。

4. 情感爆发式

情感爆发式的软文一直很容易戳中人心，尤其是那种信息传达量大、针对性强的情感爆发式软文，更容易让人动心，例如，"老公，烟戒不了，洗洗肺吧""女人，你的名字是天使""写给那些战'痘'的青春"等。

在加多宝与王老吉的"凉茶大战"之后，四则以哭泣孩童为主画面的"对不起"文案出现在加多宝官网的微博上，经过上亿粉丝发酵，引起从名人到草根的共鸣。在网络名人以及网友的推波助澜下，"对不起"迅速发酵成为一个网络事件，下面就来看其中的两则，如图 1-5 所示。

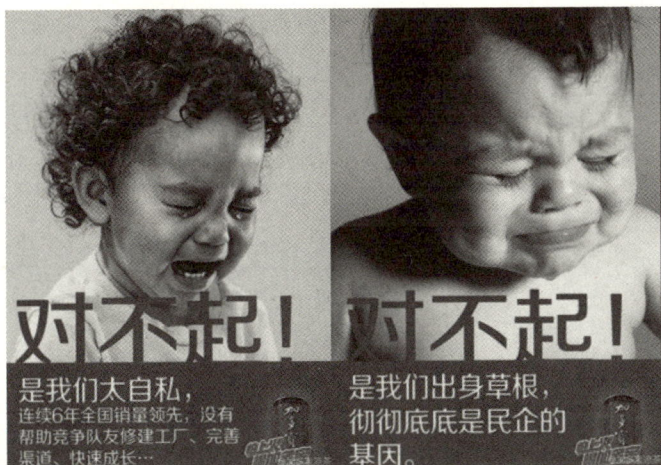

▲ 图 1-5　情感爆发式软文

5. 心理恐吓式

相对情感爆发式的软文来说，心理恐吓式的软文算是一种反情感式的诉求，主要通过恐惧来戳中人们的软肋。例如，"高血脂，瘫痪的前兆！""天啊，骨质增生害死人！"等。

虽然心理恐吓式的软文常常遭人诟病，但实际上其效果往往要比赞美更让人印象深刻，因此只要把握好尺度，就能拥有更好的营销效果。这类软文通常用于健康养生广告中，最常见的便是戒烟广告，如图 1-6 所示。

▲ 图 1-6　心理恐吓式

6. 全民促销式

全民促销式的软文被使用的频率非常高，如"北京人抢购 XXX""XXX，在我国香港地区卖疯了""一天断货三次，西单某厂家告急"等，这类软文广告经常出现在网络电商发布促销活动时，图 1-7 所示为淘宝某产品的广告。

▲ 图 1-7　全民促销式软文

这类软文或者是直接配合促销使用，或者是使用"买托"造成产品的供不应求，通过"攀比心理""影响力效应"等多种因素来促使人们产生购买欲。

003　软文传播的要素

一篇优秀的软文传播必须要具备以下五大要素：推广的对象、推广的内容、推广的方法、推广的平台和推广的时间，如图 1-8 所示。

（1）推广的对象，指推广商锁定的目标对象。

（2）推广的内容，就是把推广商要表达的信息准确地说出来。

（3）推广的方法，就是推广商将要表达的信息有效地传递给目标受众，让其在潜移默化中接受软文的引导的表达方式。

（4）推广的平台，就是信息载体。不同的载体有不同的阅读群体，因此，企业要将软文投放到自己的目标群体中，才会产生效果。

（5）推广的时间，即选择什么时候投放软文。虽然投放软文是一项长期不间断的宣传策略，但事实上在投放时段上还是有一定的技巧性的。只有选择合适的推广时间，软文才会发挥出应有的效果。

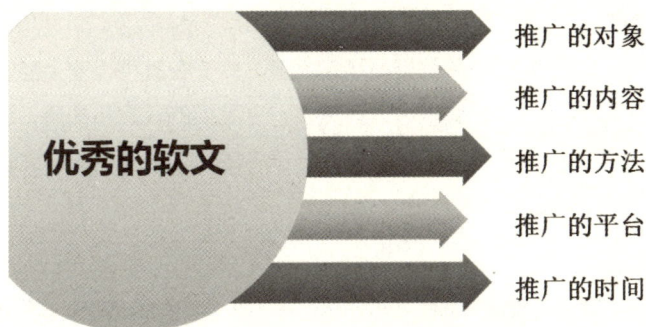

▲ 图 1-8　软文传播的必备要素

1.2　软文的作用

软文就是以文字的形式对自己所要营销的产品进行推广，来促进产品的销售。其本质还是广告，只不过表现形式是以文章出现，但推广的作用依然明显。

004　软文的直接作用

为什么软文在网络营销推广中这么重要？原因如图 1-9 所示。

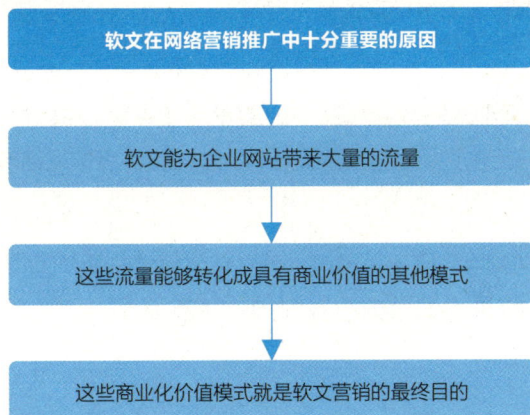

▲ 图 1-9　软文在营销中如此重要的原因

在众多的网络推广方式中，软文以可读性强、流通性广、效果持久等特点广受追捧。软文的直接作用，主要包括以下 3 点。

1. 提高用户关注度

在被收购或者建立网站的初期，企业发布网络软文可以吸引一些初期的关注者或者潜在客户。

2. 提高品牌知名度

对于网站来说，最重要的就是信誉度和知名度。软文在某种程度上能够有效地提升企业的知名度。一篇优秀的软文，为读者提供一些独到的观念和视角，通过敏锐的洞察力，帮助读者解决一些实际问题等，在提升读者的信赖感的同时，对企业的宣传和推广活动也能产生积极的影响。

3. 传播企业文化

通过阅读一篇文章，读者通常就能看出作者的一些人生观、价值观。软文也一样，如果企业想要把自己打造成什么样的形象，就可以通过软文向读者展示自己的那一面，在读者心中留下好印象。如果软文的内容足够好，还可以吸引相同观点的人进行深入的讨论。

005 软文的间接作用

除了提高用户关注度、提高品牌知名度和传播企业文化之外，软文在网络营销推广中还有很多间接作用。

1. 增加有效外链

如果推广者在软文中带上自己网站的链接，就能够将搜索引擎引到自己的网站上，从而增加被搜索引擎搜录的概率或者提高排名。

2. 流量导入

刚建站的时候，网站要引入流量是很艰难的。如果软文中附带有链接，那么就会吸引阅读软文的人去点击链接，这样的点击行为，为推广者的网站带来了基础流量。

3. 提高关键词排名

在软文中穿插关键字和长尾关键词，可以有效地增加关键词的密度，加上有效的外链和流量，对关键词排名的提高起到的作用不言而喻。

006 软文在营销中的作用

软文营销是生命力最强的一种广告形式，也是很有技巧性的广告形式。一篇优秀的软文在营销宣传中的作用是不容忽视的。下面以新闻事件式软文为例进行介绍。

1. 引导流行趋势

根据近期调查数据显示，截至 2013 年年底，我国网民数量已经接近 8 亿，每天浏览新闻的用户有 3 ～ 5 亿，80% 的互联网用户养成了浏览网络新闻的习惯，新闻不知不觉间引导了网民的消费习惯。

2. 树立企业形象

目前，市场上的产品同质化现象非常严重，例如，相同的产品、相同的服务、相同的营销策略等。因此，企业想要从众多的品牌中脱颖而出，就需要通过新闻事件式软文来树立企业的品牌形象。为什么说新闻事件式软文能为企业树立品牌形象？因为新闻事件式软文具有独一无二的特性和庄严性，因此新闻事件式软文更有说服力，推广效果也更好。

3. 传递口碑效应

新闻事件式软文容易形成口碑效应。什么是口碑效应？就是用户在体验的过程中获得满足从而对外进行口头宣传的一种效应，通过传播，在网民之间形成的口碑效应，有时候比广告效应还要好。

4. 强大广告效应

因为新闻事件式软文既有广告的推广效应，又有新闻的权威性，可信度高，因此更容易被消费者接受。

5. 带来群体效应

什么是群体效应？就是不同的消费者在不同的地方，都会看到关于企业服务、产品、企业文化、市场流行、时尚等各方面的相关报道，这些报道会在消费者的心目中留下深刻的印象，于是在下次买东西的时候，他们就会自然而然地选择该企业的产品。

1.3　软文的分类

软文之所以备受推崇，有 2 个原因，如图 1-10 所示。

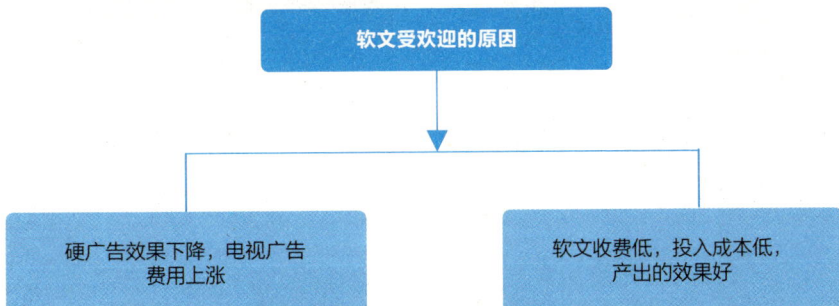

▲　图 1-10　软文受欢迎的原因

因为这 2 个原因，企业推广商更愿意通过试水软文来占领市场。从软文营销作用的角度来分类，常见的软文种类包括以下三大类。

007 推广类软文

软文在推广优化上的威力不同凡响。一篇好的软文，它不仅能给商家带来非常多的外部链接，而且一旦被大量转载，所产生的效应超出想象。

一般来说，推广类软文主要包括以下几种形式。

- 站长在软文中推荐店址。
- 网店店主在文章中推荐店址。
- 从搜索引擎优化的角度出发，所设计的关键词的网页文本。
- 网页信函，大多数是一个域名只有一个网页的模式。
- 以 E-mail 方式投放销售信函或者海报的形式。
- 在报纸杂志上直接介绍或者是对相关产品知识的介绍。

008 公众类软文

公众类软文，就是有助于企业或机构处理好内外公关关系，以及向公众传达企业各类信息的软文。图 1-11 所示为某商业连锁企业的内刊，利用这类软文，企业可以向员工和公众传递企业信息。

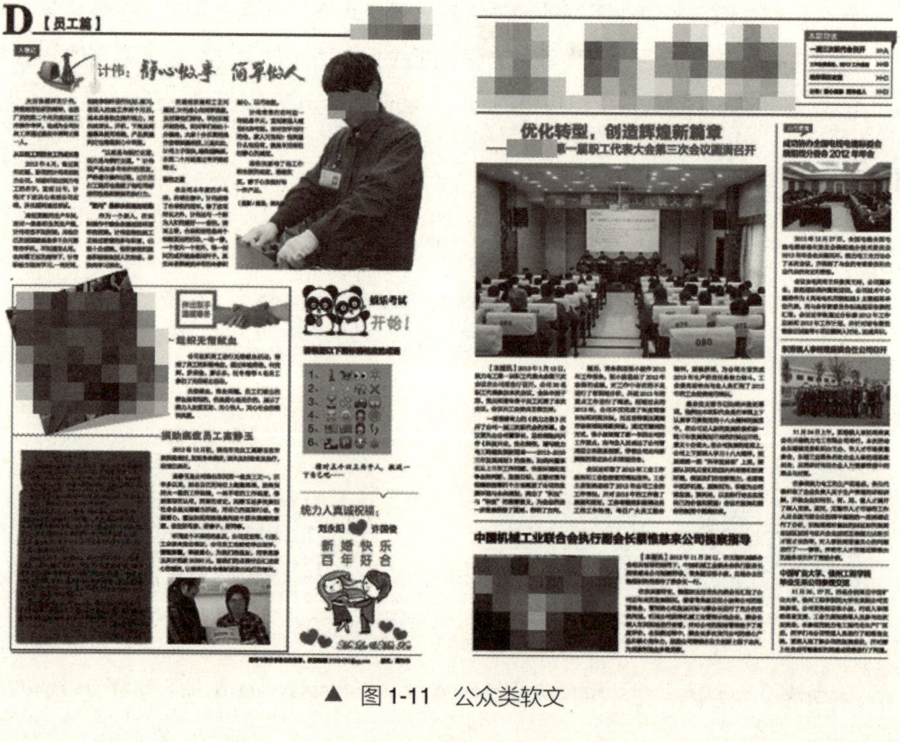
D【员工篇】
优化转型，创造辉煌新篇章
第一届职工代表大会第三次会议圆满召开

▲ 图 1-11　公众类软文

009　品牌力软文

　　品牌力软文指有助于品牌建设和累积品牌资产的软文。品牌力软文的来源有两大类，如图 1-12 所示。

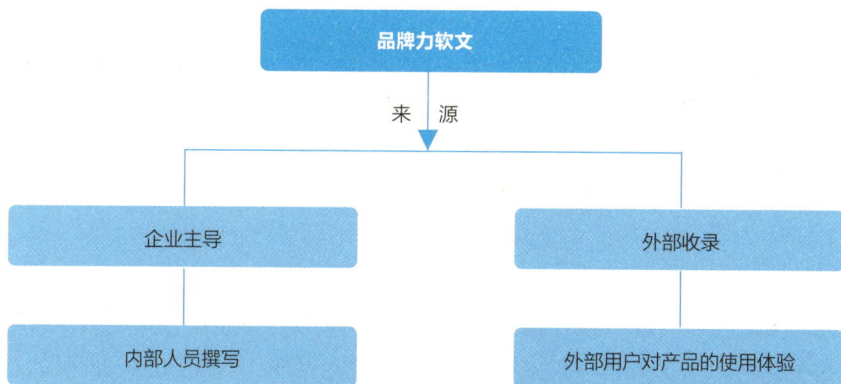

▲ 图 1-12　品牌力软文的来源

　　品牌力软文的撰写多半是从提升品牌的知名度、联想度、美誉度及忠诚度等角度出发，图 1-13 所示为某汽车品牌的品牌力软文。

▲ 图 1-13　某汽车品牌的品牌力软文

在品牌力软文的撰写中，最具有推广效果的莫过于故事类型的软文了。一个好的品牌力软文离不开一个包含品牌核心价值的好故事，因此，企业要学会运用故事去传播品牌的价值，传承品牌价值，从而创造传奇品牌。

1.4 软文在硬广中的应用

在软文的推广传播过程中，有不同的推广形式和推广媒介，例如在硬广告中，软文有其自身的推广特征，本节就为大家介绍软文在硬广中的应用。

010 硬广有优缺点和原则

硬广（硬性广告）指直接介绍商品、服务内容的传统形式的广告，即通过报刊刊登、广告牌设置、电台和电视台播出等进行产品宣传的纯广告。

硬广优点是传播速度快、"杀伤力"强、涉及对象广泛、反复播放可以增加公众印象、有声有色、具有动态性等。

但其缺点同样十分明显：渗透力弱、商业味道浓、可信程度低、时效性差、广告投入成本高、强迫性的说教、传递内容简单和时间短等。

因此硬广中的软文除了要符合广告设计的原则之外，还需要对字句进行锤炼，因为广告中的软文比简单直白的广告词更具有煽动性和诱惑力，其创意的新颖性、内容的生动性、形象的文学性，远非简单直白的广告词可以比拟。这才是广告软文在商业营销中的灵魂价值。

> 💡 专家提醒
>
> 事实上，广告中的软文并不一定需要华丽的辞藻，实现目标才是重点。这一方面需要有创意的标题作铺垫，另一方面软文内容必须简练并且重点突出。

011 在平面媒体中硬广的应用

相对于电视、互联网等媒体通过视觉、听觉等多维度地传递信息而言，报纸、杂志等传统媒体通过单一的视觉、单一的维度传递信息，因而被称作平面媒体。平面媒体软文是指以平面媒体为载体的软文，这些媒介上的软文需要各个媒体的审核，软文刊登费用不等，如图 1-14 所示。

关于平面媒体软文的写作规则，推广者可以坚持以下几点。

- 最好不放在广告版，文章周围最好全是正文，最好是与企业所处行业有关的专刊、专版、专栏。

▲ 图 1-14 平面媒体软文

- 文章撰写避免自卖自夸式的口吻，尽量回避易让消费者认为文章是广告的一切名词、图片和形式。
- 挖掘新闻点或者创造概念，语言必须精练，充分体现产品或品牌所具有的特征、功效和内涵，必须要记住：如果想说服消费者，首先要说服你自己。

1.5 软文推广工具的应用

俗话说，巧妇难为无米之炊。在软文的传播过程中，推广工具的重要性不可忽略。软文的推广工具包括博客、微博、微信、邮件、QQ 等形式，无论哪一种载体，只要能引起网民的大量评论和转载，就算得上是具有传播力的软文推广方式。

012 在博客中的应用

博客是一种通常由个人管理、不定期发布新文章的网站，它是社会媒体网络的一部分，比较著名的有新浪、网易、搜狐等博客。

博客上的文章通常根据发布时间，以倒序方式由新到旧排列。许多博客专注在特定的课题上提供评论或新闻，其他则被作为比较个人化的日记。一个典型的博客，结合了文字、图像、其他博客或网站的链接及其他与主题相关的媒体，能够让读者以互动的方式留下意见，是许多博客的重要要素。

作为 Web2.0 时代的典型代表，博客比较偏重私人和自由的氛围，人们在运营自己的博客时，可以分享学习经验，记录自己的日常生活，也可以通过一些轻松的软文，传播自己的价值观，提高自己的影响力。

在博客中加入软文，主要有 2 个目的，如图 1-15 所示。

然而目前大多数的博主，在宣传运作时，往往偏重于网站内外链的建设及每日内容的更新，常常忽略利用软文来进行推广营销，但其实，在博客中进行软文营销是非常有必要的。

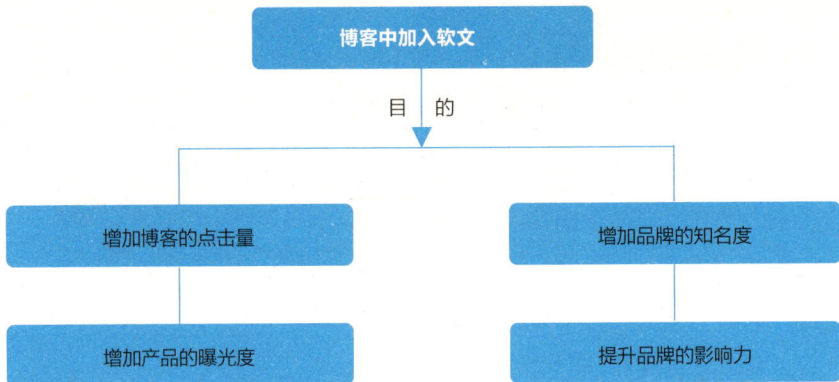

▲ 图 1-15　博客中加入软文的目的

1．博客定位

　　在运用博客进行推广营销之前，我们必须对博客进行精准定位，例如，博客的形象是趋向于专业性，还是趋向于日常性？是与人们的生活息息相关，还是打造奢华高尚的品牌形象？图 1-16 为某全景摄影组织的博客，该博客的定位十分明显，那就是全景摄影，那么博客文章必定要为该主题服务。

▲ 图 1-16　博客定位

　　在博客定位环节中，首先需要确定好图 1-17 所示的相关内容，我们才能打造出集博客宗旨、博客理念、博客文化和博客服务等于一体的综合平台。

▲ 图 1-17　博客定位需考虑的内容

2. 品牌环节

将自己博客的名称当作自己的品牌名称来宣传，相比于其他的品牌名称，此种品牌名称具有图 1-18 所示的特点。

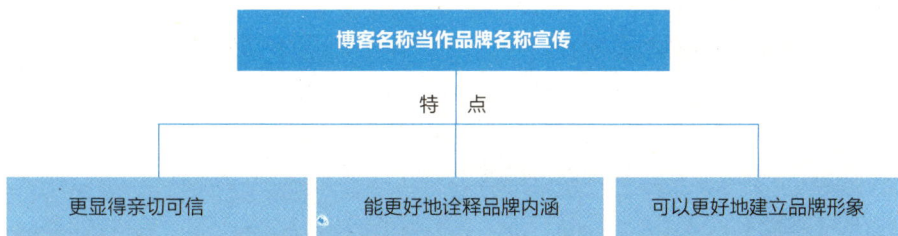

▲ 图 1-18　以博客名称进行宣传的优势

同时在品牌宣传环节中，要注重运用多种软文方式进行营销，如图 1-19 所示。

▲ 图 1-19　多种软文营销方式

3. 推广环节

博客推广环节，是决定着网站生死存亡的关键环节，其重要作用如图 1-20 所示。

在博客推广营销中，企业可以选择以新闻推广、口碑推广等方式进行相应的品牌营销，对扩大产品的知名度和影响力有一定的促进作用，尽管目前博客的影响力有限。

▲ 图 1-20 推广环节的作用

013 在微博中的应用

微博是一个基于用户关系进行信息获取、分享以及传播的平台。在微博上，用户可以实时更新信息，并进行分享，也可以查看他人发布的信息，如图 1-21 所示。

▲ 图 1-21 微博

微博作为一种分享和交流平台，更注重时效性和随意性。微博更能表达出用户每时每刻的思想和最新动态，而博客则更偏重于梳理用户在一段时间内的所见、所闻、所感。目前，新浪微博呈现出一家独大的态势。

虽然目前的微博解除了每条 140 个字的限制（对微博会员而言），但用户早已习惯了 140 字的短微博，所以如何利用短短的 140 字，将想要表达的内容传达出来并被人广泛转发传播，是博主需要重点考虑的问题。

因此，微博的软文要么感性、要么有趣、要么经典，或者具有明星效应。例如，"周一见"，短短十几分钟转载评论量就超过 10 万，否则，很容易被淹没在众多信息之中。

所以，微博软文也是需要费很多工夫去研究的。那么，微博软文的写作有什么特点呢？其实我们可以从微博软文的分类中进行具体分析。

1. 广告式

广告式微博软文常出现于商家的官方微博中，主要用于宣传商家最新推出的产品以及活动等，这种软文的特点在于会受到粉丝的关注，但是被转发的概率却并不大，影响力有限。

2. 分享式

分享式微博软文主要是通过分享的方式来宣传某件商品。例如，网友小静在微博上发了一篇"最近购买了 XX 品牌的润肤乳液，用了之后很滋润，大家也可以试试！（加淘宝网址）"的软文。图 1-22 便是一条典型的分享式微博软文。

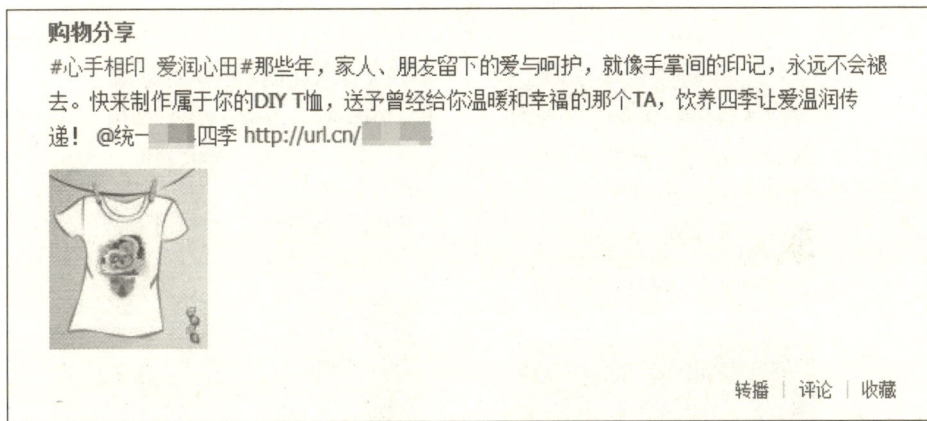

▲ 图 1-22　分享式微博软文

3. 炒作式

这类软文主要是通过炒作的形式来进行推广宣传，利用用户的猎奇心理，来提高产品的关注度，引起网友的转发，最终达到扩大传播的目的。

4. 创意式

创意式微博软文的最大特色是看上去不像广告，更像笑话或者微型小说，这类软文很容易引起用户的关注，而且都乐意转发这种微博。

下面就来欣赏一则利用标点符号展现的创意式微博软文，如图 1-23 所示。

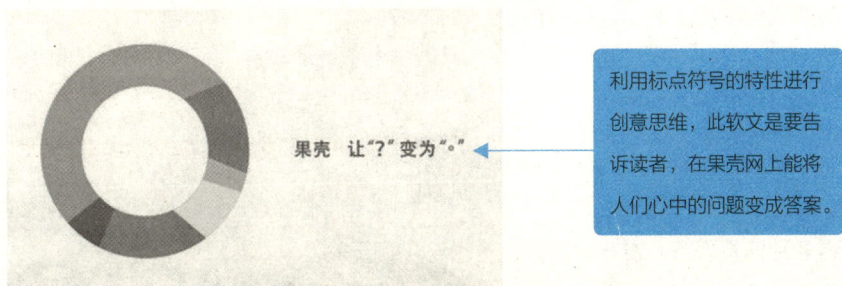

利用标点符号的特性进行创意思维，此软文是要告诉读者，在果壳网上能将人们心中的问题变成答案。

▲ 图 1-23　创意式微博软文

17

014 在微信中的应用

目前，微信已经成为热门的网络推广渠道之一，也是社会化媒体营销中的主要推广方法。微信营销的核心是微信公众账号的内容及分享。只有拥有优质的内容，企业微信公众账号才能够通过朋友圈被更多地转发分享。

微信与微博最大的不同在于微信中的好友大多是你认识的，或者是你朋友的朋友。因此，微信中的软文比微博中的软文更具可信度。微信中的软文可以比微博中的更"软"一些。当然，分享性、趣味性同样是微信软文的诱人之处，如图 1-24 所示。

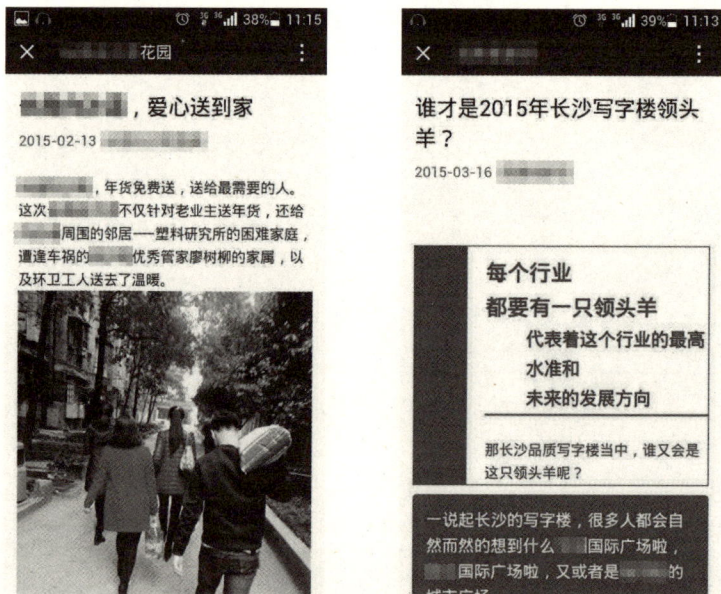

▲ 图 1-24 微信软文推送

最常用的微信软文推广方式是通过微信公众账号的方式进行推广，但是这样的方式有一个缺点，就是无法精准地锁定目标用户。

因此，软文的推广写作不应该只局限于案例的写作，还可以描写目标客户，这样就能够在最大程度上吸引目标客户。

015 在论坛中的应用

论坛提供了一块公共电子白板，每个用户都可以在上面书写内容发布信息或提出看法。它是一种交互性强、内容丰富的 Internet 电子信息服务系统，用户在论坛上可以获得各种信息服务、发布信息、进行讨论和聊天等。

由于论坛发布信息门槛以及成本较低，企业经常利用论坛这种网络交流的平台，通过文字、图片、视频等方式发布企业的产品和服务的信息，让目标客户更加深刻地了解企业的产品和服务，从而达到宣传自身品牌的目的。

利用论坛进行推广的方式有很多种，包括网址推广、口碑推广、网摘推广、电子邮件推广以及软文推广（见图 1-25）等。

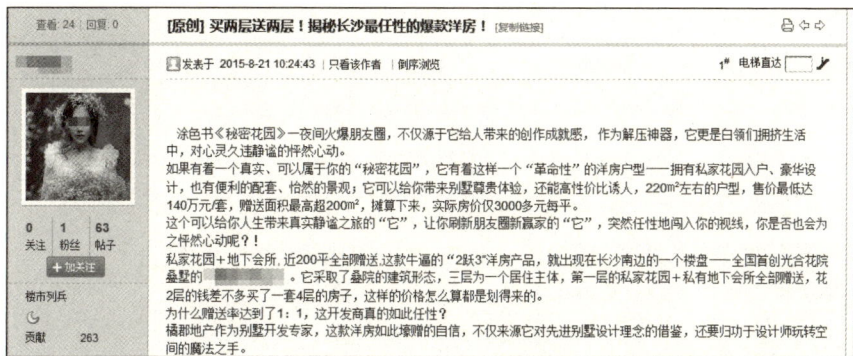

▲ 图 1-25　论坛软文推广

在论坛发软文时，首先是要选择目标客户聚集的论坛，其次要遵守各论坛的发贴要求，还有就是在禁止发广告的论坛，一定要注意软文不可过"硬"，让人一眼看穿，否则随时会被删。一般来说，想要写好论坛软文，可以参考以下 4 点建议。

- 软文的目的重在说理，而不是抒情，只需用简洁明了的语言把观点表达清楚即可，所以需列好提纲，理清思路。
- 写个好开头很重要，一定要引人注目。开头是最需要写作功底的地方。这一部分要求写得简洁凝练，同时又要涵盖完整的信息。
- 展开小标题，逐个突破。提纲中列出的小标题要简洁有吸引力，然后稍加展开，把每一个标题的观点阐明就可以了。
- 结尾稍加总结或补充。其实把每个小标题的内容展开叙述基本上已经算完成一篇软文的写作了，结尾只需要作一个简单的总结或补充就可以了。

016　在网络媒体中的应用

互联网被称为继报纸、广播、电视三大传统媒体之后的"第四媒体"。基于互联网的网络媒体集三大传统媒体的诸多优势于一体，是跨媒体的数字化媒体，具有即时性、海量性、全球性、互动性、多媒体性等特点。

除了上述特点以外，网络媒体传播也存在一些缺陷，如抄袭复制现象严重、公信力不高、容易侵犯知识产权、带宽瓶颈制约、信息垃圾泛滥等。网络媒体信息还有很大的品质提升空间，因此，网络媒体中的软文写作更加严格，图 1-26 为一些常见的网络媒体。

▲ 图 1-26　常见的网络媒体

那么，企业应该如何利用网络媒体的强大优势，进行软文营销呢？

- 让客户有机会直接在门户网站的相关频道看到关于企业产品的新闻，产生直接的点击或者评论，带来直接客户。
- 当潜在客户运用百度等搜索引擎搜索企业的名称或者产品的关键词时，就会在一个页面或几个页面上，看到各大网站上与企业相关的新闻报道。当客户看到有这么多网络媒体报道了该企业，可能会对其产品更有信心，加快成交速度。
- 把所有各大网站发表过的关于企业的报道按照原网站网页的形式收集起来，链接到本企业网站上，供客户阅览，增强用户对企业的信任度。
- 网络新闻软文具有二次传播性，就是一个网站首先发布出来之后，别的专业网站也会转载这篇新闻。

017　在淘宝网店中的应用

优秀的淘宝软文对于淘宝店铺网络营销来说，会起到至关重要的作用，因为创意十足、引人眼球的广告语能够吸引顾客，人流量提升了，销量自然不会太低。那么，淘宝软文有哪些写作技巧呢？

1. 篇幅要适中

淘宝软文要尽量短小精悍、言简意赅，让读者很快就能了解整个内容，而且每句话不宜过长，尽可能用短句来描写。当然，有些行业由于其传播的特殊性，可以适当加大篇幅，让读者自然而然地产生兴趣，如图 1-27 所示。

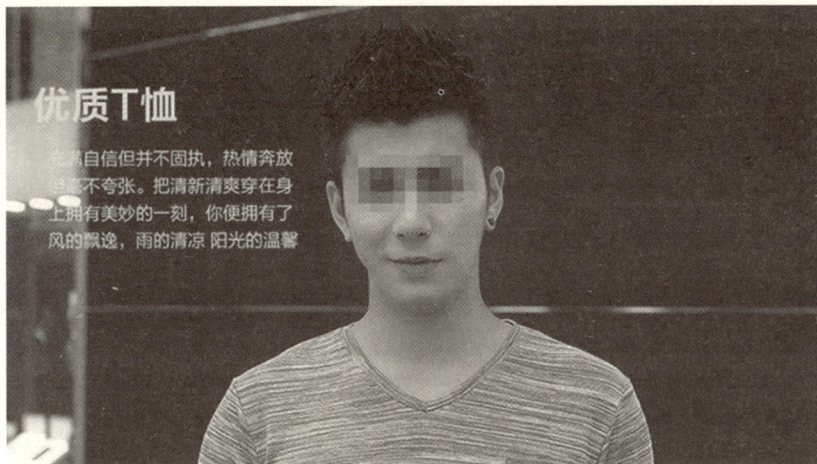

▲ 图 1-27　短小简练的淘宝软文

2. 切记标题的重要性

标题对于淘宝软文来说，非常重要，因为软文的标题决定着读者是否有兴趣继续读下去。例如日常生活中，大家看报纸都是先看每段内容的标题，如果感兴趣才接着阅读，因此，商家要多在标题上下功夫。

3. 尽快切入主题

在进行淘宝软文的撰写时，要尽快进入主题，因为读者看软文广告通常没什么耐心，如果不能在几行字之内抓住读者的视线，后面的内容即使再精彩也毫无意义。

4. 注意图片的选择

虽说是软文，但是如果只有文字而没有图片搭配，会显得十分单薄。有时候一张宝贝的图片远比一大段文字要表达的内容还要多。图 1-28 为某品牌潮鞋的精美图片，让顾客对此鞋有一个清晰的认识，增加吸引力、营销效果十分明显。

▲ 图 1-28　宝贝图片要精美

5. 需要让顾客接受

淘宝软文的目的主要在于用一段文字、一个故事来引导或说服顾客，从而使顾客产生购买欲望。因此，要充分考虑顾客对软文的接受程度，切忌过分的夸大，引起受众的怀疑和反感。

018　在电子邮件中的应用

对于某些商家来说，电子邮件软文依旧是一个不错的营销手段，图 1-29 为一个邮件软文。

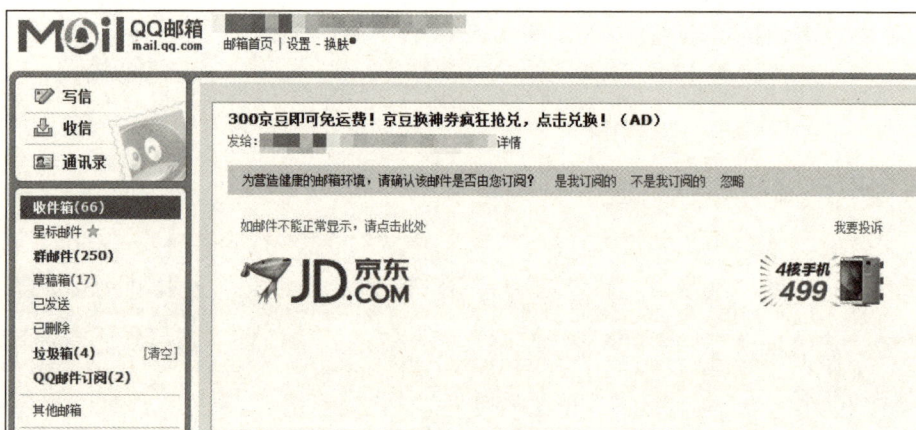

▲ 图 1-29　邮件软文

需要注意的是，在编辑电子邮件软文时不要用太过浮夸、华丽的平面设计，因为那样很容易让人认为这是一则广告，而不会点击查看。而且网友通常都是通过软文的标题和开头来决定是否继续阅读，因此，标题和开头一定要写好。

019　在 QQ 空间中的应用

QQ 空间是软文营销另一个非常重要的阵地，特别是百度对于某些软文进行屏蔽的时候，通过 QQ 空间来进行软文营销的作用就显得更大了。因为 QQ 空间转载方便、用户数量多的特点，让其成为了软文病毒式营销的最佳平台。

而且在 QQ 空间进行软文营销的同时，我们还能利用 QQ 空间来补充网站的内容，比如在 QQ 空间中上传商品图片及商品详情图，让用户能够更加直观地了解商品。

第 2 章

软文写前准备

学前提示

　　企业在进行软文营销之前，需要先了解整个市场的发展趋势，以便能更有针对性地进行软文创作和营销。所以，软文营销的首要任务就是进行市场细分，然后了解此类软文写作的痛点，使企业达到快捷、有效营销的目的。

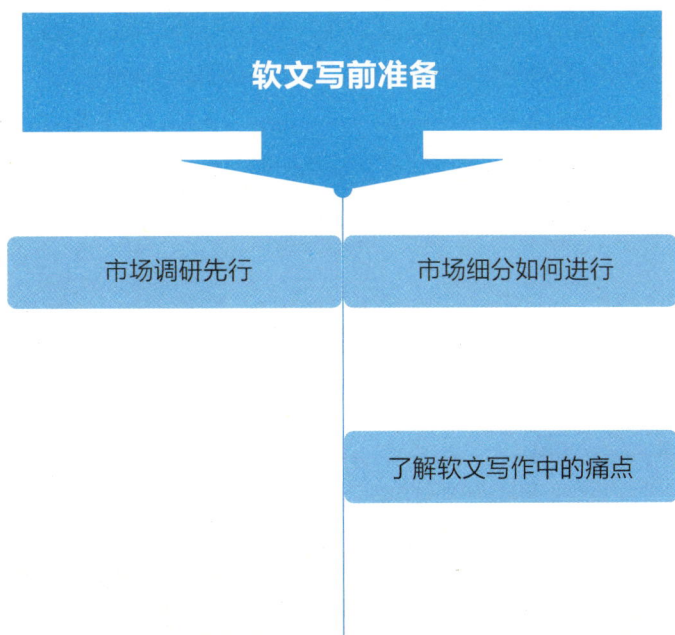

软文写前准备

- 市场调研先行
- 市场细分如何进行
- 了解软文写作中的痛点

2.1 市场调研先行

对于软文营销来说，市场调研的重要性不言而喻。正如有句俗话所说："没有调查就没有发言权。"如果想让软文发挥出巨大的作用，事先的市场调研是必不可少的。

020 内部和外部调研

软文营销的市场内部调研就是调查企业的创建历史、企业的经营范围、商业模式、企业资质、经营业绩、企业荣誉、企业构架、企业领导人资历、经销商数量、客户群体、公司管理模式、人力资源体系、企业办公环境、生产环境、企业员工的工作以及生活状态等。

在进行市场内部调研时，对企业经营实力的分析是相当重要的。如图 2-1 所示，我们一般主要从以下 4 个方面入手。

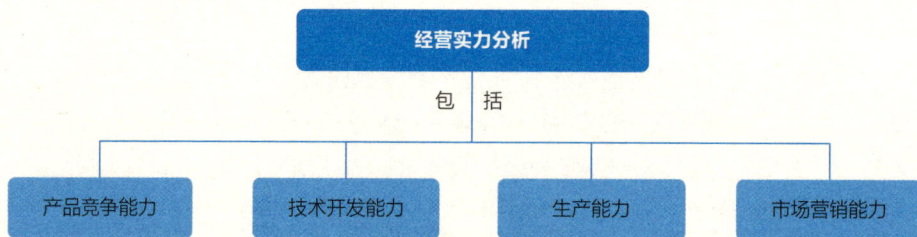

```
                    经营实力分析

                      包  括

  产品竞争能力    技术开发能力    生产能力    市场营销能力
```

▲ 图 2-1 经营实力分析

市场外部调研则是全面了解这个行业的必要手段。所谓"知己知彼，百战不殆"，这句古老的成语勾画出了外部调研的重要性。在市场竞争日趋白热化的今天，不了解竞争市场情况，不认识竞争对手，就意味着没有获得胜算的机会。

市场外部调研的根本目标是掌握竞争对手的一切动态，从中发现竞争对手的优缺点，帮助企业制定恰当的应对措施，扩大市场份额。其主要包括以下 4 个方面，如图 2-2 所示。

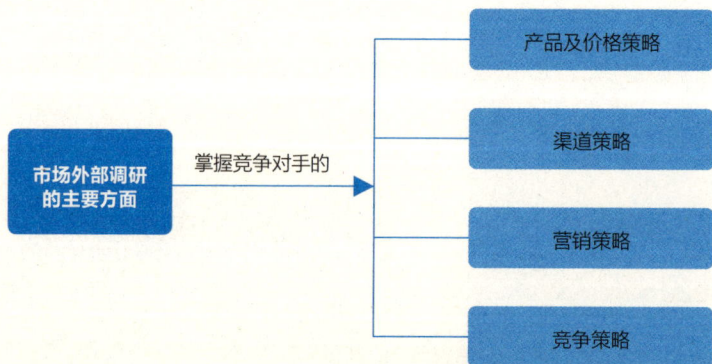

```
                              产品及价格策略

                              渠道策略
  市场外部调研   掌握竞争对手的
  的主要方面                    营销策略

                              竞争策略
```

▲ 图 2-2 市场外部调研的内容

另外，针对竞争对手最有优势的部分，企业需要制定回避策略，以免造成不必要的损失。当然，我们收集这些并不是要诋毁竞争对手，而是要从中学习经验，找出竞争对手的弱点，从而制定差异化、个性化、系列化的软文营销策略。

021　进行不同人群调研

所谓的不同人群，主要是指企业内部人员、企业合作伙伴、第三方人员。

- 企业内部人员包括企业经营负责人、企业创始人、企业主要部门负责人、企业员工。
- 企业合作伙伴，主要是指企业的主要经销商和供应商、企业的大客户。
- 第三方人员主要是指行业内的竞争对手、行业协会、监管机构人士、普通消费者。

企业在对这三个群体进行调研的时候，不一定要面面俱到，但要突出重点。调研者可以像新闻媒体记者一样先列出调研提纲，也可以通过轻松的聊天来进行侧面了解。有一点需要特别注意，对于涉及企业商业机密的内容，尽量避开。

2.2　市场细分如何进行

企业在做软文营销之前，需要了解整个市场的发展趋势，以便更有针对性地进行软文创作和营销。所以，软文营销的首要任务就是通过进行市场细分，使企业达到快捷营销、有效营销的目的。

企业产品的整体市场之所以可以细分，是由于消费者的需求存在差异性，引起消费者需求差异的变量很多。在实际中，企业一般是组合运用有关变量来细分市场，而不是只采用某一单独变量。

总体来说，细分消费者市场的变量主要有四类，即地理变量、人口变量、心理变量和行为变量。

下面就来从市场细分的概念、市场细分的作用、细分消费者市场的变量等方面入手，进一步掌握市场细分的方法。

022　什么是市场细分

市场细分的概念，是美国市场学家温德尔·史密斯于 20 世纪 50 年代中期提出来的。所谓市场细分，就是指按照消费者欲望与需求，把一个总体市场划分成若干个具有共同特征的子市场的过程。

分属于同一细分市场的消费者，他们的需要和欲望极为相似；分属于不同细分市场的消费者对同一产品的需要和欲望存在着明显的差别。

值得注意的是，细分市场不是根据产品品种、产品系列来进行的，而是从消费者的角度进行划分的，是根据市场细分的理论基础，即消费者的需求、动机、购买行为的多元性和差异性来划分的。

而作为一家运营良好的企业，目标市场的确定恰当与否，是关系到企业目标任务是否能完成、企业市场营销战略制定与实现的首要问题。只有通过市场细分，企业才能根据自己的各方面条件从中做出合适的软文营销市场选择，企业可以通过以下 3 种原则作为市场细分的选择，如图 2-3 所示。

▲ 图 2-3 市场细分三原则

1. 消费者的购买初衷

细分市场要能够明确突出消费者不同的购买初衷，如常规性购买、冲动性购买、计划性购买、虚荣性购买、推荐性购买等。

2. 消费者的购买需求

企业只要了解消费者的购买需求，通过市场细分明确突出目标客户的不同行为，才能做出针对性的软文营销方案，才能更好地抓住消费者的购买力。

而购买需求是指对产品价格、产品外观、产品质量和产品安全等的需求，这些都能纳入消费者市场需求细分中作为参考。

3. 消费者的购买动机

企业在进行软文营销市场细分的过程中，需要对消费者购买动机进行明确的了解，这样才能通过市场细分对消费者不同的购买动机，有深刻了解，并制定有效的软文营销策略。

企业可以根据以下问题，如消费者为什么会购买此款产品、消费者为什么在这个地方购买、消费者期望得到什么样的服务、消费者的心理价位是多少等，来思考消费者的购买动机。

023 市场细分有什么作用

市场细分能够帮助企业认识软文营销市场，研究消费者和竞争对手，为企业选择合适的目标市场，制定正确的营销策略提供依据。在任何市场上，细分市场总是起着相当重要的作用，如图 2-4 所示。

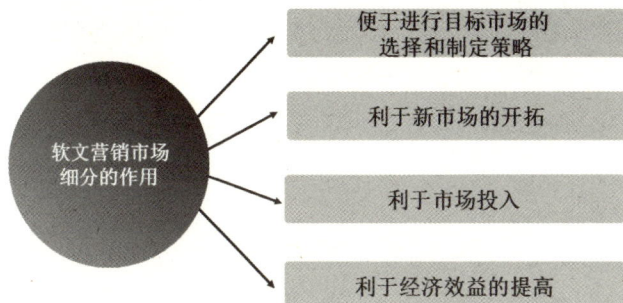

▲ 图 2-4　软文营销市场细分的作用

1.　便于进行目标市场的选择和制定策略

　　企业在进行市场细分后，对子市场会有一个比较具体的了解，更容易了解消费者的需求。企业可以根据自己的经营思想、方针及生产技术和营销力量，确定自己的服务对象和软文营销的目标市场。

　　然而，针对较小的目标市场，企业可以制定特殊的营销策略。在细分的市场上，信息更加容易被了解和反馈。一旦消费者的需求发生变化，企业可迅速改变营销策略，制定相应的对策，以适应市场需求的变化，提高企业的应变能力和竞争力。

2.　利于新市场的开拓

　　企业进行软文营销市场细分，有利于开拓新市场。通过市场细分，企业可以对每一个细分市场的购买潜力、满足程度、竞争情况等进行分析对比，挖掘出有利于企业自身发展的软文营销市场机会。

　　开拓新市场可以使企业及时做出投产、销售决策或根据企业生产技术条件编制新产品的开拓计划，以及进行必要的产品技术储备，掌握产品更新换代的主动权，开拓新市场，以便更好地适应软文营销市场环境的变化。

3.　利于市场投入

　　一个企业不可能做到满足所有的市场需求，所以，企业必须在细分市场中做出取舍。一般来说，企业应该选择在细分市场中占据较大的市场份额，那样比在整体市场中获取较小的市场份额更为有利。

　　选择目标市场以后，企业就需要将"三力"（人力、物力和财力）准确地投放到所选定的目标市场上去，这样才能获得成功。

4.　利于经济效益的提高

　　企业通过软文营销市场细分后，可以获得很多好处，如图 2-5 所示。

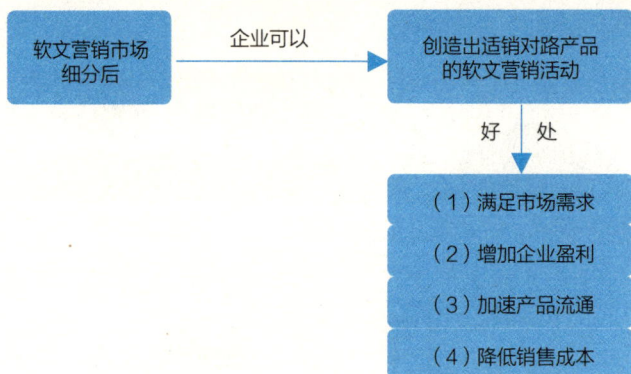

▲ 图 2-5　软文营销市场细分的好处

024　依靠地理变量细分市场

地理变量细分是按照消费者所处的地理位置、自然环境来进行的市场细分，如根据国家、气候、人口密度、地形地貌、城市规模以及地区等方面的差异将整体市场划分为不同的小市场，如图 2-6 所示。

▲ 图 2-6　按地理变量细分市场

地理变量易于识别，是企业在细分软文营销市场中应考虑的重要因素，但处于同一地理位置的消费者需求仍会有很大差异。

所以，简单地以某一地理特征区分市场，不一定能真实地反映消费者需求的共性与差异，企业在选择目标市场时，还需结合其他细分变量予以综合考虑。

地理细分之所以可行，主要是由于处在不同地理环境下的消费者对于同一类产品会有不同的需求，他们对企业的产品价格、包装、销售渠道等营销措施的反应也会存在差异，所以地理细分是非常重要的。

025　依靠人口变量细分市场

消费者市场细分的依据可以按人口统计变量，如年龄、性别、家庭规模、家庭生命周期、收入、职业、宗教、民族、教育程度、国籍等来进行市场的细分，如图 2-7 所示。

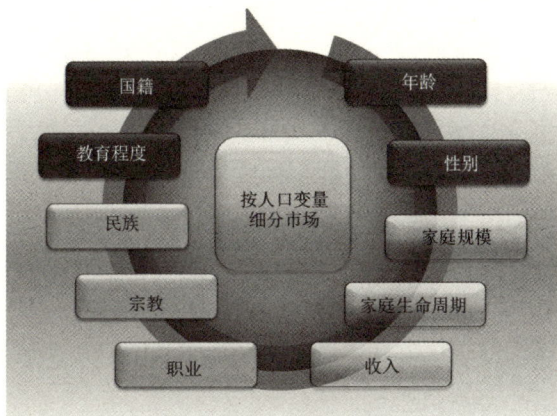

▲ 图 2-7　按人口变量细分市场

人口变量比较容易衡量，有关数据比较容易获取，因此企业经常以它作为市场细分的依据。下面就来介绍企业最常用的来进行人口变量细分市场的方式，如图 2-8 所示。

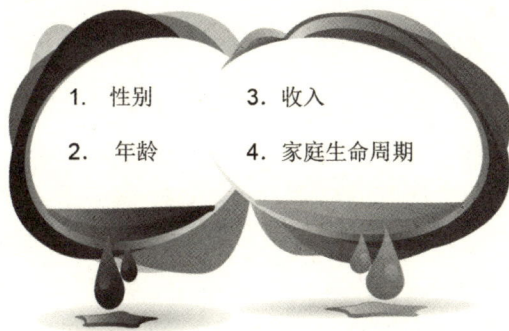

1.　性别　　　3.　收入

2.　年龄　　　4.　家庭生命周期

▲ 图 2-8　常用的人口变量细分市场的方式

1. 性别

由于生理上的差别，男性与女性在产品需求、偏好上有很大不同，消费需求的差别也很显著。

因此，市场就会区分出男性用品市场和女性用品市场，企业可以针对不同性别的不同需求，制定软文营销策略，开拓市场。

2. 年龄

不同年龄的消费者有不同的需求特点，对商品和服务的需求也是不一样的，不同年龄结构能形成具有年龄特色的市场。

企业可以把消费者分为年轻型、成年型、老年型，企业可以根据人口年龄需求特点，来决定企业产品的投向，寻找目标市场。

3. 收入

不同收入水平的消费者，对应的生活方式和需求也会有所不同。由此，企业在策划营销活动时，可以根据消费者的收入水平进行策划。

4. 家庭生命周期

家庭生命周期可以分为图 2-9 所示的 7 个阶段。企业可以从这 7 个阶段中挑选出对应的消费者群体进行市场调研，根据调研结果制定软文营销活动策略。

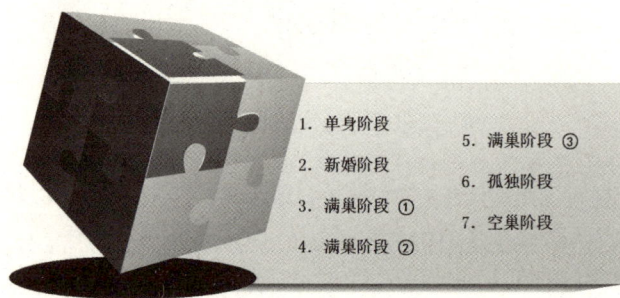

▲ 图 2-9　家庭生命周期的 7 个阶段

（1）单身阶段。这个阶段的消费者，是年轻一族并且没有伴侣，消费观念比较超前，很容易接受新的事物。

（2）新婚阶段。这个阶段的消费者，经济条件一般，但购买需求强。

（3）满巢阶段①。这个阶段的消费者，大多是年轻夫妇，对儿童方面、家庭方面的产品需求比较高，储蓄能力比较强。

（4）满巢阶段②。这个阶段的消费者，同样属于年轻夫妻范畴，有一定的经济能力，对广告营销有一定的免疫能力，比较看好较高档次的产品，注重对孩子的教育投资。

（5）满巢阶段③。这个阶段的消费者，大多人到中年，经济状况不错，属于理智型消费者，对产品有较为冷静的判断。

（6）孤独阶段。这个阶段的消费者，大多是单独生活的老人，比较注重安全保障类的服务与产品。

（7）空巢阶段。这个阶段的消费者，大多是上了年纪的夫妻，他们的孩子几乎都已离家自立，对老年人用品比较注重。

026 依靠心理变量细分市场

企业在进行市场细分的过程中，可以根据消费者的心理因素进行细分，这样就能在了解消费者心理的层面上，更深刻地了解市场动态与消费者需求。图 2-10 为消费者的三大心理因素。

▲ 图 2-10 心理变量细分市场三大心理因素

1. 社会阶层

社会阶层是指在某一社会中具有相对同质性和持久性的群体，同一阶层的成员具有类似的价值观和行为方式，而不同阶层的成员在各方面存在着很大的差异，如图 2-11 所示。

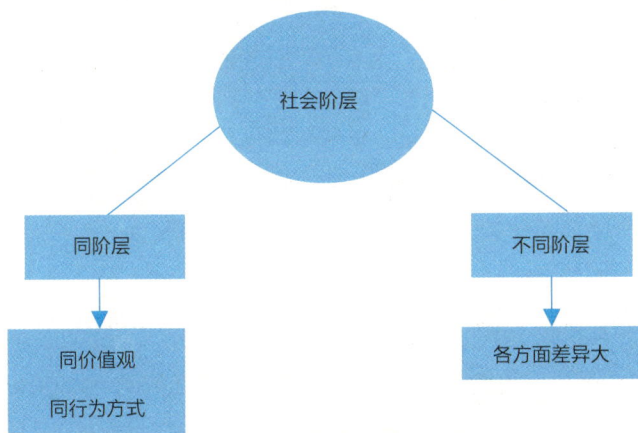

▲ 图 2-11 社会阶层

由此可见，企业需要对不同的社会阶层进行调查，调查出不同阶层的消费者所具有的特点，再以消费者的特点作为产品市场细分的依据。

2. 生活方式

不同的消费者具有不同的生活方式，如有的消费者喜欢简朴的生活，有的喜欢高雅的生活等。企业需要根据消费者的不同生活方式，进行产品的设计、产品的推广、软文的创作，增强营销的针对性和成功率。

3. 个性

一个人的个性决定他的处事风格，当然也能影响其购买产品时的选择。通常个性会通过性格特征而体现出来，由此企业可以根据产品的目标群体的个性特征来获取市场细分的有效依据。例如，家庭主妇群体一般个性节俭，很会精打细算，在进行软文营销时就应侧重"省钱""划算"等方面。

027 按行为变量细分市场

企业根据购买者对产品的了解程度、态度、使用情况及反应等，将不同行为的消费者划分成不同的群体，即行为细分。许多人认为，行为变数能更直接地反映消费者的需求差异，因而成为市场细分的最佳起点。按行为变量细分市场主要从以下 7 个方面进行，如图 2-12 所示。

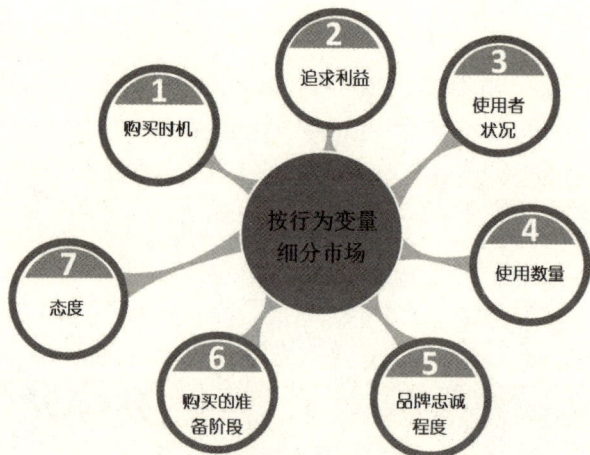

▲ 图 2-12 按行为变量细分市场的 7 个方面

1. 购买时机

企业根据消费者提出需要、购买和使用产品的不同时机，将他们划分成不同的群体，便于其更好地为消费者服务和更准确地进行市场细分，从而制定出有效的软文营销策略。

2. 追求利益

地理细分、人口统计细分和心理细分这 3 种细分体系，几乎完全是建立在对构成细分市场人群的事后分析之上，这些方法所依赖的是事后描述性变量，而并非因果关系变量。

因此，这 3 种细分变量体系不能用来对未来购买者行为进行有效的预测，而未来购买行为才是营销人员所关注的焦点，这就是为什么有些营销学者坚信利益细分是研究细分市场最为行之有效的出发点和基本依据。

针对消费者所寻求的利益，不同的细分类型已被研究人员总结出来，这些利益细分对企业的营销活动颇具指导意义，如图 2-13 所示。

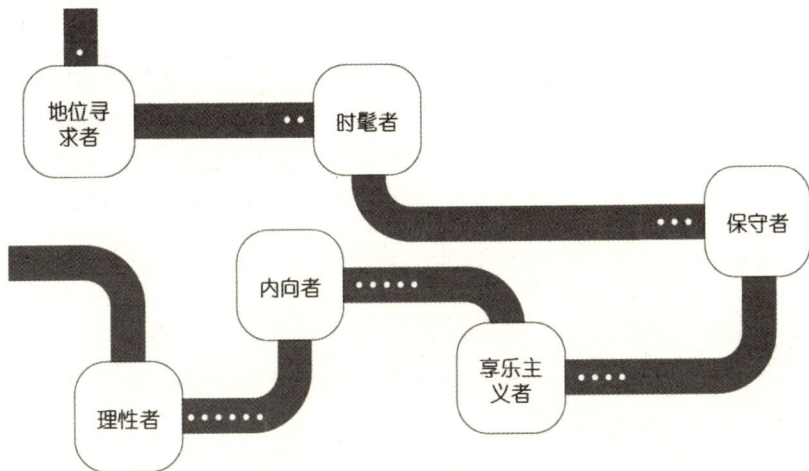

▲ 图 2-13　消费者利益细分类型

- 地位寻求者：非常关注品牌声望的消费者群体，专门购买名牌产品以显示地位。
- 时髦者：在各方面都寻求时髦与现代感觉，品牌选择以时代潮流为导向。
- 保守者：愿意固守在成功大公司或大众化品牌上的群体。
- 理性者：寻求经济、价值或耐久性产品的群体。
- 内向者：特别注重自我观念，认为自己有幽默感，独立而诚实的群体。
- 享乐主义者：凭感觉行事，寻求享乐的群体。

3. 使用者状况

企业可以根据消费者的产品使用状况进行市场细分，一般来说，其可分为 4 个范畴，如图 2-14 所示。

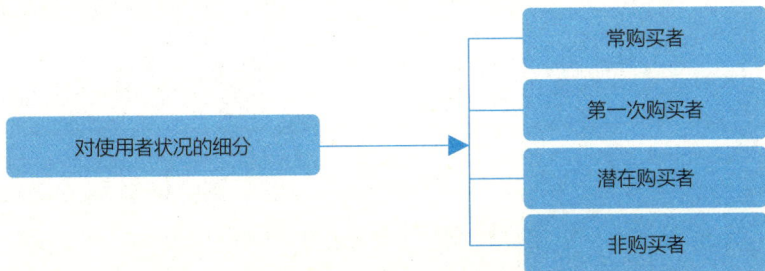

▲ 图 2-14　使用者状况的分类

4. 使用数量

企业可以根据消费者使用产品的数量来进行市场细分，一般来说，其可分为 4 个范畴，如图 2-15 所示。

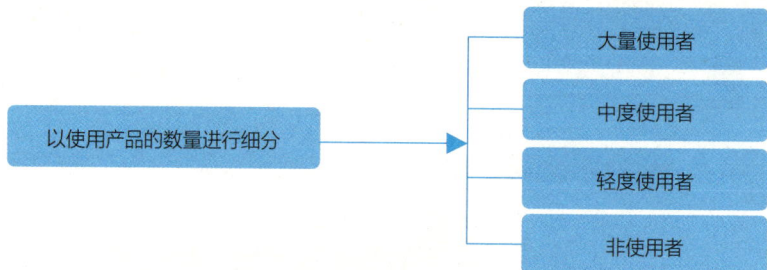

▲ 图 2-15　以使用产品的数量进行的细分

5. 品牌忠诚程度

企业可以根据消费者对品牌忠诚程度来进行市场细分。企业通过了解消费者的 3 个方面情况，即可为市场细分提供依据，如图 2-16 所示。

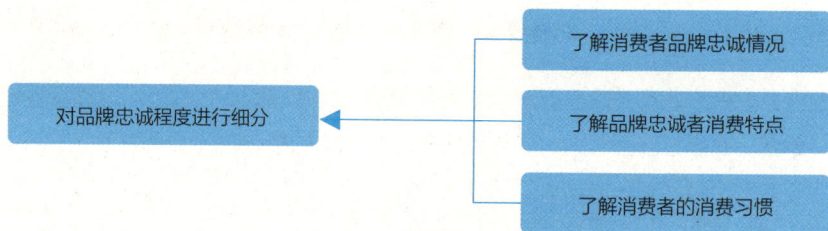

▲ 图 2-16　按对品牌忠诚程度进行的细分

6. 购买的准备阶段

企业可以针对不同购买阶段的消费者，进行市场细分，并采用对应的营销策略。一般来说，消费者购买的准备阶段大致可分为 3 种，如图 2-17 所示。

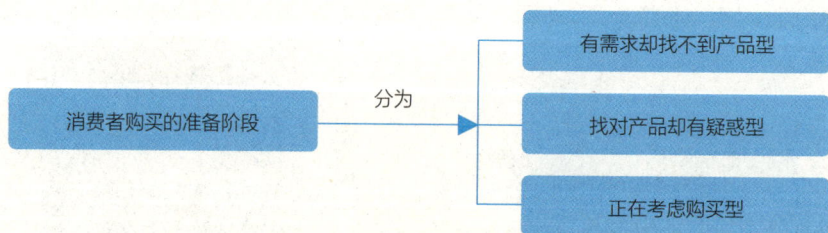

▲ 图 2-17　消费者购买的准备阶段划分

7. 态度

企业可以针对不同消费者对产品的态度进行市场细分。一般来说，其可分为 3 个范畴，如图 2-18 所示。

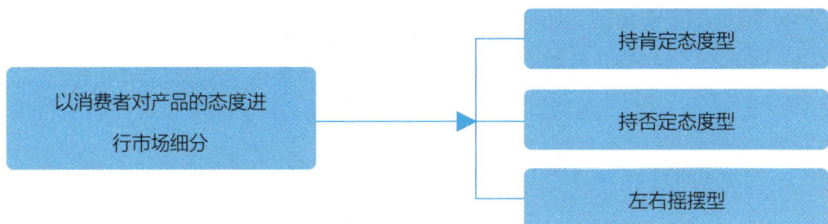

▲ 图 2-18　按消费者对产品的态度进行的细分

2.3　了解软文写作中的痛点

企业进行市场调研和市场细分之后，就需要将调研结果和细分结果融入到软文中，那么将它们融入到软文中就能促使软文营销步入成功的殿堂吗？当然不是，企业还需把握好软文的质量。那么何为软文质量呢？对于读者来说，一篇能引起他们痛点的文章必然能引起他们的兴趣。由此，软文是否直击用户痛点，也成为了影响软文营销是否成功的因素之一。

一般来说，软文痛点可以依靠以下 3 种类型的软文得以实现。

- 为了获得优质外链的软文。
- 为了宣传网站或服务形象的软文。
- 为了销售产品的软文。

软文应该具有销售力，就是软文要有激起客户购买欲望的能力。如果想要通过软文激发客户的购买欲，软文创作者就必须在软文中将客户最关心、最需要的问题体现出来，才能达到深入人心、打动客户的效果。

所以，软文的痛点也可以称之为说服点，下面就来了解一下软文写作的痛点吧。

028　给予客户安全感

人们总是趋利避害，内心都需要安全感。如果在软文当中可以将产品的功能和安全感结合起来，会让消费者产生更大的信任。当然，前提是企业或者产品的质量或者信誉过关，不然本身就有负面信息，那安全感也就无从谈起了。

例如，家用电器的销售软文，就需要在软文中着重呈现产品的质量，只有高质量产品才能保证在日常的使用中具有安全性。如果产品在之前没有出现过因为质量问题而造成的事故，这时候企业就可以通过和那些质量不合格产品的比较，赋予消费者安全感。

房地产行业的销售软文，可以通过对房子周边的环境、地段和配套的说明，以及列举周边房子在某段时间内升值的案例，给消费者营造这房子不仅适宜居住，且肯定会升值的心理安全感。

安全感的反面是恐惧感，如果以安全感打动不了客户，那么企业不妨用恐惧感给消费者制造一些压力。如卖儿童智力玩具的软文说，"不要让孩子输在起跑线上"，就是一种恐惧感的制造；卖保险的软文可以说明不买保险的种种坏处，也是在制造恐惧感。

029　体现个人价值点

每个人都希望自己的个人价值得到认可，将产品与实现个人的价值感结合起来，既可以打动客户又能勾起一部分读者的"痛"，何乐而不为呢？总之，价值也好，义务也罢，目的就是让读者产生不得不买该产品的感觉，不买就意味着损失。

例如，劝说买老年人用品的时候，企业可以在软文上说："为了老人晚年生活的便利和幸福，是作为儿女的职责"，这恰恰是让儿女很有压力的话术。

而在销售厨具的软文中，可以这样描述："当丈夫拖着疲惫的身体下班回家，他多么渴望吃一顿可口的饭菜；当妻子将可口的饭菜端上来的时候，吃着美味的饭菜，看着贤淑的妻子，丈夫的心该有多满足！"这让做妻子的价值感油然而生，可以激发家庭主妇强烈的购买欲望。

030　满足感

自我满足感对于消费者来说，是比个人价值感还要重要的需求，若能从满足感作为切入点，定能成为软文写作痛点的推助手。企业可以用"某某不仅是个……的人，更是一个……的人"的句式。写作软文时，在体现主人公个人价值的同时，乘胜追击，突出主人公的优秀。

例如，有一则洗衣粉的广告，是说在使用了这种洗衣粉之后，洗出来的衣服非常干净，很多平时难以去除的污垢都清理得干干净净。这样就传达出了洗衣服的人不仅是一个勤劳的家庭主妇，更是一个会生活、有智慧的主妇的信息。

031　爱情与亲情

企业在撰写软文的过程中，可以加入爱情与亲情元素，从而获取读者的认同感，以此打动读者，让读者对产品产生兴趣，也是软文写作中体现痛点的一大方法。

企业可以用亲情作为软文的说服点，以韩都衣舍品牌软文为例，运用妈妈对孩子无微不至的爱来为品牌添彩，如图 2-19 所示。

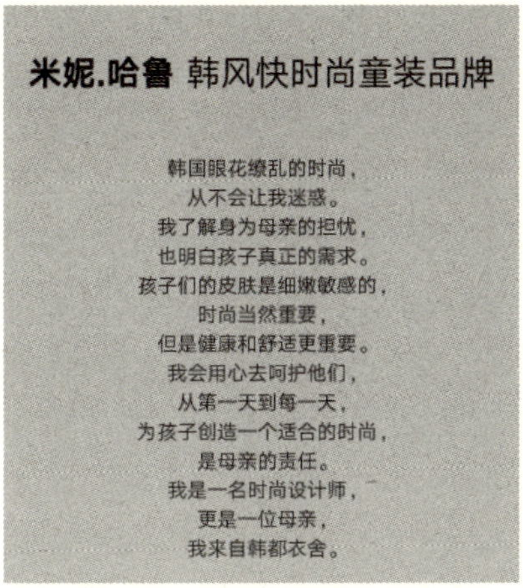

米妮.哈鲁 韩风快时尚童装品牌

韩国眼花缭乱的时尚，
从不会让我迷惑。
我了解身为母亲的担忧，
也明白孩子真正的需求。
孩子们的皮肤是细嫩敏感的，
时尚当然重要，
但是健康和舒适更重要。
我会用心去呵护他们，
从第一天到每一天，
为孩子创造一个适合的时尚，
是母亲的责任。
我是一名时尚设计师，
更是一位母亲，
我来自韩都衣舍。

▲ 图 2-19　韩都衣舍亲情品牌软文

企业还可以以爱情为软文的说服点，在软文中充分体现出爱情的甜蜜之感，既能引人羡慕又能引人关注。

032　建立支配感

"我的生活我做主"，这是每个人都希望拥有的生活态度，这种对自己生活的支配感不仅是一种表达自我的口号，同样是对自己的一种肯定，运用得当，这点同样可以成为软文中的痛点。

下面来看一篇建立支配感的软文。

"有一天，一对情侣来到了一家婚纱店，当两个人正浏览琳琅满目的婚纱的时候，女生忽然跑到了一个角落，原来她看到了一件很漂亮的婚纱。

当女生穿着这件婚纱出来后，男生立马惊呆了，觉得这件婚纱非常配自己的女友，于是笑意盈盈地问销售员此件婚纱的价格，销售员温柔地报了价格，随后立即说道：'这件婚纱曾被当年还没红的某位明星所看中了，可是当时他还没有那个经济能力，所以就没有购买，直到现在他有时还会与人谈论起这件婚纱'，'是吗？'只见男生眼睛立刻睁大了，'竟然有这样的事情？'男生问。

随后，销售员简单地描述了那位明星来店的场景，待销售员说完后，男生的眉头开始舒展开了，很痛快地买下了这件婚纱，脸上满是得意之色，让他感觉到了对财富的支配感，以及女友对自己的另眼相看。"

在此篇软文中，可以看出男主人公自己为了女友、为了自我实力展示，所表现出来的金钱支配感，这会让一些在用钱方面比较拮据的读者，受到一些影响，而产品"婚纱"也会更受读者的关注。

033　给予归属感

随着生活质量的提升，人们的归属感也越来越难以实现，于是人们开始喜欢为自己贴上小标签，让自己找到组织，证明自己并不是一个人。例如，成功人士、小资白领、时尚青年等都是人们喜欢往自己身上贴的标签。

被归类在某种标签下的人，都有自己独特的生活方式，由此在软文中以归属感来说服读者，让读者产生"痛"是一种很容易就能走入读者内心的方法。

企业在软文中只有将产品与读者标签结合在一起，才能给读者制造归属感。例如，在销售某品牌领带时，可在软文中说道："这个牌子的领带，不仅样子好看，还是成功人士最为喜爱的一款"。这样读者就很容易对号入座，从而吸引他们产生购买产品的欲望。

034　归根感

所谓归根感是指那些让消费者最为怀念的事物。例如，故乡、儿时的玩物等。由此，企业在软文中可以将能勾起读者怀念之情的事物与产品结合起来，这样才能让读者产生认同感。

035　建立不朽感

每个人无论生活多么精彩，拥有多少财富，但终究会随着时间的推移而逝去。害怕死亡、害怕爱情不永久等，这所有的害怕，构成了人们对于不朽的追求。

有人花钱买健康，有人花钱买容颜，由此可见，追求不朽也是一种可以利用的软文说服点，而且还是所有人都在关注的一点。

例如，一篇美容类软文第一段就这样写道：随着现代生活节奏加快，工作压力增大，人们很多时候都得不到充足的睡眠和休息，长此以往各类眼衰问题接踵而至：黑眼圈、眼袋、眼纹等就"定格"在人们的眼边。

"睡不好就变老"，根据某专业美眼连锁机构的数据统计，近两三年间，女性眼部肌肤衰老速度比前些年提早了一年多。

而对于某专业美眼机构来说，这就不是难题了！该机构早在 12 年前就开始专注眼部美容护理，专业祛除眼袋、黑眼圈、眼纹等问题。

当企业把产品和消费者追求的不朽联系起来，那么企业的销售话术会很容易打动人，会在最大程度上增加销售力。

第 3 章

软文写作技巧

学前提示　软文的写作是有一定技巧的，不仅需要有创意，还要有合适的切入点，能吸引读者阅读，并在潜移默化中让其自然而然地获得软文所要传达的产品信息。只有掌握了这些写作技巧，你才有可能写出一篇好的软文。

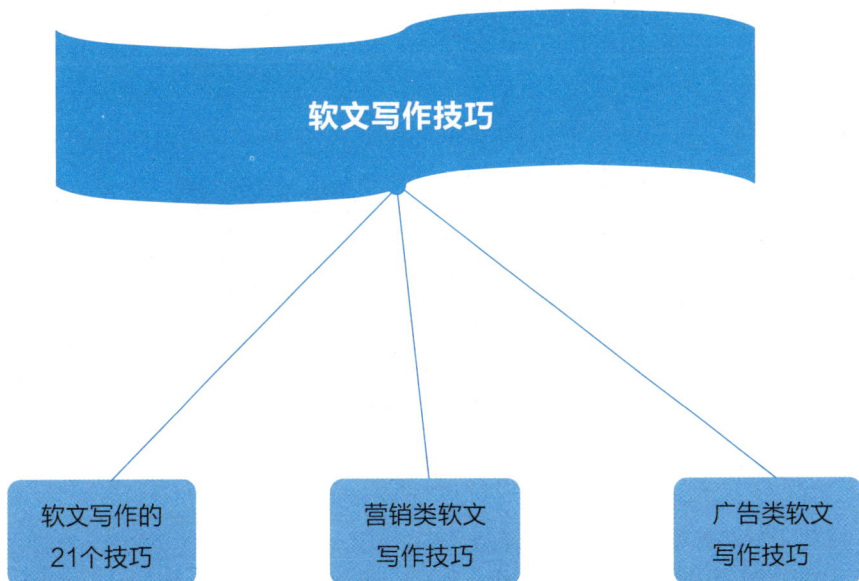

软文写作技巧

软文写作的
21个技巧

营销类软文
写作技巧

广告类软文
写作技巧

3.1 软文写作的 21 个技巧

当我们学习了越来越多的软文写作技巧之后,有时候也需要问一下自己:为什么要这样做,而不是换一种方法?这样做的理由是什么?背后又有什么道理或者逻辑依据?在笔者看来,回答这样的问题,比盲目地写一篇又一篇的软文更加重要。下面我们就来看看软文写作中经常会用到的一些实用性技巧。

036 掌握软文写作的要点

不同类型的文章有不同的写作要点,软文也不例外。下面我们就来了解一下软文写作的要点,如图 3-1 所示。

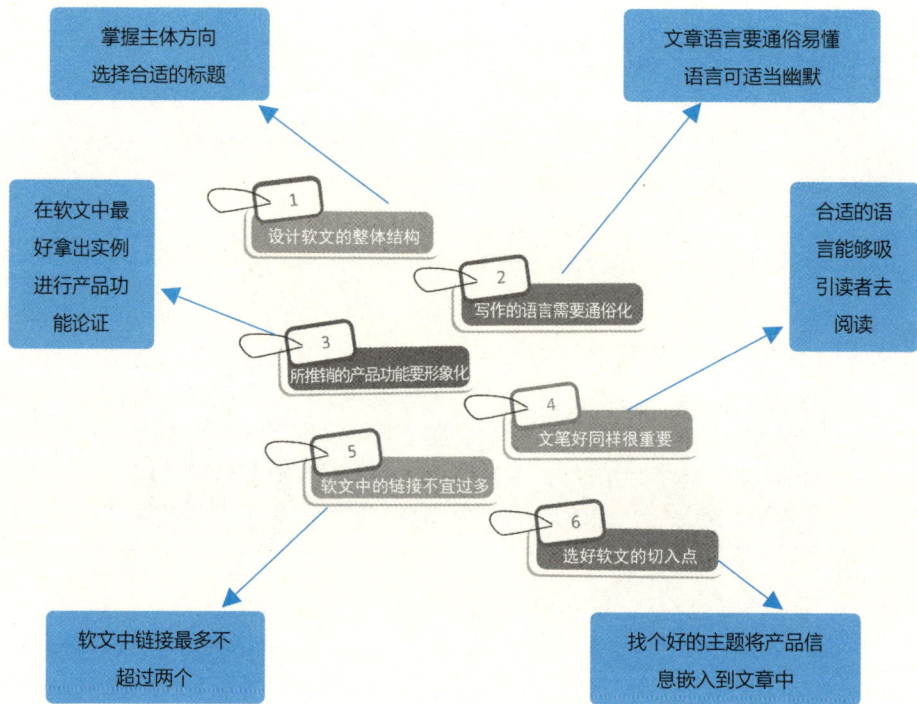

掌握主体方向 选择合适的标题

文章语言要通俗易懂 语言可适当幽默

在软文中最好拿出实例进行产品功能论证

合适的语言能够吸引读者去阅读

1 设计软文的整体结构

2 写作的语言需要通俗化

3 所推销的产品功能要形象化

4 文笔好同样很重要

5 软文中的链接不宜过多

6 选好软文的切入点

软文中链接最多不超过两个

找个好的主题将产品信息嵌入到文章中

▲ 图 3-1 软文写作要点

037 把读者放在第一位

软文要对读者有价值。撰写一篇优秀软文的第一步,就是寻找读者感兴趣的话题,可以搜索相关的资料进行整理,最终消除读者与内容之间的陌生感,让读者对软文所传达的信息产生认同感,从而取得读者的信任。

写软文的人要始终记得撰写的软文是给读者看的,这是软文写作的出发点和归宿。

读者的身份不同、职业不同，对软文内容的需求也不一样。

要保证写出来的软文能满足或超出读者的期待，就需要根据对象来设定文章的风格。如根据读者的不同职业使用相应的专业语言，对年轻读者尽量采用当下较流行的语言等。这样做的好处是吸引人们阅读、传播，使软文的写作目的得以顺利实现。

例如一篇标题为《睡不好，就变老》的美容软文，标题中就用了"变老"这样对于年轻女性最有杀伤力的字眼。在软文内容中，其还用了一些能吸引年轻女性注意力的词汇，如衰老、青春、皱纹等，这样可以在一定程度上引起读者的重视，如图3-2所示。

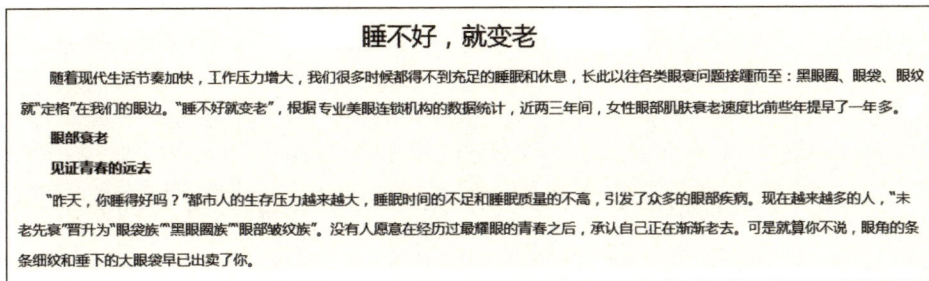

睡不好，就变老

随着现代生活节奏加快，工作压力增大，我们很多时候都得不到充足的睡眠和休息，长此以往各类眼衰问题接踵而至：黑眼圈、眼袋、眼纹就"定格"在我们的眼边。"睡不好就变老"，根据专业美眼连锁机构的数据统计，近两三年间，女性眼部肌肤衰老速度比前些年提早了一年多。

眼部衰者

见证青春的远去

"昨天，你睡得好吗？"都市人的生存压力越来越大，睡眠时间的不足和睡眠质量的不高，引发了众多的眼部疾病。现在越来越多的人，"未老先衰"晋升为"眼袋族""黑眼圈族""眼部皱纹族"。没有人愿意在经历过最耀眼的青春之后，承认自己正在渐渐老去。可是就算你不说，眼角的条条细纹和垂下的大眼袋早已出卖了你。

▲ 图3-2　"睡不好，就变老"的美容软文

038　关注消费者的需求

企业在软文营销活动中仅进行"分解产品属性"是不够的，还需要把对消费者有利的地方指出来。

在现实中，无数销售员就败在了不会站在消费者的角度去思考。他们只会详细地介绍产品，殊不知迎来的是顾客的抱怨："你说的这些特点都不错，可是对我来说有什么用呢？"

在生活中，也有不少的应聘者不会站在别人的角度想问题，他们只会详细介绍自己的经历。可想而知，只会得到招聘单位的抱怨："你的社团、实习经历都不错，可是对我们公司有什么具体的用处？"

所以说，如果企业想要把软文营销做得长久并有效率，需要转变思维，在软文写作时不能一味地单单向消费者描述一个产品，而是要告诉消费者这个产品对他们有什么用处，会给他们带来怎样的改变。

039　作者间接署名

既然是软文，有一点就特别需要注意：软文如果是在宣传个人、公司、产品，那

么软文的作者名称一定不能和宣传方或宣传的内容方有任何的联系，不然很容易被读者看成是直接性的炒作。

040 必须具有价值

优秀的软文，除了要提及需要宣传的内容外，还要充分体现以下 4 个价值，如图 3-3 所示。

这种软文不仅能够起到宣传作用，而且能够增加软文的阅读性，让读者在阅读文章时，感觉到愉悦和有收获。

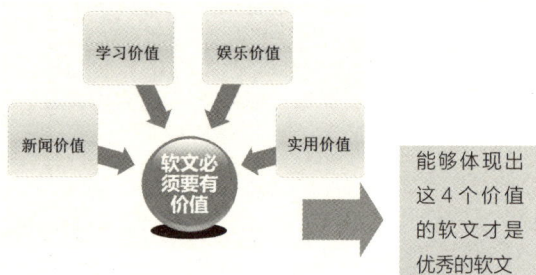

▲ 图 3-3 软文的价值

1. 新闻价值

软文的新闻价值指把需要宣传的点，附着在某个新闻内容中，能够让读者阅读新闻的同时了解其中的一些宣传点或者表达的寓意。这样的软文，读者乐于阅读，软文转化率也高，而且很容易被搜索引擎收录，这样被目标用户阅读的概率也会随之大增。

下面就来看一篇名为"《大鱼海棠》会是今年的'大圣归来'吗"的软文，以新闻的形式，与已经成功的"大圣归来"进行对比，从而进一步承接《大鱼海棠》的价值，如图 3-4 所示。

《大鱼海棠》会是今年的"大圣归来"吗

"难产"了12年的动画电影《大鱼海棠》终于要和观众见面了，这部令动画迷们期盼已久的作品前天宣布7月8日全国上映。"12年过去了，我们从少年变成大叔，这个梦也终于要变成现实。"导演梁旋和张春表示，现在还不是能松一口气的时候，影片将修改到最后一刻，而两人的动画梦才刚刚起航。"这只是我们得到的第一张船票，我们还要去更远的地方。"

12年前，导演梁旋做了一个奇妙的梦，那就是《大鱼海棠》创意最初的来源。2004年5月，两人把这个梦做成一个短片放在网上，受到很多人的喜欢，做大电影的种子就此种下。2005年两人成立了公司"彼岸天"，靠接一些商业项目养活自己，同时也为影片准备资金。2007年底，他们因为一部30分钟的短片《燕尾蝶》拿到了第一笔做样片的资金。没想到，在闭关两年完成剧本和样片后，下一步的融资成了巨大的难题。导演张春回忆："每次跟投资人说这部电影的世界观的时候，他们都非常感兴趣，但聊到最后，没有人相信我们能把它做出来，没有人相信做出来以后能够有市场。"

▲ 图 3-4 以新闻的形式展示价值的软文

2. 学习价值

软文的学习价值是指软文要宣传的点是附着于某个知识点或知识体系上的，能够让读者阅读软文时获得知识。这样的软文，针对的知识面比较狭窄，对于不需要此类知识的读者就会缺少吸引力，不过一旦读者正好是需要这类知识的，那软文的宣传效果就会大大提升。

下面就来看一篇名为"世界上只有一种成功的人生"的软文，以叙述"川藏骑行日志"为开篇，从而进一步承接《时光书》的价值，如图 3-5 所示。

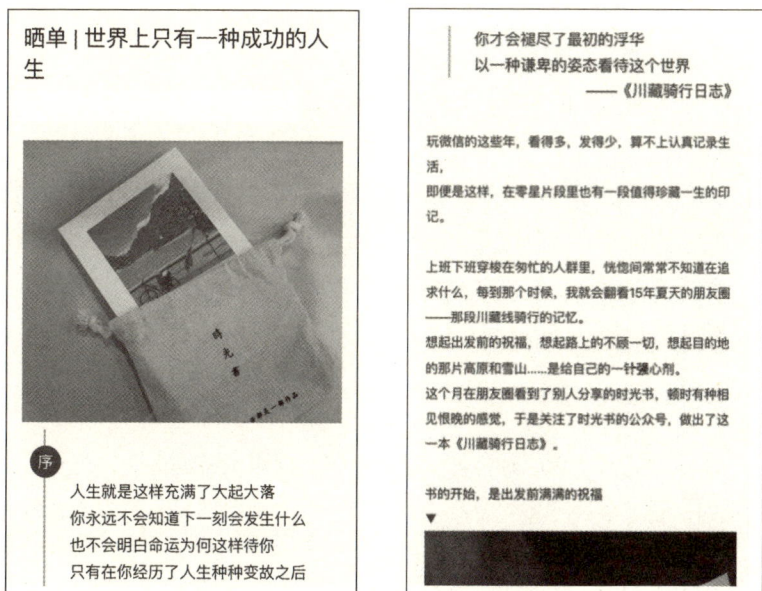

▲ 图 3-5 具有学习价值的软文

3. 娱乐价值

软文的娱乐价值是指在某个娱乐点或者搞笑点上附着软文，能够让读者在娱乐之中不知不觉接受软文。

4. 实用价值

软文的实用价值是指读者看过软文之后，能够给读者带来某些实际用处的软文。这样的软文转化率极高，读者往往对软文中提到的"举例""比如"等内容非常重视，愿意通过搜索引擎搜索相应的关键词了解相关信息。

041 抓住灵感来写

无论是写什么，灵感是很重要的，有的时候灵感来了但是没时间写，可以先记录下来并且做标注。这方面微博做得比较好，其可以让用户随时随地将自己的灵感与朋友以及关注者分享。

我们在撰写软文的时候，要进行思考，例如，思考产品的发展方向以及对未来带来的影响力，这才是软文的价值所在。所以我们必须先很好地了解产品，发现产品的优点，从中寻找突破口。

只有在足够了解产品的基础上，我们才会在某一时刻迸发出与产品相关联的灵感。

042　切入点很重要

所谓切入点，就是作者写这篇软文是从什么方向写，从什么角度写，或者说写的软文主题是什么。软文不同于其他文章，需要从一个合适的点切入进去才好进行与产品相关的描述。

比如《如何把产品通过网络销售出去》这篇软文的切入点就是"网络销售"，通过"网络销售"这个概念，将想宣传的产品结合进去。再举一个不恰当的例子，这就好比聊天，当你主动想找一位美女或帅哥聊天的时候，你得找到一个话题，这样才可能有接下来的谈话内容。

043　有观点和思想

软文写作的目的性非常明确，那就是迎合各大搜索引擎的算法，将网站排在关键词搜索的前列。如果某种产品的生产厂家只有一家，那自然是不需要这么做的，消费者只要进行搜索就肯定会找到这家企业。

如果某种产品有两家生产企业，在实体经济中，就很容易判断两家企业的优劣，例如规模、装备水平、研发实力等。

但是在虚拟经济中，如何能够判别两家企业或者两种产品的优劣呢？百度的做法是：既然没有能力去实地考察，那么只能通过企业回答的一系列问题，来判断企业之间的优劣。例如：对于所处的行业怎么看？对于产品的趋势怎么看？对于市场发展怎么看？对于行业的政策怎么看？

这些就是软文的素材，也是软文撰写的出发点。百度曾经走过一些弯路，例如哪个企业的付费高，哪个企业排名就靠前；或者是企业的产品为更多人所熟知（例如转发量），百度就认为该企业的产品优秀；抑或是企业的产品传播的范围更广（链接数），就认为该企业的产品更好。

这就是有思想性的软文能够更加被百度算法接纳的基本逻辑。

044 巧妙植入产品

大多数企业在撰写软文时都会适当地植入产品的关键词或者网址，但很少有软文能够将产品植入和阅读体验巧妙地结合起来，生硬、恶劣的阅读体验会影响产品销售，而且会使品牌得不到强化。

于是，问题就来了，既然这两个作用都没有体现，那么在软文中植入产品或者关键词的意义何在？为什么我们还要这么做？笔者以为，如果百度的算法进一步发展，软文是不需要刻意去植入产品的。

因为百度应该更加希望优质、对于阅读体验损害小的软文能够呈现出来。实际上，如果一篇软文是中立或者有思想性的，自然而然会出现关键词，而不需要刻意加进去。总之，笔者以为不刻意植入广告的软文，未来会受到搜索引擎的青睐。

045 思路需要扩展

我们撰写的软文，必须是有血有肉且有结实的骨架。骨架指的就是要宣传的产品，而血肉就需要撰写者通过扩展思路来获得了。

我们在写软文时常常会遇到一个尴尬的问题，自己所要表达的观点和内容，已经写完了，但文章的篇幅实在是太短了，这时就要扩展。

比如，想要表达"网站优化过度会被搜索引擎惩罚"这个观点，那就可以举例说明优化过度的网站例子，然后还可以介绍搜索引擎惩罚的后果以及如何让网站恢复排名。这样不仅充实了文章的内容，而且能让读者更加明白你想要表达的观点。

046 产品属性分解

企业在运行软文营销的过程中，如果不知道如何进行软文的创作，可以以分解产品属性为主题，进行软文的撰写，字数可以不多，但最好图文并茂。这样很容易俘获消费者的眼球，从而使企业能有效、便捷地达到软文营销的目的。下面就来看一看互联网上分解产品属性的成功软文营销案例。

1. 凡客

互联网初创公司喜欢把产品分割成一个个独立属性，就连跟雷军取经的凡客陈年也不甘示弱，在衬衫的发布会上普及化学知识——如何让衬衫不皱，在纤维素纤维大分子间引入横向共价交联，如图 3-6 所示。

2. 乐百氏：27 层净化纯净水

乐百氏利用产品的属性，"27 层净化纯净水"提高了乐百氏在消费者心中的地位，如图 3-7 所示。

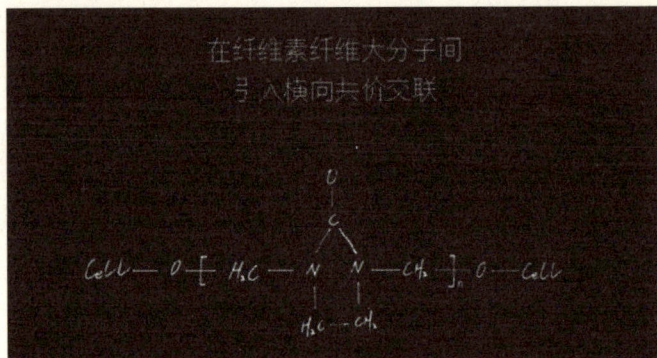

▲ 图 3-6　凡客分解产品属性软文

▲ 图 3-7　乐百氏分解产品属性软文

047　使用情景再现

企业在进行软文营销的过程中，可以从"定位到使用情景"来创作软文，这样能更好地获得消费者的喜爱和理解。因为面对产品，消费者有三种需求模式。

- 当被要求描述一款产品，大部分人首先会想到，"这一个XX"（定位到产品属性）。
- 然后会想到，"这是一款专门为XX人群设计的产品！"（定位到人群）。
- 最后会想到，"这是一款可以帮你做XX的产品"（定位到使用情景）。

实际上，针对互联网产品的特点（品类复杂、人群分散），企业应该更多地把产品定位到使用情景上。

比如企业描述一款产品为"这是一款智能无线路由器！"（产品类别），消费者不一定会知道这具体是做什么的。但是如果企业描述说，"你可以利用手机上下载的无线路由器APP，为家里的无线路由器设置一个儿童上网锁，从而随时随地控制孩子的上网时间"（使用情景），很明显有需求的消费者就比较容易心动。

所以，最重要的并不是"我是谁"，而是"我的消费者用我来做什么？"

还拿生活中的广告举例，劲酒和脑白金相对比，它们分别描述自己的产品，"劲酒虽好，可不要贪杯喔。""今年过节不收礼，收礼就送脑白金！"，可以明显地看出脑白金可以用来送礼，尽管广告本身没有技术含量，可是脑白金还是非常深入人心。

所以，可以很明显地看出，用"定位到使用情景"的方式来撰写软文，是非常有必要的，其效果是非常显著的。

048　正视竞争对手

消费者总是喜欢拿不同的产品进行比较，因此企业在做软文营销的时候，需要明确两个问题。

- 问题一，"我想让消费者拿我的产品跟什么对比？"
- 问题二，"我的竞争对手到底是谁？"

与竞品做对比，这是每一个企业都会遇到的情况。企业只要运用得当就能很好地运行软文营销。下面就来挖一下在线教育企业、第一代 iPhone 的竞争对手到底是谁。

1. 在线教育企业

很多在线教育企业都会认为自己的竞争对手是实体教育，其实不然。它真正的竞争对手其实是线上书籍以及在线论坛、在线教育 APP 等。因为需要在线教育的人群，绝大多数是一群喜欢低成本自学的人，而这类人群也喜欢在这类平台上停留。

2. 第一代 iPhone

第一代 iPhone 认为自己的竞争对手是诺基亚手机，经过一系列的调查，后来发现第一代 iPhone 在续航、通话质量等方面，根本没有能力与诺基亚手机相匹敌。

随后第一代 iPhone 发现它真正的竞争对手是华尔街日报、游戏机、视频播放器等，因为在当时的主流观点下，作为一款手机，第一代 iPhone 有无数缺点，但比起其他视频播放器、报纸等，它却好多了，还有打电话功能。

由此可见，企业应先找到企业产品真正的竞争对手，才能成功地进行软文营销。

049　充满视觉感

企业所发布的软文，必须让读者看到后就能联想到具体的产品形象。例如，想要宣传一部相机，如果只说相机的"夜拍能力强"，绝对不能给读者一种眼前一亮的感觉；但是如果说"可以拍星星"，就立马让人联想到"看到璀璨星空想拍但拍不成"的感觉。

抽象的东西很难让人理解，更不要说吸引人的注意。所以古代几乎所有的抽象理念，都被形象化。比如因为雨的形成过程太抽象，所以人们就虚构出"雷公电母"的具体形象。

心理学中有"鲜活性效应"一词，是指人们更加容易受一个事件的鲜活性（是否有视觉感）影响，而不是这个事件本身的意义。可见视觉感的重要性。

在进行软文创作时，创作者要能给读者一个具体的意象，让其能理解或感知软文的信息，而不觉得空洞。

050　制造附着力

当企业进行新产品的发布时，附着力很重要。附着力可以将消费者不熟知的产品与他们熟悉的事物联系起来，这样既能让消费者对号入座，又能让消费者产生联系与期待。

例如，乔布斯在发布第一代 iPhone 时就运用了附着力，在当时对于消费者来说，iPhone 只是一个新鲜的概念，难以快速了解其功能与作用，因此乔布斯在 iPhone 的发布会上将 iPhone 与消费者当时熟知的电话、大屏幕 iPod、上网设备联系起来，并以此为基础逐步介绍 iPhone 的其他强大功能，让消费者能快速产生联想，如图 3-8 所示。

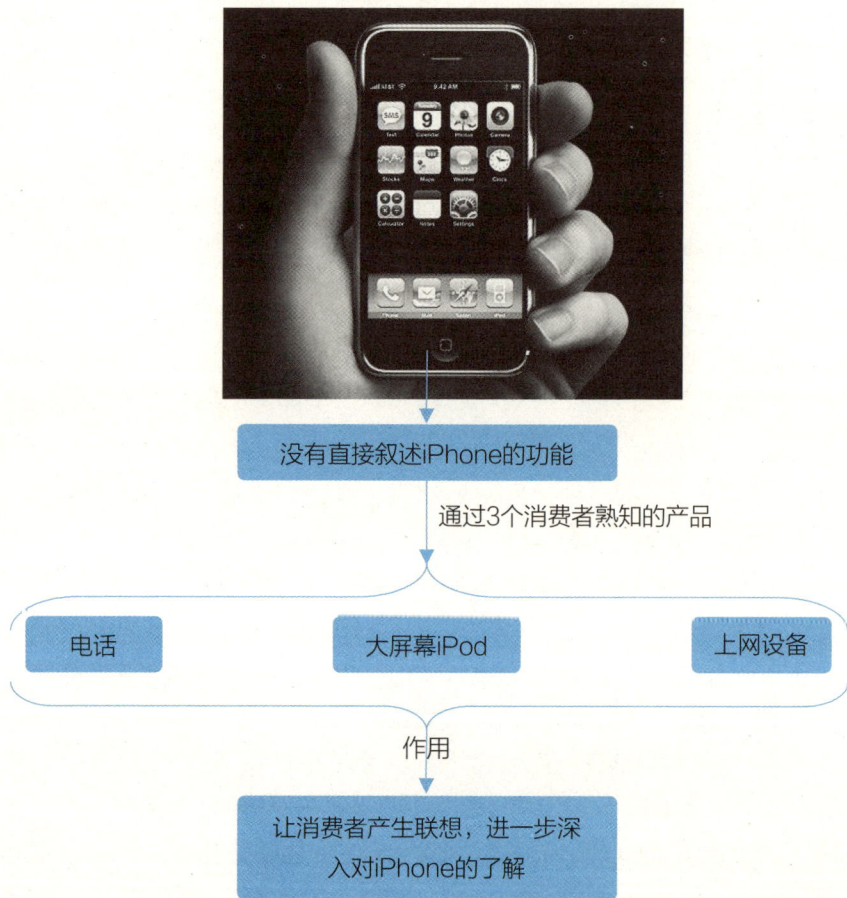

没有直接叙述iPhone的功能

通过3个消费者熟知的产品

| 电话 | 大屏幕iPod | 上网设备 |

作用

让消费者产生联想，进一步深入对iPhone的了解

▲ 图 3-8　苹果发布第一代 iPhone 时运用的附着力

051　制造导火索

软文营销并不是一种"花拳绣腿"式的营销方式，它是直击消费者内心并让消费者付出行动的一种营销方式。

若读者阅读完软文后只是在回味文章的内容却没有任何行动，说明软文没有起到任何作用。软文的作用是用"文字"的力量，来推动读者产生购买行为。

其中最好的办法，就是在软文中加入一个"导火索"，从中暗示消费者"应该如何做"。

一般人们在现实生活中购买产品时，销售员会用比较精彩的话术引导消费者产生产品购买行为，改变顾客刚进店里时心中预设的目标商品与预算。

这种方式是一个合格的销售员必备的技能。在软文中，这种方式依然管用。例如，一篇软文的目的是为了呼吁人们对贫困山区进行捐款，若只是用枯燥的文字，干巴巴地进行捐款事宜描述，定不能打动读者进行捐款；若在软文中将贫困人群的生活拮据等方面的故事写出来，并配上图，这样一个"导火索"能更好地鼓动消费者进行捐款行为。

052　软文要短小精悍

在如今快速的生活节奏下，读者已经习惯了快餐式的阅读，看到大篇幅的文字就会略过，即使阅读也很难读完整篇内容，更何况是让其读广告了。并且大篇幅的软文增加了版面费用，效果却反而不好，可谓是得不偿失。短小精悍的软文效果如图 3-9 所示。

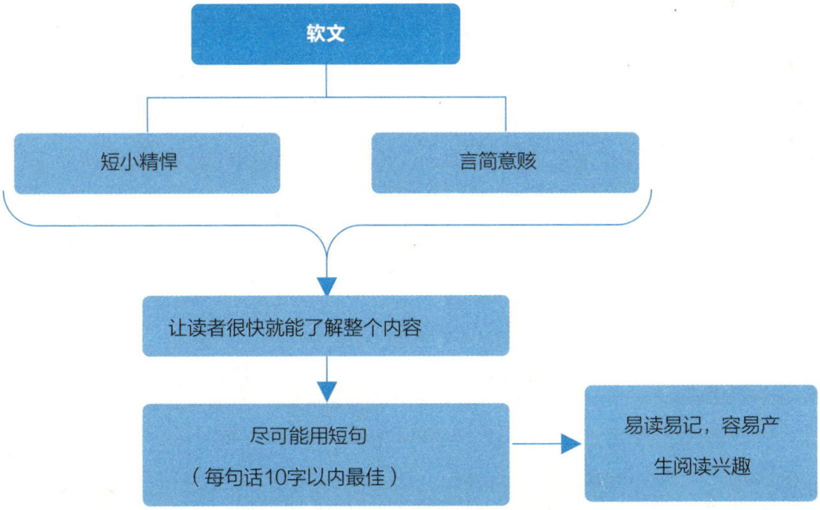

▲ 图 3-9　短小精悍的软文的效果

当然，仅仅写出一篇能够让人读得尽兴的软文是不够的，我们还需要能够在文章的高潮部分，将软文重点表达的主题充分地嵌套进去。

搜狐网新闻中心总监徐一龙认为：

- 新媒体文本字数需要恰当，800字就够了。
- 简洁明了，还得学会讲故事。
- 新媒体的文字要更直接和真实。

这样，我们才能够精准戳中消费者的痛处，挠中时代的痒处。进行软文写作时，以上建议确实值得参考。

053 标准的800字软文

在十几年前，笔者刚到报社实习时，接触最多的体裁就是消息写作。有一次，跟着一个颇有才情的记者老师外出采访，回到报社，老师坐在电脑前，一气呵成地完成了一篇以短句为主的800多字的消息。

虽然，那是一篇800多字的短篇新闻稿，可是确实是一篇很棒的消息，当时笔者看得多少都有点目驰神摇。

可是为什么人们喜欢写800字的稿件呢？理由其实很简单，因为这样的篇幅不长不短。太长了，写者花费的时间就多了，读者阅读时也会觉得劳累；太短则信息量有限，且难以使用白描等写作技巧。

软文的篇幅是需要追求精致的，需要"有点""有面""有细节"，就像一桌款待好友的精致小菜，荤素搭配，恰好值得主人一试身手。

而这个理论完全适用于现在的新媒体写作要求——不要太长，如今很多读者都是用手机观看文章、消息、新闻，他们就是用6寸的苹果6，也没几个人愿意有耐心去翻四五页。

所以，800字的稿件就足够解决这一问题，软文需要快速做到吸引人，要知道设置悬念，或给出令人印象深刻的细节，要不干脆提出一个惊人的论点；多用短句，就像现代的电影很少用长镜头，而是用多个镜头，画面才有看头。

054 讲简洁明了的故事

软文不仅要简洁明了，还要有吸引力和可读性，即写作者要会用简短的语言来给读者讲述一个有趣的故事。这也是众多微博、微信自媒体人吸引用户的重要法宝。

笔者记得有一次参加新闻客户端的"PUSH"（推送）文本讨论会时，各大新闻客户端比拼的一个重点是PUSH新闻，新闻发生后，将简要信息发送到手机界面上。

这个领域，要比快，也要比文字简洁、大信息量、创意和美感。这些对新闻业者的要求，不是回到过去了吗？六七十年前，美联社和合众社的记者们，通过电报抢发最重要新闻，遵循的正是同样的标准。

这简直是一个轮回。现在客户端的新闻编辑，绞尽脑汁地提炼文字，是因为手机屏幕就那么大，二十多个字要说清楚问题；在以前，通讯社的记者们雕琢文字，是因为发送电报费用昂贵，要想超过竞争对手，必须言简意赅。

而这标准的轮回，不只表现在新闻PUSH上。在之前，微信上流传着一个公众号的内容，"讲故事应该成为企业品牌新闻战略的一部分"，笔者转发这个公众号的内容后，收到了几个转做公关的前同行的点赞。

事实上，有一家大型的电器企业的微信公众号，已经公然开始讲故事了。可是，大概在20世纪90年代的央视新闻改革中后期，讲故事的理论已经被一轮轮传播了。讲故事经过一二十年的轮回，直至现在仍被企业公关奉为至宝。

这标准的轮回，还在新闻篇幅和文字精致度上占据了非常重要的作用。如今，欧美国家有很多现代作家是记者出身，如海明威、马尔克斯等，就喜欢用讲故事的形式，简单明了地营造文风。

海明威简洁有力的文风，就是在报社时被训练出来的。那个时候，报纸篇幅有限，记者们压根没有废话的空间，又短又好，才是最高标准。篇幅有限，甚至成了"倒金字塔"结构不可忽视的前提。

为什么是新闻报道而不是小说催生了"倒金字塔"结构呢？因为，人们的耐心是一定的，人们不会愿意为阅读大量新闻而付出类似阅读小说和看电影的时间和精力。简洁、明了而充满趣味的文本，才会吸引人们，这是绝大部分新闻作品成功的基本元素。

> **专家提醒**
>
> "倒金字塔"结构，也称"倒三角"结构，是消息写作中最常用的一种结构方式，它以事实的重要性程度或受众关心程度依次递减的次序，把最重要的放在文章的前面，将各个事实按其重要性程度依次排下去。

055 学会使用新媒体的文字

如果说，新媒体文本的成功，只是遵循了新闻报道黄金时代的基本规律，那么为什么，它们的文本给人完全不同的感受呢？

笔者经常阅读一个主打评论的微信公众号，这个原本定位于财经领域的公众号，也常常评论时政问题。笔者喜欢这个公众号，不是因为作者是笔者的朋友，更不是因为它的文本简洁有力，而是因为犀利。

犀利不是文本标准，它是一种风格或是一种尺度，可风格和尺度最终会影响到文本。软文撰写者想表达一个什么东西，可以绕七八圈才能或明或暗地点到（这可不是设置悬念），无论是什么级别的文字大师，都会为每句话的遣词造句而苦恼。

所以，当软文撰写者去总结新媒体文本为何成功时，就会发现，在文本之上而又严重影响文本的一个因素，就是新媒体的文字更加直接和真实。

表达的内容和表达的方式，是一种互相影响的关系，就像宋词的豪放派与婉约派，它们都既是风格，也是内容。

昔日的微博和今日的微信公众号，都有着或多或少地超出传统媒体的表达空间，不利用这种空间进行文本的探索着实是浪费。

所以，软文撰写者大可利用新媒体文字的直接性和真实性，以故事的形式，写出一篇 800 字左右的精美软文即可。

056　给软文增加卖点

如今，是一个自媒体盛行的时代，也是一个软文写作必须具有互联网思维的时代，更是一个碎片阅读的年代。

一篇软文，如果没有在适时情景下表达卖点，让读者对该"卖点"产生兴趣，可以断定这将是一篇失败的软文。

软文不是美文，不是小说，不是论坛上无所谓的八卦，它的作用就是"卖"产品。所以，激发读者的购买冲动，是软文写作的唯一目的。

3.2　营销类软文写作技巧

营销类软文主要是以营销为主要目的，借助情感、故事、创新等因素，来撰写出能打动、吸引读者的软文。

057　营销软文的定义

简单来讲，营销软文是指在一篇文章的推动下能达到营销目的的软文。这样的软文往往比常见的广告要吸引人。

营销软文一般都是阅读价值感比较高的文章，且文章中的感情比较丰富，即便读者感受到了广告的意味，也不会反感。

058　如何写营销软文

网络上有很多介绍营销软文方法的文章，所以很多人对于营销软文的写作已经有了一定的认识，不过营销软文和通常意义上的软文，还是有些不同的。下面来看看营销软文写作都有哪些技巧吧!

1. 吸睛标题

一篇好的营销软文若没有一个吸睛的标题就太可惜了，因为就算软文的内容非常吸引人，可是标题很普通，读者未必会选择阅读，由此可见标题的吸睛能力是非常重要的。

软文撰写者在进行营销软文标题撰写时，一定要做到 5 点，如图 3-10 所示。

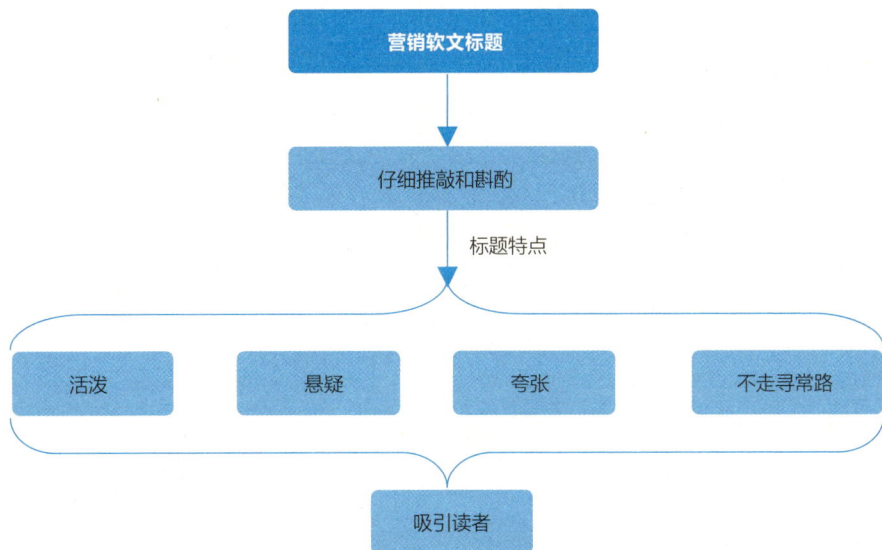

▲ 图 3-10　营销软文标题的特点

2. 内容有关生活趣事

软文撰写者可以在营销软文中加入一些生活趣事，这样很容易吸引读者的注意力，有可能让读者产生共鸣，感受更深，增加软文的可信度。

3. 软硬结合

需要注意的是，在软文中不能将广告隐藏得"毫无踪影"，这样的软文并不能起到营销的作用，需要软硬结合。在营销软文中，选择一个恰当的位置切入一点硬性广告，给读者一些发现它是软文的线索，这样的做法才是正确的。

3.3 广告类软文写作技巧

广告软文其实是相对于硬性广告而言的，是由企业的市场策划人员或广告公司的文案人员来负责撰写的"文字广告"。广告软文就是用较少的投入，吸引潜在消费者的眼球，增强产品的销售力，提高产品的美誉度，在软文的潜移默化下，达到产品的策略性战术目的，引导消费群购买。

059 广告软文写作方法

广告软文是企业很常用的一种软文形式，有着独有的写作方式和技巧。

1. 格子考虑法

软文撰写者在撰写广告软文之前，可以在纸上画一个九宫格，在格子的中央填上产品名称，接着围绕四周填入 8 个可以帮助推广产品的优点，举例如下。

爱情故事	亲情故事	辣鱼来源
图文并茂	小辣鱼	味道
借势明星	产品故事	实事

这种"格子考虑法"能大大地发散软文撰写者的想法，为广告软文提供很多撰写思路。

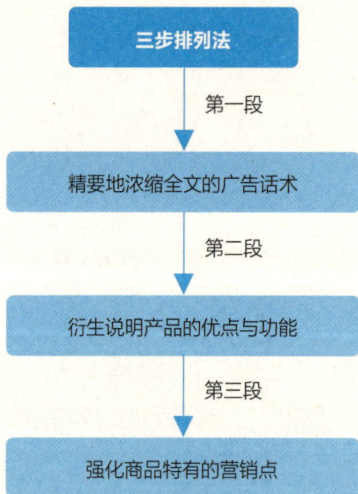

▲ 图 3-11 三步排列法

2. 图文并茂

如今人们都是以快节奏生活为主，没有几个人会愿意花费大把的时间在一篇纯文字的文章上。由此，软文撰写者在进行广告软文撰写时，最好要将文章的篇幅限制一下，多加入一些形象生动的图片，这样的被阅读率远胜过以文字为主的软文。

3. 三步排列法

所谓的"三步排列法"是指，将广告软文分为3 个阶段来写，层层递进地勾起读者的购买欲望，如图 3-11 所示。

4. 注重搜索引擎抓取

软文撰写者在进行广告软文的撰写时，一定要注意搜索引擎的抓取特点，只有这样才能加大被读者阅读的机会。

软文撰写者可以从百度搜索引擎的衍生关键词上挑选合适的关键词，嵌入到自己的软文中，这样软文被抓取机会能大大地增大。例如，在百度搜索引擎栏上输入产品名称，如"空调"，结果如图 3-12 所示。

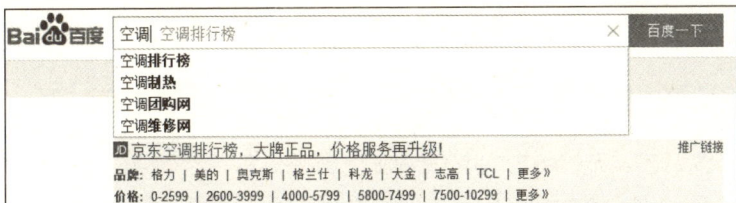

▲ 图 3-12 在百度搜索引擎栏上输入产品名称

从图 3-12 上可以看到衍生关键词：空调排行榜、空调制热、空调团购网、空调维修网，这些衍生关键词是人们在百度中搜索空调方面比较多的几个关键词，若挑选 1～2 个关键词放置到广告软文中，能大大增加软文曝光率。

5. 突出产品优势

若软文撰写者实在没有创意，可以将产品的优势、特点等方面的内容放到广告软文中，这样直观地突出产品的优势，也能带来一定的阅读率，只是这种方法比较适合知名品牌。

在软文中可以重点突出 4 种产品优势，如图 3-13 所示。

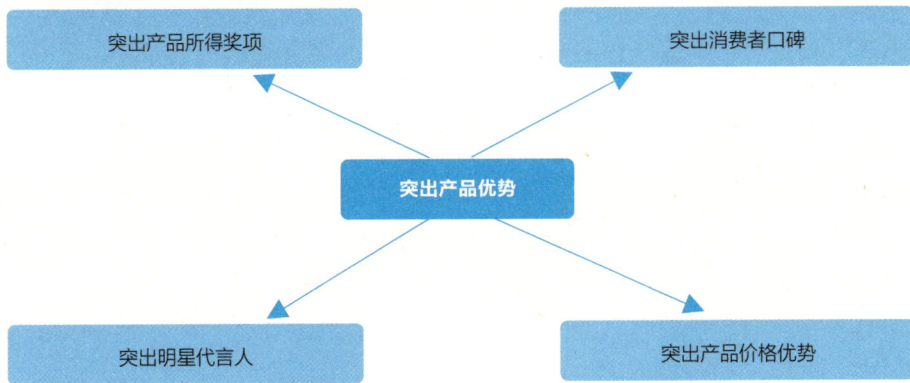

▲ 图 3-13 可在软文中突出的 4 种产品优势

6. 认真、谨慎

软文撰写者千万不要只将希望寄托在一两篇广告软文上，每一篇软文都需要软文撰写者保持认真、谨慎的态度进行撰写。只有这样，广告软文的质量才会高，传播效应才会放大。

7. 不同版本的撰写

广告软文并不是一成不变的，它可以根据不同时段、不同产品进行不同形式的撰写。例如，在产品销售之前，就可以专门针对一种产品的功能来进行撰写；在产品热销时，则可以在软文中突出产品的热销量等。

060 报纸广告软文坚持的原则

广告软文最常发布的地方，除了各大门户网站之外，还有报刊，很多企业经常会把优秀的广告软文投放在报纸上。但是投放在报纸中的软文广告需要遵守两点原则，如图 3-14 所示。

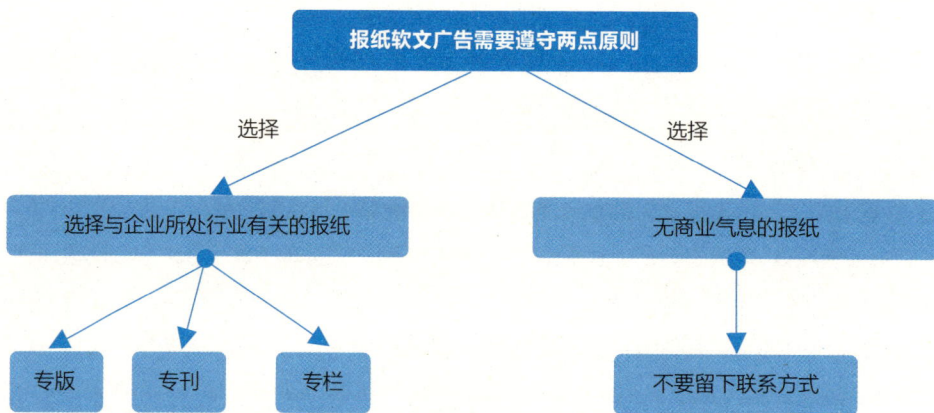

▲ 图 3-14 报纸软文广告需遵守的两点原则

第4章

软文标题的撰写

学前提示

在撰写软文之前，软文撰写者需明白软文的主题内容，并以此进行标题的拟定，从而让软文标题与文章内容能够紧密相连。

无论软文的主题内容是什么，其最终目的还是吸引用户去阅读，去评论，让更多的人转发，从而带来软文外链，所以撰写一个有吸引力的标题是很有必要的。

软文标题

- 撰写软文标题的要求
- 撰写创新类标题
- 撰写标题应遵循的原则
- 撰写有吸引力的标题
- 标题撰写的技巧
- 撰写有震撼力的标题
- 撰写常规类标题

4.1　撰写软文标题的要求

从上学刚接触作文开始，老师就常告诉我们："题好一半文"。意思就是说一个好的标题就等于一半的文章内容了。不过优秀的标题也不是那么容易写出来的。下面我们来看看撰写软文标题的一些要求，以便更好地掌握软文的写作技巧。

061　简单直接

读者最喜欢的软文标题，就是简短好记的，扫一眼就可以在脑海里产生印象的最好，冗余的软文标题，会让读者反感，失去阅读的兴趣。

下面来做个对比，我们就可以明显看出简短明确标题的优势，如图 4-1 所示。

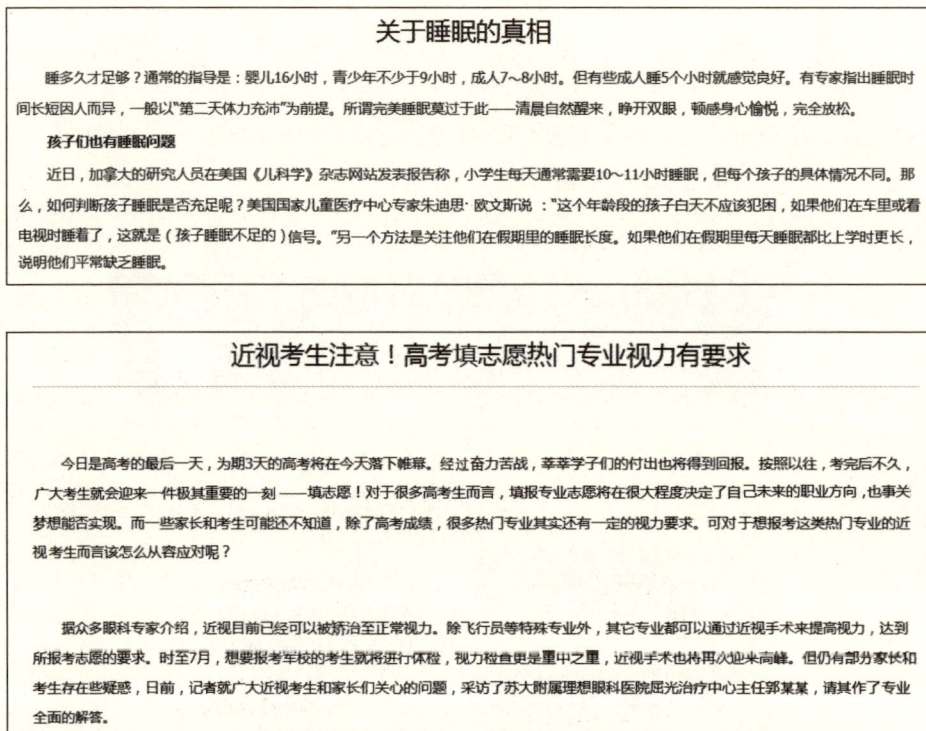

关于睡眠的真相

睡多久才足够？通常的指导是：婴儿16小时，青少年不少于9小时，成人7~8小时。但有些成人睡5个小时就感觉良好。有专家指出睡眠时间长短因人而异，一般以"第二天体力充沛"为前提。所谓完美睡眠莫过于此——清晨自然醒来，睁开双眼，顿感身心愉悦，完全放松。

孩子们也有睡眠问题

近日，加拿大的研究人员在美国《儿科学》杂志网站发表报告称，小学生每天通常需要10~11小时睡眠，但每个孩子的具体情况不同。那么，如何判断孩子睡眠是否充足呢？美国国家儿童医疗中心专家朱迪思·欧文斯说："这个年龄段的孩子白天不应该犯困，如果他们在车里或看电视时睡着了，这就是（孩子睡眠不足的）信号。"另一个方法是关注他们在假期里的睡眠长度。如果他们在假期里每天睡眠都比上学时更长，说明他们平常缺乏睡眠。

近视考生注意！高考填志愿热门专业视力有要求

今日是高考的最后一天，为期3天的高考将在今天落下帷幕。经过奋力苦战，莘莘学子们的付出也将得到回报。按照以往，考完后不久，广大考生就会迎来一件极其重要的一刻——填志愿！对于很多高考生而言，填报专业志愿将在很大程度决定了自己未来的职业方向，也事关梦想能否实现。而一些家长和考生可能还不知道，除了高考成绩，很多热门专业其实还有一定的视力要求。可对于想报考这类热门专业的近视考生而言该怎么从容应对呢？

据众多眼科专家介绍，近视目前已经可以被矫治至正常视力。除飞行员等特殊专业外，其它专业都可以通过近视手术来提高视力，达到所报考志愿的要求。时至7月，想要报考军校的考生就将进行体检，视力检查更是重中之重，近视手术也将再次迎来高峰。但仍有部分家长和考生存在些疑惑，日前，记者就广大近视考生和家长们关心的问题，采访了苏大附属理想眼科医院屈光治疗中心主任郭某某，请其作了专业全面的解答。

▲ 图 4-1　简短传神的标题

通过对比看得出"关于睡眠的真相"这个标题明显简单直接，可以让人在看到的第一眼就知道这是说关于睡眠质量的。后面软文的标题就太过冗长，而且表达的主题也不够清晰。

062 呼应正文

在软文撰写者着手进行软文写作之前，需明白软文的主题内容，并以此命题，从而让软文标题与文章内容能够紧密相连。

无论撰写软文的主题内容是什么，目的就是吸引用户去阅读，去评论，让更多的人转发，从而带来软文外链。但是如果软文的标题和主题相关性不够，就会让读者产生被欺骗的感觉。

063 画龙点睛

标题是一篇软文的"大门"，读者会通过这扇门而"进入"到你的软文内容当中。而如何才能让软文标题为内容点睛，抓住读者的眼球呢？

所以在设计软文标题的时候，我们可以尝试使用一些比较有吸引力的词，来抓住读者的眼球。不仅如此，软文的标题需要点题，必须在标题中体现出软文所要表达的主题，一个主题模糊的标题不仅无法吸引读者，更是没有任何意义。

064 擅用关键词

软文，说到底还是给搜索到的用户看的，因此在软文标题设计时我们得充分考虑这一问题。对于这一问题，重点在于融入关键词，无论是对用户还是对搜索引擎，只有融入关键词、融入长尾关键词，搜索引擎才能更好地判断其文章的主题与相关性，用户才可以通过精确的查找，搜索出需要的内容。

4.2 撰写标题应遵循的原则

衡量一个标题的好坏，不仅要看其有没有吸引力，还要看其有没有体现一些原则。只有在遵循以下这些原则上撰写的标题，才称得上是优秀的标题。

065 百度收录原则

对于软文来说，若能被百度收录，简直是如虎添翼，可以进一步提高软文的曝光率。尽管百度对软文收录有很多因素影响，但一个好的标题会促进百度的收录。

那么什么样的标题能促进百度的收录呢？这里的关键就是标题要原创，并且要新鲜，最好能有一定的流行度，百度才能快速收录。在撰写标题的时候，我们可以先将拟好的标题输入到百度的搜索框里查一下，如果搜索到很多类似的标题，那就要考虑换一个了。

066 换角度思考

在拟定软文的标题的时候，我们不能仅仅只站在企业的角度去想要推出什么，更要站在客户的角度，思考客户最有可能用什么样的搜索语句来寻找这个问题的答案。根据搜索引擎匹配性的原则，越是与客户搜索语句匹配的文章标题越能获得好的排名。

在拟定软文标题的时候，我们可以先将有关关键词输入百度知道或百度指数，推广者就会发现许多读者或客户提出问题的语句。尽管他们的语句多种多样，但推广者还是能从中找出规律，然后根据找出的规律来撰写软文标题。

067 进行关键词组合

通过观察，我们可以发现能获得高流量的软文标题，都是拥有多个关键词并且进行组合之后的标题。这是因为，短的只含有单一关键词的标题，即使被百度收录，在单一关键词的搜索结果中排名也不会很好，而组合的相关关键词搜索结果不仅少，排名也会靠前。

例如，如果仅以"淘宝店"这个关键词进行搜索，那么它的搜索结果不仅多，而且被收录的文章排名也不好。而标题上含有"淘宝店""营销""管理"等多个关键词，则搜索结果的数量会大大降低，标题"露脸"的机会也就比较多。

068 标题形式要新颖

这里介绍比较实用的几种标题形式。

- 软文标题写作要尽量使用问句，引起人们的好奇心。比如，"牙没了，晚年如何享清福？""春季胃肠病普查，你的胃肠健康吗？""谁来'拯救'缺失的牙齿？"这样的标题对有相关问题的读者有很大的吸引力。
- 软文标题要尽量具体详细，尤其是对于接近购买阶段的读者，越具体越可信，越有吸引力。特别是在标题里加入数字，对于读者的冲击力还是相当大的。
- 要尽量将利益写出来，无论是阅读这篇软文所带来的利益或者这篇软义涉及的产品或服务所带来的利益，都要直接在标题中体现出来，从而增加标题的吸引力和销售力。

069 不同阶段的标题

首先要清楚的一点是，用户或者客户在不同阶段，搜索产品的关键词是不同的。那么，软文的标题也要针对客户在不同阶段所使用的搜索词和需求来拟定，才能达到精准网络销售的效果。

例如，软文的目的是为了向客户推广"淘宝店运营秘籍"。如果针对的客户是没有接触过该领域的新手，他们搜索的关键词一般是"怎么开淘宝店""开淘宝店难不难"，那么推广者的软文标题就可以是"五步教你玩转淘宝店"或者"这样开网店最赚钱"。

如果软文是针对微店运营阶段的客户，他们的搜索词一般是"商品管理""推广""营销"等，那么软文的标题应该就是"如何推广网店"。这样，推广者的软文标题才能符合设定的目标群体最关心的问题，从而大大提升软文的吸引力和销售力。

4.3　标题撰写的技巧

标题是一篇软文的灵魂，软文标题在针对不同的产品或服务协作技巧上面是有所不同的，所以需要针对这些因素进行思考，然后写出有吸引力的标题。不排除"标题党"的设计，但是具有足够多价值的内容才是最吸引读者的。

070　符号标题

一般来说，软文标题中包含三大亮点：数字、观点和事例。其中数字和符号是非常形象的软文标题材料，因此推广者可以采用数字或符号，来使自己的标题更有说服性和吸引力。

（1）数字："5 天时间，赚足 3800 元！"

（2）标点："小心被宰！低价做网站的惊天秘密"。

（3）盘点："盘点十大最美天文摄影图　赏太空神秘景象"。

071　学会借势

借势是一种常用的软文写作手法，而且借势完全是免费的。借势一般都是借助最新的热门事件，包括《大圣归来》上映、《花千骨》大结局等大软文事件。例如在电影《捉妖记》热映之际，配合电影宣传的"胡巴公仔"刚推出便火爆热销。

072　使用特色语言

在撰写标题时可以用诗词、成语典故、古汉语、谚语、歇后语、口语、行业内专业术语、外语和方言土语、人名地名、影视戏曲歌曲等特色词汇吸引读者，一般来说双行体较多。

073　巧用谐音

此类标题的特点在于：在切合新闻事实的前提下，巧妙地利用语音相同或相近而语义相反或相异的词语，使标题形成一种鲜明的对比，从而赋予标题以深刻的内涵。

074　进行对比

在标题中使用对比的手段，不仅可以突出产品的优势，还可以利用被比方的名气来提升自己的名气，如图 4-2 所示。

[原创]同轴距之争 三款中国品牌SUV行情对比

从实际应用的角度来说，轴距直接影响着车身长度以及车内空间；从汽车设计的角度而言，轴距决定了汽车重心的位置、汽车总体布置的设计以及汽车悬架的参数调节；而且对车辆的制动系统、操纵性以及平顺性也有着很大的影响，可见，轴距具有十分重要的作用。此次，为大家推荐的三款中国品牌小型SUV，它们除了有着相同的轴距，还具备高性价比和高销量的特性，在国内市场中有着不错的口碑。在近期有购买高性价比SUV的朋友不妨来看看它们的特点以及市场优惠行情如何。

▲　图4-2　进行对比

4.4　撰写常规类标题

"一则好的新闻必然有一个吸引人的标题"。例如，在阅读杂志报纸时，里面的内容繁杂，人们在选择阅读时，除了选择版面靠前的新闻，更加会选择一些有吸引人标题的文章去阅读。

软文同样如此，如果没有一个足够吸引人的标题，即便文章内容再专业也不会得到更多人的认可。下面笔者搜罗了几种常见的写作类型的标题，供大家借鉴。

075　用问题引起关注

这种标题类型可以简称为提问式标题，是通过提出问题来引起关注，从而促使消费者产生兴趣，启发他们思考，产生共鸣，留下印象。

例如，"20 年迟到的感恩 救命的好心人您在哪？""最大的输家：酷派成为手机界的'祥林嫂'？""自主品牌会师成都 短暂回暖还是根本逆转？""住建部指导停车设施规划 车位缺口如何解决？"这类标题几乎是先诉说事件，然后再提出问题，如图 4-3 所示。

20年迟到的感恩 救命的好心人您在哪？

环渤海新闻网消息（记者 ▨▨ 通讯员 ▨▨）辗转多年，这份迟到20年的感恩情怀始终压在心底没能释怀，我们要寻找那些素不相识，路遇车祸救我们一命的好心人。近日，汉沽管理区的高先生、叶女士和韩先生通过本报表露出自己的心声。

那是1995年11月13日下午2时许，高先生、叶女士和韩先生等4人来唐办事，乘坐一辆桑塔纳轿车途经唐山市北新西道时（原交通队附近），与一辆吉普车相撞，造成高、韩两人重伤昏迷，车上一名15岁女孩受轻微伤，司机当场死亡。据受到轻微伤的女孩回忆，当时，现场众多好心人的热心相帮。一辆出租车司机见状，带领女孩及时拨打电话救助；一辆双排座车司机、一位轿车司机和好心群众不顾衣服、车座上染红的血迹，立即参与到救助当中。

自主品牌会师成都 短暂回暖还是根本逆转？

在9月4日，自主品牌会师成都车展，多款自主品牌的集中亮相被业内称为中国品牌向上发力的转折点。

自主品牌特别重视西部城市成都，原因有两个：一是一部分自主品牌自身势头不错，加紧抢市场；二是自主品牌今年夺回部分市场，靠的就是SUV，西部市场特别青睐SUV。

但悲观的声音也在蔓延：自主品牌的意外爆发，是合资品牌忽然遭遇市场需求的软弱，让出了市场空间。一旦合资稳住阵脚，在产品力、品牌方面落后较多的自主品牌，仍然会被打回原形。

最大的输家：酷派成为手机界的"祥林嫂"？

众所周知，酷派电商是奇虎和酷派于2014年12月成立的合资公司，主要开发通过互联网渠道销售的移动终端产品。而事情的起因是酷派与360合作之后，酷派又委身乐视，即今年乐视曾出资21.8亿元购买酷派董事长郭德英18.5%的股份，成为酷派第二大股东，这一合作按照360的说法，是酷派违反了之前与360合作双方约定的禁业竞止义务的规定，如果此事成真的话，那么360持有的49.5%的股份的市场公允价值为7.425亿美元，而该公司全部股本的价值为15亿美元，酷派应当向奇虎支付回购股份的价格为14.85亿美元。那么随着事态的发展，未来将会怎样？谁会是此次所谓三角恋最大的输家？

住建部指导停车设施规划 车位缺口如何解决？

日前，住建部印发了《城市停车设施规划导则》(以下简称"导则")以指导各地加快落实城市停车设施规划的编制工作。根据"导则"要求，各地停车设施规划应做到：近期着力缓解停车供需矛盾突出的现状问题，同时着眼远期，完善促进停车持续健康发展的机制与政策措施。

▲ 图 4-3 提问式标题

076 直奔主题

直奔主题是一种非常有效的标题撰写手段，在标题中把软文的核心主题直接陈述出来，直接把企业品牌、产品以及主打的内容通过标题透露给读者。

这样既可以节省读者的浏览时间，又可以使企业的产品或品牌曝光到目标客户或潜在客户的视野中，增加产品销量、品牌关注度、企业美誉度。

下面就来欣赏一些直奔主题的软文标题，如图 4-4 所示。

广州新型"互联网孵化器"开园迎首批创业团队入驻

新华网广州9月8日电（记者 ▓▓▓）位于广州市中心城区的新型互联网创业孵化器8日开园，迎来首批创业团队入孵。

首批入驻的8个团队，分别是应用试客、墨柚、如多分期、滴咚信息科技、校园队长、玩么、快卡、达人带你玩，是由腾讯众创空间从12000个创业团队中评选产生的优秀代表。

哈尔滨：父母患重病可提取公积金支付

新华社哈尔滨9月8日新媒体专电(记者 ▓▓▓ 为进一步保障住房公积金缴存人合法权益，哈尔滨市近日再次扩大重大疾病提取对象范围，夫妻双方的父母患重病可提取公积金进行治疗。

据哈尔滨住房公积金管理中心《关于调整重大疾病提取政策的通知》，因患有重大疾病造成家庭生活严重困难的，职工本人及其配偶或者同一户口的父母(含配偶的父母)、子女可以分次提取住房公积金账户的存储余额。通知同时规定，公积金累计提取金额不得超过个人负担部分。

西北电商硅谷互链平台上线启动

本报讯（记者 ▓▓▓）9月8日，在2015"一带一路"中国（兰州）国际跨境电商物流大会上，依托兰州新区保税区优势，以西北食品采购中国网、新丝路国际贸易互链网、中国花木互链网、丽水商会中国网为依托的西北电商硅谷互链平台正式上线启动。

据了解，西北电商硅谷互链平台是依托兰州新区保税区优势，由甘肃瑞鑫投资集团西北食品采购基地、甘肃盛鑫投资集团共同开发打造的互联网贸易链，建有电商培训、三次方软件开发、大数据管控等中心，具备三次方软件设计、开发、授权、运营及管理能力，将支持西北电商硅谷稳定持续性发展。该平台是在"一带一路"重大战略构想和互联网推动产业升级的大背景下应运而生的，将西北食品采购基地、中国食品采购基地以及世界食品商企进行互链，形成西北食品与世界食品互联网贸易链，倾力打造西北地区最大的食品采购网；将开启以中国花木市场互链、中国花木商企互链为主的互联网贸易，打造中国首个花木市场O2O信息平台。

海口演丰新镇区规划出炉

规划"一心、一带、两轴、四片区"

本报海口9月8日讯（记者███）作为未来海口的卫星城，海口市美兰区演丰镇镇域规划备受关注。记者从近日召开的演丰示范镇镇区控制性详规专家评审会上获悉，该新镇区将通过建筑人文景观的引导，塑造特有的文化和城镇形象，推进城市环境与生态环境的有机结合。

据了解，演丰镇的总体规划将其性质确定为，全镇的政治、经济、文化中心，海口市东部休闲、旅游、养生、度假目的地，知名的红树林之都。在4.5平方千米的镇区范围内，此次规划在原1.15平方千米起步基础上微调，包括了老镇区及周边3.43平方千米范围，主要承担居住和旅游服务职能。

▲ 图4-4 直奔主题式标题

💡 **专家提醒**

直奔主题式标题比较适合一些知名度较高的企业使用，不然会出现因为知名度不高读者直接忽略的情况。所以针对小型企业，如果想要采用直奔主题式标题，则需要选择与自己产品相符合的、知名度较大的品牌产品做标题的内容进行陈述，或者用热门话题演变成自己的标题。

077 经验分享

在生活中很多经验分享的软文特别受读者喜爱，因为读者以带有目的性的姿态，去阅读软文，想在软文中吸取某一方面的经验，当然对写作者的逻辑性要求也非常高。

通过对大量文章的对比给读者一个眼前一亮的结果，而且由于是笔者的经验总结，拥有较强的说服力，读过之后可以使读者少走很多弯路。

需要注意的是，经验分享式标题下的软文内容，需要具有一定的权威性以及学术性，或者至少经验性较强，切忌出现大量的抄袭或者是在外面随便就能找到的内容，不然就会出现文不对题的现象。

例如，"月入5千小家庭4步实现养娃又买房""明天大盘日线粗略分析""吃得太油腻怎么办 10种食物缓解油腻""米饭你真的吃对了吗？'粗茶淡饭'才是真理"，这类标题一般属于经验分享式的软文，吸引人的地方就在于经验分享大放送、总结归纳性，这是很多读者所喜欢的，如图4-5所示。

078 制造悬念

制造悬念是指将软文中最吸引人的内容，先在标题中来个提示或暗示，在读者心中埋下疑团，引发读者思考、诱发读者的好奇心。

月入5千小家庭 4步实现养娃又买房

[摘要]小鹏今年24岁，月收入4000元；其妻小静今年24岁，月收入1000元，女儿今年2岁。如此投资每年还差9600元，用每年的年终奖来缴费，20年后家庭负担越来越轻，工资收入也会逐年提高的，提高后可追加投资。

小鹏今年24岁，月收入4000元；其妻小静今年24岁，月收入1000元，女儿今年2岁。

月支出2000元，有存款8万，无负债，无房无车。

明天大盘日线粗略分析

9月9日（戊子日）大盘走势预测
从日子上看，大盘不稳定，命理预测如下：

1，高开上涨到9；38分左右开始下跌。
2，10；10分左右下跌结束横盘或整理上涨至10；30左右。这段时间很关键，横盘或者下跌后面走势不理想，上涨后面比较好。
3，11；10到下午1；20左右这段时间理论上是不怎么理想的。
4，后面时间基本上比较理想。2；00左右以后仍然需要注意观察。
理论上大盘涨。

风水环境分析：在下跌通道中，且环境不好。

吃得太油腻怎么办 10种食物缓解油腻

肥胖不仅会影响形体美，也会增加罹患糖尿病、冠心病、高血压等慢性疾病的风险。营养学家建议，平时多吃些"刮油"的食物，不仅能排除油腻，还可以清除体内多余的脂肪。下面，就赶紧和小编来看看十种最"刮油"的食物吧。

米饭你真的吃对了吗？ "粗茶淡饭"才是真理

核心提示：米饭吃了几十年，我们很少考虑究竟怎样吃才健康。为了方便，我们会加入香肠一起煮饭，或者加入含有油脂的菜来拌饭……事实上，这些都是错误的吃饭方法。仔细想想，祖先们提出的"粗茶淡饭"才是真理。米饭，你真的吃对了吗？

"不仅吃得饱，还要吃得好"，如今成了不少人的生活风向标。如何把一碗米饭吃得更健康？39饮食编辑为大家详细介绍。

吃米饭，不简单

吃米饭，不仅要考虑能量的多少，还要考虑能量的提供效率，比如消化速度、血糖反应等。同样能量的食物，如果消化速度很快，那么人吃完后血糖升高会很快，而且还会很快就再次感到饥饿。我们一般用"饱腹感"来表示食物吃完后的效果。从血糖控制和体重控制的角度来看，一般我们希望米

▲ 图4-5 经验式标题

比如一则眼镜广告，其标题是："救救你的灵魂"，初听之时令人莫名其妙；正文接着便说出一句人所共知的名言"眼睛是心灵的窗户"，救眼睛便是救心灵，妙在文案人员省去了这个中介，因而获得了一种特殊效果。

在软文的标题中增加悬念，可以引发读者的思考，让用户可以在标题的引导下去阅读文章。例如，标题"妻子遭电话诈骗5万，'神探'丈夫靠推理追回"，读者在看到这样的标题的时候，很自然的会思考"神探"丈夫是如何推理的，而且读者对于"神探"这一类的词语也比较容易感兴趣。下面来看2则设有悬疑式标题的软文，如图4-6所示。

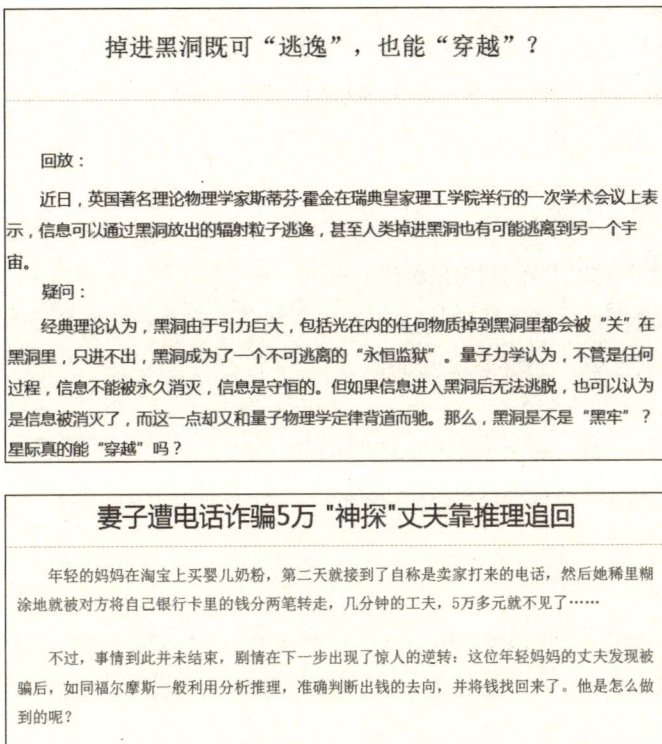

掉进黑洞既可"逃逸"，也能"穿越"？

回放：

近日，英国著名理论物理学家斯蒂芬·霍金在瑞典皇家理工学院举行的一次学术会议上表示，信息可以通过黑洞放出的辐射粒子逃逸，甚至人类掉进黑洞也有可能逃离到另一个宇宙。

疑问：

经典理论认为，黑洞由于引力巨大，包括光在内的任何物质掉到黑洞里都会被"关"在黑洞里，只进不出，黑洞成为了一个不可逃离的"永恒监狱"。量子力学认为，不管是任何过程，信息不能被永久消灭，信息是守恒的。但如果信息进入黑洞后无法逃脱，也可以认为是信息被消灭了，而这一点却又和量子物理学定律背道而驰。那么，黑洞是不是"黑牢"？星际真的能"穿越"吗？

妻子遭电话诈骗5万 "神探"丈夫靠推理追回

年轻的妈妈在淘宝上买婴儿奶粉，第二天就接到了自称是卖家打来的电话，然后她稀里糊涂地就被对方将自己银行卡里的钱分两笔转走，几分钟的工夫，5万多元就不见了……

不过，事情到此并未结束，剧情在下一步出现了惊人的逆转：这位年轻妈妈的丈夫发现被骗后，如同福尔摩斯一般利用分析推理，准确判断出钱的去向，并将钱找回来了。他是怎么做到的呢？

▲ 图4-6 悬念式标题

> **专家提醒**
>
> 要注意的是：软文营销中标题的悬疑，是为了引起读者的注意，适当的悬疑可以博取大众1~3次的眼球，不过很难长久。如果内容太无趣、无法达到软文引流的目的，那就是一篇失败的软文，会严重影响软文营销的效果。

所以企业在软文营销中设置悬疑式标题的时候需要非常慎重，并且要有较强的逻辑性，切忌为了标题花费太大力气，而忘却了软文营销的目的和软文的质量。

079 用标题讲故事

用标题讲故事，就是在短短一行标题中让读者看到一个故事，可以理解成是一种励志式标题，是从自身出发来讲述一个故事。这个标题可以是现身说法，讲述自己成功背后的辛酸、成功的秘诀等。

如今很多人都想致富，可却苦于找不到合适的方法。如果在这个时候看到一篇励志式的软文，从作者成功的经历，了解成功的路上会遇到什么，需要怎么做，自然会对读者有很强的吸引力。

这就等于给了读者一个成功的案例，所以读者会产生好奇，从而使这个标题的结构看起来很吸引人。现身说法标题的模板有两种，一种为"＿＿＿＿＿＿ 是如何使我＿＿＿＿＿＿ 的。"

示例：

"一个方法是如何使我成为销售冠军的"

"一个创意是如何使我成为公司经理的"

另一种模板为"我是如何 ＿＿＿＿＿＿＿＿ 的"，这种模板的侧重点在于"最终受益的大小决定了这个问题能不能成功"。

示例：

"三年奋斗，我是如何成为企业老板的"

"我是如何让一个亏损企业起死回生的"

080 标题中的寓意

一个成功的标题，不仅要表达清晰，更要有内涵。如何拥有内涵呢？这时候就要巧用比喻的修辞方法，使标题增加新意，加深人们的印象。这种标题形式上处处为读者着想，容易引起他们的好感。

寓意与比喻不同，比喻多借助具体、鲜明的形象来表达题意，寓意多借助人本身的知识、修养、情操等，对广告标题给予合理的想象，提高标题的意境。

例如，某软文标题"中国网络营销培训七宗罪"，用西方宗教的七宗罪来隐喻中国网络营销培训现状，在业内引起骚动，被转载了几百次，拥有至少 100 万曝光量。图 4-7 为常见的寓意式标题。

今年"双十一"马云要办"春晚"

在阿里巴巴"双十一"成为网购群体狂欢的"春节"时，"春晚"也就应运而生。昨天，阿里巴巴集团CEO张勇在杭州宣布启动2015年"双十一"网络狂欢节。与过去6年不同，今年的"双十一"前夜将推出一台新型晚会，由知名导演冯小刚执导，全球同步直播。

"双十一"作为在换季节点凭空造出的电商购物节，于2009年诞生。在这天，"单身汪"得到了安慰，情侣们逛逛逛，他们可以买买买；卖家们像是打了"鸡血"，实力做着各种营销；快递员们痛并快乐着，思考着怎样才是扔包裹的优美姿势……正如张勇所说，除了商业模式，数字经济已经为社会生活创造了丰富的文化现象。今年首次举行的"双十一"晚会也是基于这个趋势。

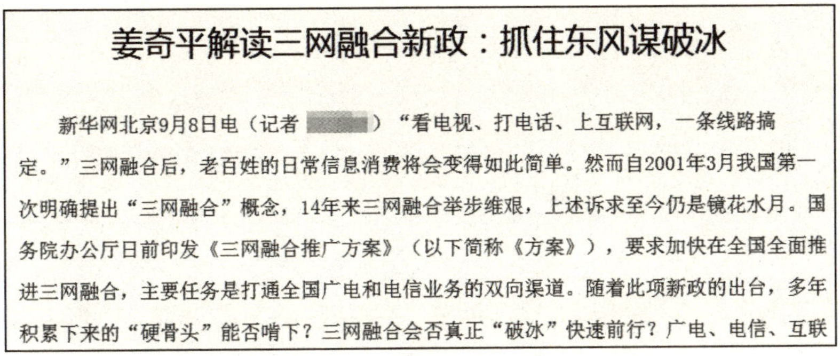

姜奇平解读三网融合新政：抓住东风谋破冰

新华网北京9月8日电（记者 ▨▨▨ ）"看电视、打电话、上互联网，一条线路搞定。"三网融合后，老百姓的日常信息消费将会变得如此简单。然而自2001年3月我国第一次明确提出"三网融合"概念，14年来三网融合举步维艰，上述诉求至今仍是镜花水月。国务院办公厅日前印发《三网融合推广方案》（以下简称《方案》），要求加快在全国全面推进三网融合，主要任务是打通全国广电和电信业务的双向渠道。随着此项新政的出台，多年积累下来的"硬骨头"能否啃下？三网融合会否真正"破冰"快速前行？广电、电信、互联

▲ 图4-7 寓意式标题

081 学会在标题中总结

这一类标题最大的优点就是标题的高度概括性，而且非常富有层次。当然，在撰写内容的时候，撰写者的逻辑性要特别强，避免产生层次混乱的情况。总结式的标题，简单明确，软文的内容在标题中就可以体现，也可以节省读者的时间。

例如，"太阳系鲜为人知的十大神秘天体，你知道吗？""男性养生：男人最不可缺的五种营养元素""药补不如食补 16种神奇食物能当药"等，这类标题就是非常优秀的总结性标题，吸引人的地方就在于总结性，这是很多读者所喜欢的，如图4-8所示。

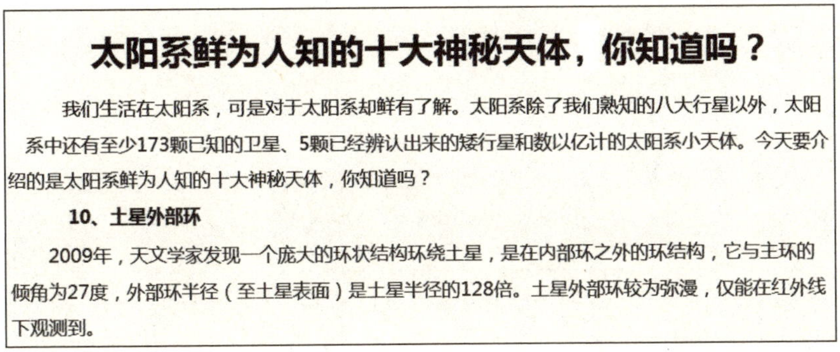

太阳系鲜为人知的十大神秘天体，你知道吗？

我们生活在太阳系，可是对于太阳系却鲜有了解。太阳系除了我们熟知的八大行星以外，太阳系中还有至少173颗已知的卫星、5颗已经辨认出来的矮行星和数以亿计的太阳系小天体。今天要介绍的是太阳系鲜为人知的十大神秘天体，你知道吗？

10、土星外部环

2009年，天文学家发现一个庞大的环状结构环绕土星，是在内部环之外的环结构，它与主环的倾角为27度，外部环半径（至土星表面）是土星半径的128倍。土星外部环较为弥漫，仅能在红外线下观测到。

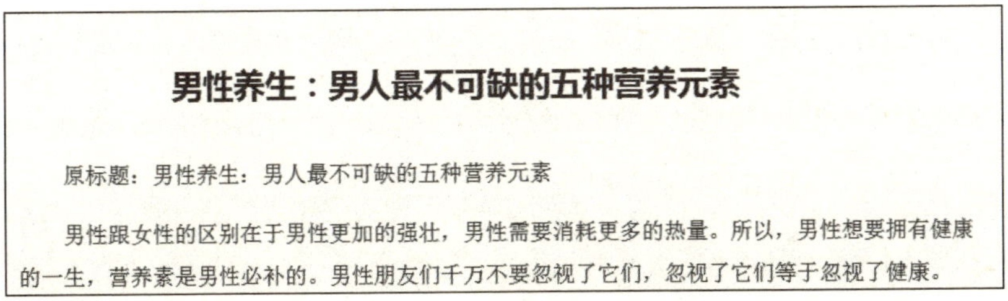

男性养生：男人最不可缺的五种营养元素

原标题：男性养生：男人最不可缺的五种营养元素

男性跟女性的区别在于男性更加的强壮，男性需要消耗更多的热量。所以，男性想要拥有健康的一生，营养素是男性必补的。男性朋友们千万不要忽视了它们，忽视了它们等于忽视了健康。

药补不如食补 16种神奇食物能当药

一杯酸奶防胀气

美国《营养药理学与治疗学》杂志刊登的一项研究发现，1.5杯(约合368克)益生菌酸奶可大大改善胃肠道的消化吸收能力。金鲍尔博士表示，通常情况下，豆类和乳糖难以消化，肠道功能一旦消化不良，就容易导致腹部胀气，而喝酸奶则有助于解决这一尴尬问题。专家建议，每天饭后或饭前两小时左右喝1杯酸奶，对便秘和胀气有一定的疗效。

8粒杏干防肾结石

美国营养学会发言人、佛罗里达州综合营养学家克里斯汀·格布斯塔特博士表示，8粒杏干含有2克膳食纤维和325毫克钾，而且仅含3毫克钠。这些都有助于防止矿物质在尿中积累，形成草酸钙结石，最常见的就是肾结石。

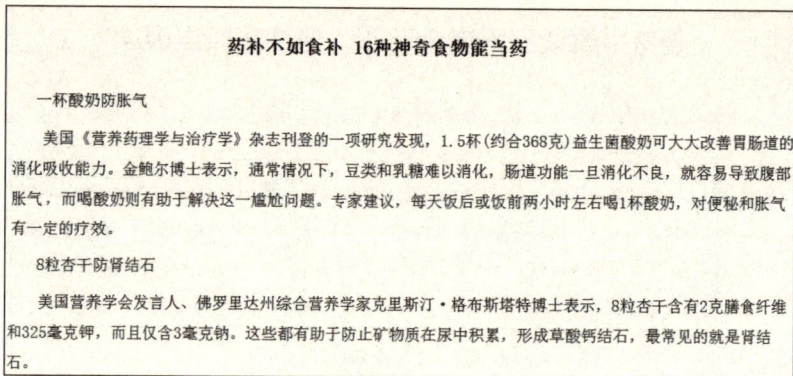

▲ 图 4-8 总结式标题

082 在标题中引爆

引爆式标题的目的就是吸引人的目光，增加点击量，给人一种不可思议的感觉，往往写作思路就是不走寻常路，与平时的事件或者道理相背离，比如"初中文化农妇冒充清朝公主诈骗 200 多万"的标题，读者就会觉得匪夷所思，急切地想知道到底是怎么一回事，如图 4-9 所示。

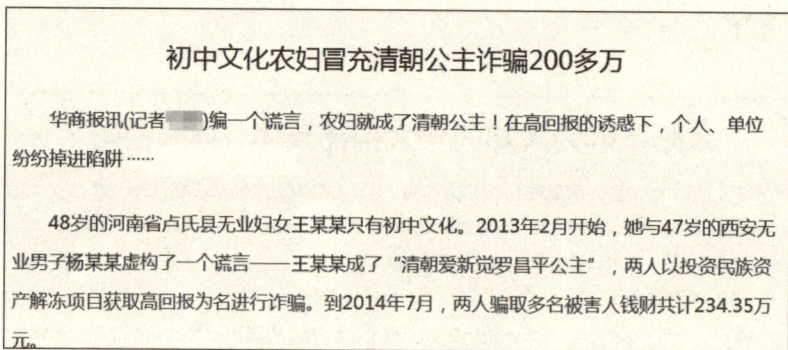

初中文化农妇冒充清朝公主诈骗200多万

华商报讯(记者███)编一个谎言，农妇就成了清朝公主！在高回报的诱惑下，个人、单位纷纷掉进陷阱······

48岁的河南省卢氏县无业妇女王某某只有初中文化。2013年2月开始，她与47岁的西安无业男子杨某某虚构了一个谎言——王某某成了"清朝爱新觉罗昌平公主"，两人以投资民族资产解冻项目获取高回报为名进行诈骗。到2014年7月，两人骗取多名被害人钱财共计234.35万元。

▲ 图 4-9 引爆式标题

引爆式标题与普通式标题所呈现的效果区别很大，如普通式标题为"软文写作方法"，引爆式标题为"一篇软文让他赚了 100 万"，哪一个更引人注意呢？很显然是后者。对于普通读者来说，能与物质上挂钩的话题，一般都能轻而易举地吸引到读者的注意力。

引爆式标题一定要将读者内心的渴望放大，若读者需要减肥那就要点出快速减肥、高效减肥；若想育儿那就体现出要育儿技巧、轻松不费力等，来使得读者的自身需求与企业软文标题主题高度契合，从而来达到吸引读者注意力的作用。

💡 **专家提醒**

　　用数据来吸引人，也是引爆式标题的常用手段，特别适用于电商，如"月销1000万的某某产品"。不过这种标题现在使用得过于频繁。重点还是要产品自身具有较大优势，所以尽量从分析消费者心态、目的性的角度来设置引爆式的标题。

083　用新闻引导内容

　　新闻式标题和内容，一般都是比较正规而且权威的。常见的新闻标题有单行、双行等多种形式，只要清楚描述时间、地点、人物等几个基本的要素即可，如图4-10所示。

沪指跌逾2%失守3100点　融资余额连降12天破万亿

　　截至9月2日，沪深两市融资余额为9622.6亿元，自2014年12月18日以来首次跌破1万亿元。这也是融资余额连续第12天下降，创两个月来最长连降纪录。

热身赛内马尔替补出场梅开二度　巴西4-1胜美国

　　巴西在热身赛中4-1客场大胜美国，内马尔连续第二场未能首发，但他在下半场替补出场后轻松梅开二度。胡尔克在上半场首开纪录，拉菲尼亚则攻入自己在巴西国家队的首个进球。

　　网易体育9月9日报道：

　　北京时间9月9日上午8时40分，国家队热身赛，美国将在波士顿主场迎战巴西。胡尔克在上半场破门，中场休息后内马尔替补出场并梅开二度，巴萨中场小将拉菲尼亚也打进了自己在桑巴军团的首个进球，而补时阶段威廉姆斯为美国打进挽回颜面的进球，最终巴西客场4-1大胜美国。

财政部：持股1年以上股息红利免征个人所得税

　　关于上市公司股息红利差别化个人所得税政策有关问题的通知

　　各省、自治区、直辖市、计划单列市财政厅(局)、国家税务局、地方税务局，新疆生产建设兵团财务局，上海、深圳证券交易所，全国中小企业股份转让系统有限责任公司，中国证券登记结算公司：

　　经国务院批准，现就上市公司股息红利差别化个人所得税政策等有关问题通知如下：

　　一、个人从公开发行和转让市场取得的上市公司股票，持股期限超过1年的，股息红利所得暂免征收个人所得税。

▲ 图4-10　新闻式标题

新闻式标题的特点是"一针见血，具有权威性"，这样撰写出来的软文可以放在网站的"企业新闻"或是"行业新闻"等类似的栏目中，显得非常具有权威性。

084 通过对比来说明

对比说明是通过对同类商品的对比，突出本产品的独到之处，使消费者加深对产品的认识。但有关广告条例规定，不能直接指对方名作对比，所以，对比时采用泛比为宜。

对比式标题还可以加入悬念式标题的手法，能更加突显出标题的特色，吸引消费者的注意。如某家电的一篇软文《LED 阻击 OLED　双方厮杀你选谁》就是既用了对比，又有悬念，很吸引人。

下面来欣赏对比式标题，如图 4-11 所示。

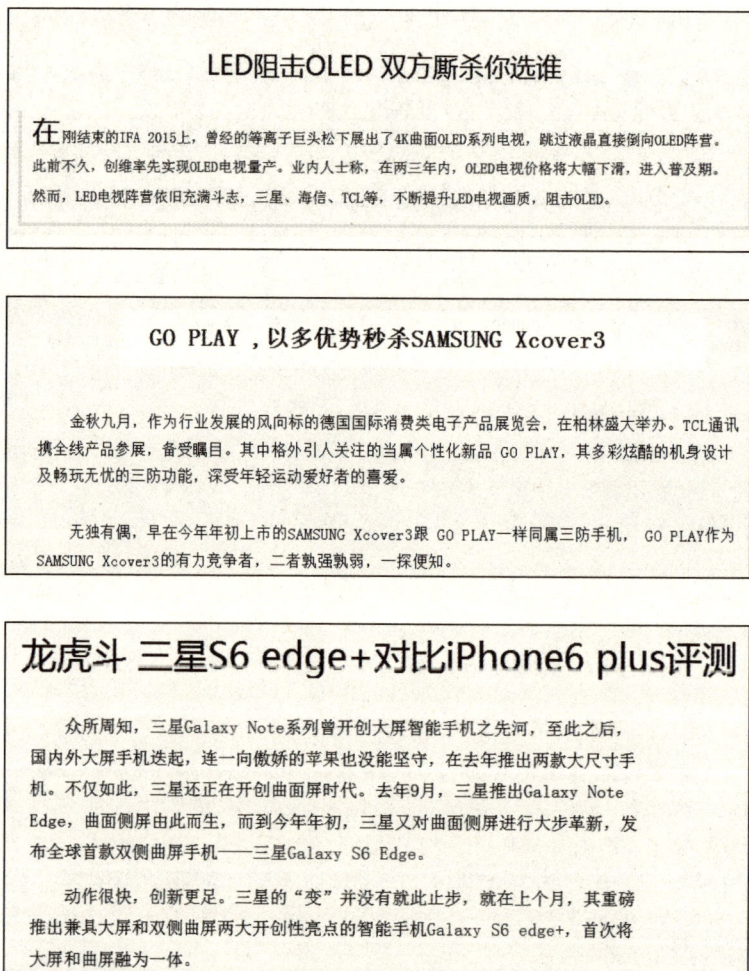

LED阻击OLED 双方厮杀你选谁

在 刚结束的IFA 2015上，曾经的等离子巨头松下展出了4K曲面OLED系列电视，跳过液晶直接倒向OLED阵营。此前不久，创维率先实现OLED电视量产。业内人士称，在两三年内，OLED电视价格将大幅下滑，进入普及期。然而，LED电视阵营依旧充满斗志，三星、海信、TCL等，不断提升LED电视画质，阻击OLED。

GO PLAY，以多优势秒杀SAMSUNG Xcover3

金秋九月，作为行业发展的风向标的德国国际消费类电子产品展览会，在柏林盛大举办。TCL通讯携全线产品参展，备受瞩目。其中格外引人关注的当属个性化新品 GO PLAY，其多彩炫酷的机身设计及畅玩无忧的三防功能，深受年轻运动爱好者的喜爱。

无独有偶，早在今年年初上市的SAMSUNG Xcover3跟 GO PLAY一样同属三防手机，GO PLAY作为SAMSUNG Xcover3的有力竞争者，二者孰强孰弱，一探便知。

龙虎斗 三星S6 edge+对比iPhone6 plus评测

众所周知，三星Galaxy Note系列曾开创大屏智能手机之先河，至此之后，国内外大屏手机迭起，连一向傲娇的苹果也没能坚守，在去年推出两款大尺寸手机。不仅如此，三星还正在开创曲面屏时代。去年9月，三星推出Galaxy Note Edge，曲面侧屏由此而生，而到今年年初，三星又对曲面侧屏进行大步革新，发布全球首款双侧曲屏手机——三星Galaxy S6 Edge。

动作很快，创新更足。三星的"变"并没有就此止步，就在上个月，其重磅推出兼具大屏和双侧曲屏两大开创性亮点的智能手机Galaxy S6 edge+，首次将大屏和曲屏融为一体。

▲ 图 4-11　对比式标题

　　企业运用对比式标题的时候，标题必须和文中内容相匹配，不能一味夸赞自己产品的优点，一定也要指出对方产品的优点，然后再在对方优点的基础上，指出自身产品超越对手的地方，方能成为一篇实实在在的对比式软文。

4.5　撰写创新类标题

　　标题的好坏，往往决定着这篇软文是不是吸引人、是不是可以被人们记住、是不是可以流传很广。软文标题有很多的类型，在这些类型当中，有一些是非常新颖的，运用得当会为软文增光添彩。

085　标题＋流行语

　　流行式标题就是时下流行的网络语言为标题噱头，如"DUANG""我也是醉了""什么鬼"等，来吸引消费者的注意力。下面就来欣赏几则流行式标题案例，如图 4-12 所示。

亮牙大咖"齿贝白"真能让牙齿duang下就白

　　近年来，一个曾经名不见经传的品牌"齿贝白"忽然在微商界受到热烈追捧，众多微商大咖纷纷成为"齿贝白"的代理商。"齿贝白"三个字一时刷爆了朋友圈。究竟是何种魔力让一个默默无闻甚至"零广告"的品牌"忽然一夜春风来"，成为众人瞩目的焦点，得到众多朋友的一直选择，记者带着疑问做了深入探究和了解。

宝马车主高速匝道上驯鸽，醉了

番外网络剧 "花千骨" 穿越现代 网友：什么鬼？

电视剧《花千骨》刚刚落幕，番外网络剧《花千骨2015》将于9月15日接力开播。不过，期待番外篇能够弥补吻戏遗憾的粉丝们要失望了，因为这部趁热打铁的作品与原作关系不大，剧情讲述在《花千骨》大结局后，苏醒过来的花千骨化身为一个都市女孩花洛恬，但前世的爱恨情仇却穿越千年的故事。仙侠剧变身都市偶像剧，突变的画风让网友接受无能，高呼"什么鬼？"

据悉，现代版白子画、花千骨、东方彧卿、糖宝等都将由新人担当，只有杀阡陌、落十一的扮演者不变，这也让不少网友失望。不过还是有粉丝表示，冲着杀姐姐的现代装，还是会去围观的。

▲ 图4-12　流行式标题案例

利用这种已经网络化的流行语，可以让软文标题更贴近生活，给人留下深刻的印象，在一定程度上还是能引人注意。

086　标题 + 知识

在标题中就将软文的主题表达出来，而且软文必须是拥有知识性的，而且尽量不要是大众所熟知的知识。让软文表面上看去似乎是一篇专业的某类型的知识讲解，在知识点中穿插产品内容。下面就来欣赏几则知识式标题案例，如图4-13所示。

大C科普堂2：如何安心在国外租车自驾

交通问题一直是困扰着出国旅行朋友的最大烦恼。除了往返的飞机是必须的之外，我们在旅行当地的大部分交通往往就是公交车、火车、出租车或者是游船之类的。这些公共交通虽然已经很方便、很便宜，但是始终没有自己开车来的方便（当然首先你要有驾照和驾驶经验）。虽然并不是所有国家都允许外国人租车自驾，但是我们经常去的一些大国，比如美国、德国、澳大利亚、新西兰等都是允许中国人持有中国驾照租车，这样为我们的旅行提供了更多的便利性。

IT之家学院：如何彻底关闭Win10操作中心？

有些从Win7/Win8.1升级到Win10的用户，以及XP和Vista转战Win10的用户不太习惯全新的操作中心，原因是这项功能经常弹出各种系统和应用消息，因此这部分用户在IT圈中询问如何彻底关闭Windows10操作中心功能。其实想关闭操作中心并不难，只要遵循如下步骤就可以成功实现。

▲ 图4-13　知识式标题

087   标题 + 提示

在标题中融入劝勉、叮咛、希望等口气的词语，可以起到一种提示性的作用，目的在于提醒处于某种境地的某些人。例如，"冬天喝热的果珍""劲酒虽好 也不许贪杯"等，如图 4-14 所示。

冬天喝热的果珍

当冬天气温猛然下降，我就想到热的果珍，很暖的感觉从心里涌出，记得果珍刚流行的那个时候，电视里每天的广告都不知播出多少遍"冬天喝热的果珍"，每每一到冬季我就会把果珍当茶品饮用，或者有人认为真是太老土。但很多事情，总是要沉淀一些时日才能领略当日风华，如今在这个冬日再喝果珍，顿然领悟到那句广告词"冬天喝热的果珍"的奥妙所在大家也试看看？冬凉了几日，手捧一杯热的果珍，的确很窝心。

劲酒虽好 也不许贪杯

"劲酒虽好，可不要贪杯哟！"一句温馨的广告语让千家万户耳熟能详，倍感亲切，而在劲牌公司，可就不仅仅是不要贪杯那么简单了。在近期出台的《营销中心员工健康饮酒管理规定》中明确指出，不允许员工在工作就餐期间饮酒过量，对违背这一规定的员工将进行考核处罚。

▲ 图 4-14   提示式标题

这一类提示式标题容易让人产生共鸣，但是需要注意的是，在使用这类标题时要绝对谨慎，否则容易引起读者反感。

提示式标题兼具多种优点，主要的有以下 3 点。

- 标题中的劝说或暗示需要主动，劝说不可过激，暗示可以增强。
- 标题中需要明确所推荐产品的用途和使用方法，越准确越好。
- 一定要站在读者的角度，不能只有推荐产品的"骨架"而少了必要的"血肉"。

088   标题 + 借势

不仅软文内容需要借势，就连标题也是需要借势的，借的"势"可以是某个人，可以是某件事，也可以是某件东西。

所谓的借势式标题，就是借取别人的名气进行标题的撰写，再直白一点就是利用名人或热点事件的名气为噱头，定会吸引不少读者的眼球。

例如，2015 年特别火的《花千骨》，自从上映以来，就一直占据收视率的榜首，一时间成为各大媒体的热点，很多商家也趁着这股热潮，纷纷将自己的产品与《花千骨》结合，如图 4-15 所示。

绿化贷:跟花千骨学习理财投资之道

大热了一个暑假的《花千骨》，终于在昨天迎来了大结局。这部被观众笑称为"好好的神仙不当，都去弄些幺蛾子，真是不作不死"的"众仙入魔"大戏。

不仅剧中 90%的修仙之人皆因各种原因或疯或死或"堕仙"或发狂，女主"小骨"更是从天真善良心怀大爱的小女孩，直接变身身负毁灭天下的"洪荒之力"的"妖神"，最后因无法控制自身力量，被心爱的师傅亲手杀死。

都说练武之人心浮气躁心有旁骛容易走火入魔，殊不知，其实投资理财不走正道也易"走火入魔"。随着互联网金融的不断飞速发展，各式各样的投资理财方式映入人们眼帘，但是投资理财方式花样繁多，人们难免会在理财选择上踌躇不定。

许多人为了一夜暴富，选择"卖房炒股""高利贷""利用信用卡漏洞投机取巧"等一些高风险的投机方式，最后导致家徒四壁，无法回旋，真入了理财"走火入魔"的道。

▲ 图 4-15　以事件做标题

在借明星之势做软文标题时，企业还可以适当加入自己的产品，与之契合，也是不错的选择。例如，有关李晨和范冰冰的婚期就是娱乐圈的大事，某品牌就抓住时机，利用这一名人效应进行相关营销，如图 4-16 所示。

范冰冰李晨曝婚期 先看范爷初秋街拍搭配

【导读】这几天有关范冰冰和李晨婚期的消息不停在传，有人煞有介事地爆料他们两人将在十一之后举行婚礼，也不知道消息是真是假，不过可以看看范爷的街拍学学初秋搭配倒是真的。

▲ 图 4-16　名人 + 产品标题

总之，跟名人搭边的任何事情，都会引起大众的关注，不管是他们的工作、生活还是他们的兴趣等。

如果企业所写的软文主题和名人能搭上关系的话，就能借着名人的关注度，进行一场明星效应风暴，不仅会吸引大量粉丝的关注，对普通读者也有一定的吸引力。

089　标题 + 数字

标题中的数字会迅速吸引读者的眼球，激发其求知欲望和强烈的好奇心，会对数字背后的故事更感兴趣，进入去阅读正文内容。下面就来欣赏几则数字式标题，如图4-17 所示。

女子海外留学归来成传销骨干 1年骗亲友400万元

海外留学归来，27岁的美女小张回国后却成了传销骨干，短短一年时间就骗取亲友400万元，成了组织里的"老总"级别。而该团队在合肥发展迅速，截至事发前已经发展出8名"老总"，发展传销人员200余人，涉案金额超过千万元。

福建一中学违规降分录取 104名高一新生遭劝退

东南网9月9日讯(海峡都市报闽南版记者 ▮▮▮ ▮▮ 文/图)正当同学们开始新学年时，原本入读安溪县蓬莱镇▮▮▮中学的104个孩子，却差点没学可上。

昨日，一则题为"泉州百名中学生集体被退学"的视频在网上引发热议。视频中，受访的学生家长称，安溪县▮▮▮中学出尔反尔，开学前突然把250分的录取分数线提高到270分，并劝退了104个孩子。而校方工作人员则称，劝退学生并非学校本意，而是市、县两级教育局招生意见"不统一"导致的。

▲ 图 4-17 数字式标题

090 标题 + 注意

标题中将注意或者警告类的语句融合，会让读者产生一种危机感。这类标题常常会出现在游戏行业软文中，通过警告或注意的手法吸引读者对软文的关注，特别对刚刚接触某款游戏的新手来说，看到相关软文后更能引发共鸣。下面就来欣赏几则警告式标题案例，如图 4-18 所示。

千万不要选这个职业 玩家恶搞龙武五职业

随着高考结束，分数线出来后，有人忙着寻死，有人忙着觅活，更多人则忙着选志愿!与高考大军一样忙着选志愿的，还有一群《龙武》新手玩家们!首款西藏题材网游《龙武》公测火爆开启，五大职业的选择，令新手玩家们苦恼不已!近日，有玩家模仿最近网上盛传的"千万不要报XX专业"，推出了"千万不要选XX职业"系列!

LOL大师玩家最特别的上分秘诀：千万不要内讧！

本人六区大师，今天想给大家分享一点特别的上分秘诀。有时候打排位不仅要技术好，心态也很重要。我相信很多人都有跟队友吵架的情况，我作为一个玩了四年的过来人，今天想跟大家探讨一下吵架与不吵架所带来的后果。

▲ 图 4-18 警告式标题

撰写使用警告式标题的软文时，需要对某个事实进行陈述，依靠事实让读者自己意识到之前的所作所为是错误的，从而产生一种危机感。

091 标题 + 鼓励

软文撰写者需要使用具有鼓动性的话语来调动读者的积极性，促使读者快速做出购买决定。此类标题，文字必须有力量，可以引导读者，从而起到暗示作用，且易于记忆。

下面来看几种鼓舞式标题案例，如图 4-19 所示。

快跟着林蛙学减肥吧！

有这样一部分人，从他背后看俨然是一个体态苗条的人，可一看侧面，就会看到煞风景的啤酒肚；或是呼啦圈。腰腹部是很容易囤积脂肪的部位，就算是想瘦身，也很难针对腰腹让它瘦下去，难道就拿它没办法了吗？

腰腹长肉容易 想减却难

31岁的丽丽生完孩子后，依然有着令人羡慕的身材，老同学看到她都会惊呼：怎么还是这么苗条，真是辣妈啊！丽丽每次都边走边说：你肚子上，全是赘肉，这不都是靠大丝巾遮着呢。丽丽说，前几年因为工作要长期伏案，加上不运动，肚子上的肉越积越多。去年生完孩子，虽然大体的身材恢复得还不错，但小腹上的肉却更加松垮。她开玩笑地说：我从胖子变成了柔软的胖子。

试试"被运动"躺着就能有好身材

近日一条微博"当我们曾是瘦子的时候，我们都嘲笑过胖子"引起众多网友的辛酸回复，昔日的瘦子们说起自己的种种减肥经历和遭受的嘲笑无一不是"欲语泪先流"。正如这条微博反映的一样，当大家嘲笑胖子是生来注定和后天不努力的时候，却只关注到了肥胖这个结果，而忽略了胖子们为摆脱困境所做出的种种为难自己、考验自己的减肥努力！她们节食，在夜晚看着餐桌的种种美食，口水往心里流。她们运动，在清晨的公园拔足狂奔。她们吃减肥药，在一次次跑厕所拉肚子和发现可怕的体检报告后，害怕又无助。可这一切过后，她们却常常看着体重计上的数字回复到原位！

要不要给你的房子上个保险

与购买汽车时需要上保险所不同，买房很少人会想到上保险。在天津爆炸事故发生近一个月来，受损房屋的解决方案成为关注重点。尽管在近日就上述个案已经出台"受损房屋按房价1.3倍收购"的政策，但给房子上保险的问题确实值得思考。

"房屋家财保险已在欧美、日本等国家被纳入强制保险范畴。"美亚保险相关人士表示，由于房屋家财保险在中国并不属于强制保险范畴，所以居民可自行考虑购买此类商业保险。事实上，太平洋保险、平安保险等多家保险公司是有房屋保险的，在家庭财产中包括对房屋主体、房屋装修、室内财产等方面的保障，一年期保费从几百元到上千元不等，其中包括承保由于火灾、台风、暴雨、泥石流等原因对房屋、装修、室内财产造成的损失。

▲ 图 4-19 鼓舞式标题案例

　　鼓舞式标题在文学修辞上，应力求婉转，以回避一般人都不愿受他人支配的心理特点，进行软文标题的撰写。

092　有趣式标题

　　所谓有趣式标题，就是用有趣的、别有一番风味的字眼来凑成的标题，往往会使读者过目不忘、记忆深刻。下面就来欣赏几则有趣式标题，如图 4-20 所示。

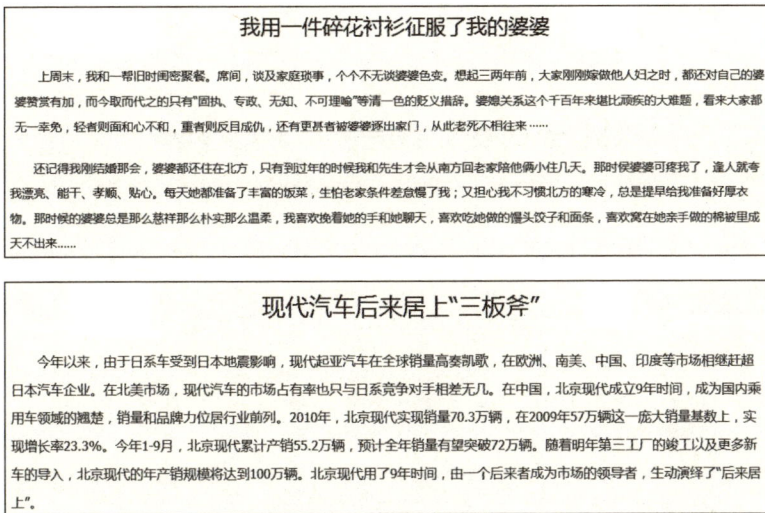

我用一件碎花衬衫征服了我的婆婆

　　上周末，我和一帮旧时闺密聚餐。席间，谈及家庭琐事，个个不无谈婆婆色变。想起三两年前，大家刚刚嫁做他人妇之时，都还对自己的婆婆赞赏有加，而今取而代之的只有"固执、专政、无知、不可理喻"等清一色的贬义措辞。婆媳关系这个千百年来堪比顽疾的大难题，看来大家都无一幸免，轻者则面和心不和，重者则反目成仇，还有更甚者被婆婆逐出家门，从此老死不相往来……

　　还记得我刚结婚那会，婆婆都还住在北方，只有到过年的时候我和先生才会从南方回老家陪他俩小住几天。那时候婆婆可疼我了，逢人就夸我漂亮、能干、孝顺、贴心。每天她都准备了丰富的饭菜，生怕老家条件差怠慢了我；又担心我不习惯北方的寒冷，总是提早给我准备好厚衣物。那时候的婆婆总是那么慈祥那么朴实那么温柔，我喜欢挽着她的手和她聊天，喜欢吃她做的慢头饺子和面条，喜欢窝在她亲手做的棉被里成天不出来……

现代汽车后来居上"三板斧"

　　今年以来，由于日系车受到日本地震影响，现代起亚汽车在全球销量高奏凯歌，在欧洲、南美、中国、印度等市场相继赶超日本汽车企业。在北美市场，现代汽车的市场占有率也只与日系竞争对手相差无几。在中国，北京现代成立9年时间，成为国内乘用车领域的翘楚，销量和品牌力位居行业前列。2010年，北京现代实现销量70.3万辆，在2009年57万辆这一庞大销量基数上，实现增率23.3%。今年1-9月，北京现代累计产销55.2万辆，预计全年销量有望突破72万辆。随着明年第三工厂的竣工以及更多新车的导入，北京现代的年产销规模将达到100万辆。北京现代用了9年时间，由一个后来者成为市场的领导者，生动演绎了"后来居上"。

▲ 图 4-20　有趣式标题案例

　　企业用生动、幽默、诙谐的语言来撰写软文标题，可以将标题变得有生气，用恰当的修辞手法，使标题有活泼、俏皮的效果，只要运用得当、不夸张、符合软文内容及主题，定能快速吸引读者。

093　观点式标题

　　所谓的观点式标题，是一种以表达观点为核心的标题撰写形式，一般会在标题上精准到人，会将人名放置在标题上，在人名的后面会紧接着对某件事的个人观点或看法。下面就来看几种观点式标题的常用公式：

- "某某认为 ＿＿＿＿＿＿＿＿"。
- "某某称 ＿＿＿＿＿＿＿＿"。
- "某某指出 ＿＿＿＿＿＿＿＿"。

- "资深 _____，他认为 _____"。
- "某某：_____"。

下面就来欣赏观点式标题案例，如图 4-21 所示。

郑新立："十三五"时期中国经济增速有望回到8%

《证券日报》记者获悉，中国国际经济交流中心副理事长、中国政策科学研究会执行会长郑新立
9日在由中国政策科学研究会主办的"推进城乡一体化"研讨会上表示："'十三五'时期，中国经
济保持在7%的增长速度应该没有问题，这其中最大的动力是城乡一体化。此外，城乡一体化如果能
取得突破性进展，中国经济增长速度回到8%也是有可能的。"

8月主要宏观经济数据本周将密集出炉。海关总署8日公布数据显示，8月份进出口再现双降。

郑新立认为，从已公布的数据可以看出，中国经济下行的态势仍未改变。

姐妹大战小威胜出 姐姐送祝福：希望实现全满贯

本报讯(记者　　　)美网女单8强比赛中，大威和妹妹的姐姐对话吸引了大批观众
到场。尽管大威将第27次姐妹内战拖入了决胜盘，不过妹妹仍如愿取胜。赛后小威也
得到了姐姐的真诚祝福，"我认为她是最棒的，希望她能实现今年的全满贯。"

李稻葵：中国经济不需要大规模刺激

本报大连9月9日电 记者　　　报道 2015年夏季达沃斯论坛今天在大连召开，清华大学苏世民学者项
目主任李稻葵在论坛演讲时表示，中国经济不需要大量的刺激，经济转型中需要的是"扎针灸"的刺激。这
是李稻葵在谈及我国政府该如何应对当前经济较低增长状态时的表态。

近段时间以来，中国经济运行态势备受关注。股市出现了大幅回调，制造业仍然持续低迷。最新的财新
PMI数据显示，8月PMI指数下滑至47.1，为6年半以来的新低。工业方面，发电量、水泥产量等指标今年以来
都是负增长；钢铁、有色金属等产量则勉强维持正增长；汽车销量增长低迷，但生产量出现了多年以来少有

▲ 图 4-21　观点式标题案例

094　指导式标题

所谓指导式标题，就是针对某一个具体的事情进行一个传递方法，在标题中扣住
"如何""怎样""某某的养成之道""更简单某某之道"之类的字眼，比如，"如
何选择好店面才能带来好生意""淘宝网购物，如何防止上当受骗"，往往这一类标
题可以吸引大部分的新人或者对未知领域感兴趣的"好奇宝宝"的目光。

可是该如何撰写指导式标题呢？其实很简单，一是内容必须要有较强的专业性；
二是软文广告插入轻微，排除硬广植入的情况发生；三是不要直接复制粘贴别人文章，
并且针对具体的文章推出一个"指导性的教程"，同时还可以把广告完美地融合进去，
即可撰写出一个好的指导式标题。

下面就来欣赏指导式标题案例，如图 4-22 所示。

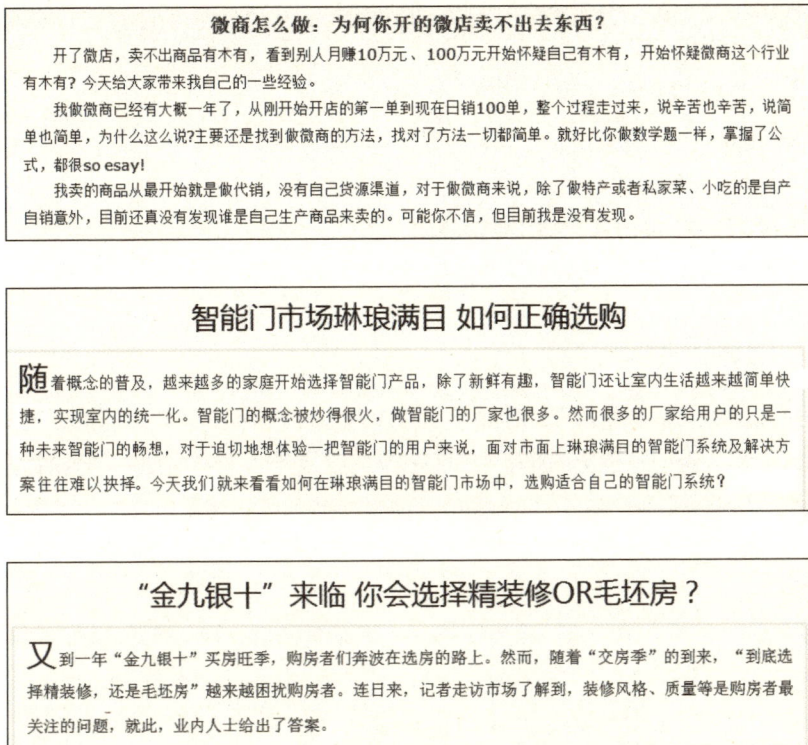

微商怎么做：为何你开的微店卖不出去东西？

开了微店，卖不出商品有木有，看到别人月赚10万元、100万元开始怀疑自己有木有，开始怀疑微商这个行业有木有？今天给大家带来我自己的一些经验。

我做微商已经有大概一年了，从刚开始开店的第一单到现在日销100单，整个过程走过来，说辛苦也辛苦，说简单也简单，为什么这么说?主要还是找到做微商的方法，找对了方法一切都简单。就好比你做数学题一样，掌握了公式，都很so esay!

我卖的商品从最开始就是做代销，没有自己货源渠道，对于做微商来说，除了做特产或者私家菜、小吃的是自产自销意外，目前还真没有发现谁是自己生产商品来卖的。可能你不信，但目前我是没有发现。

智能门市场琳琅满目 如何正确选购

随着概念的普及，越来越多的家庭开始选择智能门产品，除了新鲜有趣，智能门还让室内生活越来越简单快捷，实现室内的统一化。智能门的概念被炒得很火，做智能门的厂家也很多。然而很多的厂家给用户的只是一种未来智能门的畅想，对于迫切地想体验一把智能门的用户来说，面对市面上琳琅满目的智能门系统及解决方案往往难以抉择。今天我们就来看看如何在琳琅满目的智能门市场中，选购适合自己的智能门系统?

"金九银十"来临 你会选择精装修OR毛坯房？

又到一年"金九银十"买房旺季，购房者们奔波在选房的路上。然而，随着"交房季"的到来，"到底选择精装修，还是毛坯房"越来越困扰购房者。连日来，记者走访市场了解到，装修风格、质量等是购房者最关注的问题，就此，业内人士给出了答案。

▲ 图 4-22　指导式标题案例

【分析】：这一类的标题可以让广告置于无形之中，且有一定的发展后续性。因为一篇好的指导性文章，如果实用性强还具有推广性、传播性，读者多半会进行多次阅读。

💡 **专家提醒**

指导式标题的设置会让读者觉得此类软文广告性比较弱，从而不会太过于排斥，对于企业来说，此类软文能大大地加快软文营销活动成功的步伐。

095　推动式标题

推动式标题实际上就是以自身出发来讲述一个故事，这个标题可以让企业创始人现身说法，讲述自己成功背后的辛酸、成功的秘诀等。

如今很多人都想致富，可却苦于没有致富的定位，而这个时候给他们看推动式软文，让他们知道成功者是怎样打破困难的枷锁、走上人生的巅峰的，从而推动读者以一种积极向上的形态面对生活中所遇到的困难。

也因为读者对他人的故事非常好奇，从而使这个标题的结构看起来很吸引人。推动式标题模板有以下 2 种：

- "＿＿＿＿＿ 是如何使我 ＿＿＿＿＿＿ 的。"
- "我是如何 ＿＿＿＿＿＿＿＿ 的。"

示例：

"一本书是如何使我成为成功商家的"

"我是如何从一无所有变成百万富翁的"

096 问题式标题

问题式标题可以算是知识式标题与反问式标题的一种结合，以提问的形式将问题提出来，读者又可以从提出的问题中知道软文内容是什么。一般来说，问题式标题有 7 种公式，企业只要围绕这 7 种公式撰写问题式标题即可：

"什么是 ＿＿＿＿＿＿＿＿＿？"

"为什么 ＿＿＿＿＿＿＿＿＿？"

"怎样 ＿＿＿＿＿＿＿＿＿？"

"如何 ＿＿＿＿＿＿＿＿＿？"

"＿＿＿＿＿＿＿＿＿ 要怎么做？"

"＿＿＿＿＿＿＿＿＿ 有哪些方法？"

"某某：当你遇到 ＿＿＿＿＿＿＿＿ 问题时"

下面来欣赏几则问题式标题案例，如图 4-23 所示。

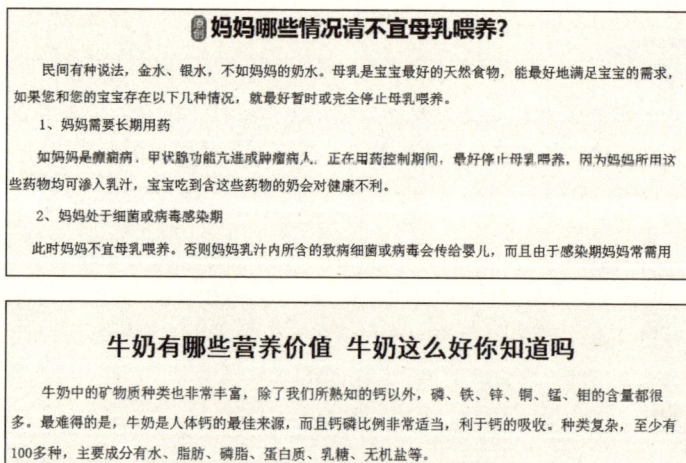

▲ 图 4-23 问题式标题案例

097 "十大"式标题

所谓"十大"式标题，是指标题扣住"十大"为公式主题。一般"十大"式标题的传播效率很广，容易被网站和论坛转载，并且很容易产生一定的影响力。下面就来欣赏几个"十大"式标题案例，如图 4-24 所示。

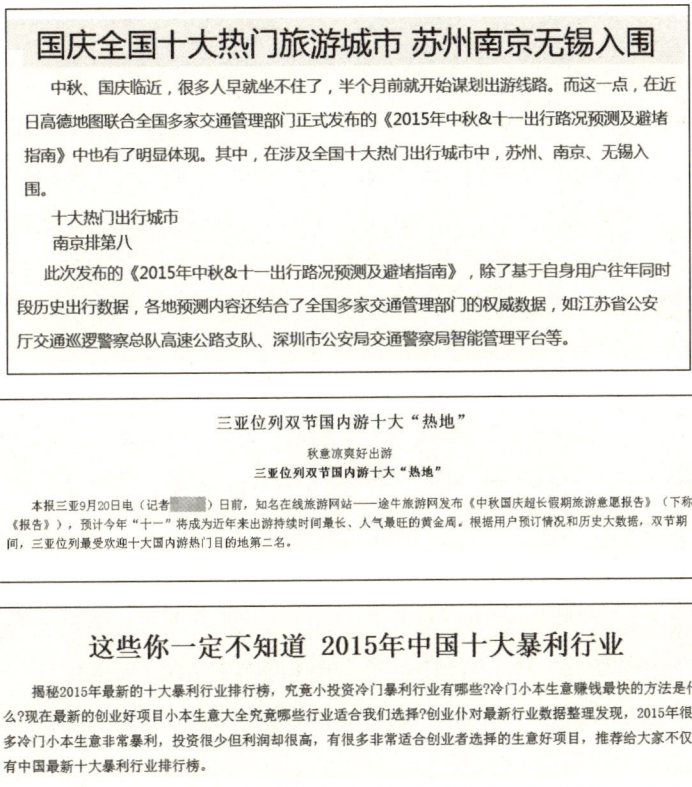

▲ 图 4-24 "十大"式标题

4.6 撰写有吸引力的标题

一提到"标题党"，可能大多数人都对其"恨之入骨"；不过标题党之间，也是有所不同的。按照"标题党"行为作风，我们可将其分为以下两种——良性标题党和恶性标题党。

098 良性标题党

良性标题党有很强的幽默性和娱乐性，使用幽默性语言来引起人们的注意。人们总是乐于看到新鲜事，即使发现被标题党欺骗之后也会轻松一笑。就比如在百度里有一个百度标题党吧，这就是一个良性标题党的交流平台，旨在为大家创造快乐。

099 恶性标题党

恶性标题党就是完全将标题当作"饵"，不择手段地对"饵"进行包装，文章却没有任何实质性的内容，骗取点击率，很大程度上浪费了网友的时间，欺骗了网友的感情。

恶性标题党的行为会让网友深恶痛觉，不会再次点击类似的标题内容，从而使真正有价值的信息被网友忽略，造成"狼来了"的悲剧。恶性标题党通常会使用"暴力""罪恶"等字眼，严重污染版面。

在如今的互联网时代，信息数量处于爆炸状态，人们在网上浏览信息时的耐心就更少了，如果标题没有办法吸引人，那么即使软文写得再好，也大大降低了软文的传播效率。所以做一个良性标题党，也不失为一种有效的方法。

100 打出感情牌

感情牌的效果一般都会非常不错，这是因为人们都有同情受压迫者的天性。博取同情标题最常用的就是使用先抑后扬的手法，先说自己如何被人排挤，最后又是如何成功的。像这样一个标题，大家都会沉浸于文章中的主角一个人克服巨大的困难，战胜周围人的揶揄，最终取得胜利的故事。

在标题里打出感情牌，站在读者的角度，很容易会让读者联想到自己想做而一直未敢踏出第一步的事情，然后就会想这篇文章里面的主角是不是也和自己一样，心中充满了怀疑和担心，或者他是不是也会觉得自己能力不足，从而促使其产生共鸣，点击阅读。

示例：

"我用血泪史告诉你们南方姑娘交一个北方男友的下场是什么！"

101 隐含意义的玩法

隐含意义的标题，就是通过一些具有暗示性的语言，让读者产生一种其他人都知道的事情，可是自己却不知道的错觉，促使他们点击标题。

示例：

"湘西秋天最美、最上镜的 12 个地方，你去过几个？"

"出门逛街约会还在穿它，女神不跑才怪呢。"

102 现身说法

现身说法的标题实际上就是从自身出发来讲述一个故事，这个标题可以让企业现身说法，讲述自己的故事。当然，所讲的故事必须是积极的、正面的，可以散发正能量的。

要知道人们都喜欢听故事，而且由于人与人之间的差异，以及人的好奇心驱使，所以人们对他人的故事总是感到非常好奇，从而使这个标题的结构看起来很吸引人。在使用现身说法类标题时要注意正文内容和标题的互相匹配。

示例：

"奔四女人的梦想"

"一个奋斗的男人"

"为了健康，开始减肥，坚持再坚持"

"秋天来临，晒晒我的高品质原单尾货！漂亮到没朋友哦！"

103 让标题有针对性

有针对性的标题是指为某一主体遇到的问题提供解决的方案和经验，这种标题很容易挖掘到潜在客户。在选择想要针对的群体的时候千万注意，自己不能将针对的目标定得太过狭窄。

也许企业产品的目标人群本身就狭窄，但是我们可以适当地将目标扩大化，只要不是偏离得太过分就没问题。

示例：

"人到中年 且过且珍惜"

"单眼皮怎么变双眼皮？"

"瘦子时代已来临，你还在胖吗？"

"女性不可不看的冬季护肤小常识"

104 思维逆向拓展

逆向思维的标题，就是不按常理出牌。逆向思维也叫求异思维，它是对司空见惯的、似乎已成定论的事物或观点反过来思考的一种思维方式。敢于"反其道而思之"，让思维向对立面的方向发展。

从问题的反面深入地进行探索，树立新思想，创立新形象。当大家都朝着一个固定的思维方向思考问题时，你能朝着反方向思索，这就是逆向思维。

人们习惯于沿着事物发展的正方向去思考问题并寻求解决办法。其实，对于某些问题，尤其是一些特殊问题，从结论往回推，倒过来思考，从求解回到已知条件，反过去想或许会使问题简单化。

在软文的标题撰写中，我们也可以使用这种方法让标题显得与众不同。

示例：

"即使把你当公主养大，或许最终还是落入凡尘。"

"我就是忍不住买包！凭什么再买就剁手！"

"为了亲爱的儿子，我走上了这条不归路！（实现了我百万富婆的梦想）"

"都说野百合也有春天，那，土气如我，会有成为美人儿的那一天吗？"

105 标题里的警告

此类标题中的"警告"两字是一个有力量又严肃而又吸引人注意的字眼，对于那些使用解决问题形式的销售信函来说总是很有帮助的。说得通俗一点就是将警告的特征、功能、作用等移植到软文标题中，使软文标题富有一种警醒、告诫的作用。

警告式软文标题，常以发人深省的严肃而庄重沉稳的笔调、犀利的语言给读者视觉上、心理上强烈的警示、提醒，从而达到行文的目的。

警告式新闻标题，因其具有威严、警醒、震慑等作用而被软文撰写者所青睐和追捧。然而，警告式软文标题也并非随处都可以使用，也有当用与不当用的时候。

运用得当，则能使标题熠熠生辉，起到其他标题无法替代的作用；运用欠妥的话，很容易使人反感或引起不必要的麻烦。因此，使用警醒式标题时应小心慎重，注意场合和适度性，绝不可草率。

示例：

"不要再做背影党 学摄影师拍摄街头纪实"

"魅蓝 note，最真实拍照样张。不要去信小编的拍样张"

"win10 发布了，不要低配，没有中端游戏机还是洗洗睡吧"

106 用标题做承诺

承诺式标题也称许诺式标题，即在标题就给出承诺，吸引人阅读。这种承诺可以是给人带来物质金钱，可以是身体的健康也可以是精神上的满足。

该类标题的应用不受时间限制，任何时候都能运用；它运用的范围也很广，适用于大多数的商品和服务。但是要注意的是标题中的承诺，一定是真实的，不然就有欺诈的嫌疑。

许诺式标题有三大类，如图 4-25 所示。

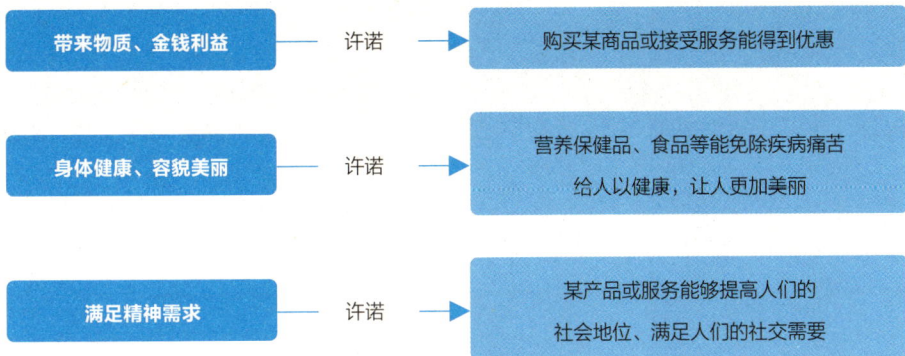

▲ 图 4-25 许诺式标题

示例：

"第一时间带来新鲜的时令菜哦！"

"祛眼袋快排队，下周恢复原价 1800 元！"

"38 元畅减 3 天，告别身材'冬眠'"

4.7 撰写有震撼力的标题

精彩的故事从标题开始，一个精妙的标题能迅速抓住人的眼球，让你的软文熠熠生辉。它是赢得掌声的第一步！下面就来学一学，如何拟定一个具有震撼力的标题，为软文增光添彩！

107 标题带有"恐惧感"

这是一种类似于促销方式的标题写作方法，原理和促销是非常类似的，通过一些词语和话语来制造紧迫感。在读者接触到带有"恐惧感"的标题时，会产生急切感，促使其快速行动，不会刻意引发阅读还能给人留下比较深刻的印象。

下面来看看 15 种常用的带有"恐惧感"的标题。

（1）_____ 真的要消失了吗？

（2）_____ 竟然还不知道？

（3）10 种 _____ 诈骗以及如何避免它们

（4）你的 _____ 有多安全？

（5）10 个最令人害怕的 _____

（6）最吓人的 5 个 _____

（7）这样做的后果，你知道吗？

（8）永远摆脱你的 _____

（9）你的 _____ 可以成为 _____ 吗？

（10）你的 _____ 并没有告诉你 _____

（11）提防 _____ 以及如何识别他们

（12）不 _____ 的 10 个好方法

（13）如何安全地 _____

（14）潜伏的 / 最大的 _____ 危险

（15）_____ 你需要避免的陷阱

108　标题里的交易技巧

在互联网越来越发达的现在，人们的时间却越来越少，所以很多的东西就来不及去学。如此一来人们就会在网上寻找和学习某些技巧或者知识，因此交易技巧类的标题非常受大众欢迎。

下面就来看 10 种经典的交易技巧类标题。

（1）选择合适的时机 _____ 或者 _____

（2）极少数人知道的 _____ 方法

（3）_____ 比较好的 5 个理由

（4）如何像 _____ 一样 _____

（5）如何选择自己 _____ 的工作

（6）怎么做对 _____ 最有利

（7）10 个有创意的 _____ 方法

（8）怎样成为一个 _____

（9）你可以 _____ 的 10 件坏事

（10）你应该 _____ 的 7 个理由

109　抓住需求点

企业可以围绕人们想要的东西，展开设定软文标题。思考软文的受众需要什么，需要什么就给他们看什么。只要抓住了这一点，软文营销就会无往不利。

下面看一看 15 种抓住需求点的软文标题。

（1）20 个为 _____ 节省 / 时间的技巧

（2）获得 _____ 最低价格的方法

（3）_____ 的最好用的工具

（4）_____ 真的值那么多钱吗？

（5）方便 _____ 的最好用的方法

（6）_____ 块钱以下最好的 _____

（7）用最低的 _____ 来下推广你的 _____ 5 个方法

（8）10 种大胆并具有创意的 _____ 点子

（9）还有谁想 _____

（10）9 位明星和他们的 _____

（11）可以让 _____ 超出你预料的 9 种方法

（12）如何在 30 分钟之内 _____

（13）发现 _____ 的优点

（14）这是 _____ 最需要的 5 种方法

（15）你可以 _____ 的 7 种证据

110　时间＋历史

从时间和历史发展方面来设置标题，说一说品牌历史、企业的过去，也很吸引人。人们都喜欢挖掘一切名人或者企业背后的故事以及历史。迎合这一类人的想法，就是时间历史类标题存在的意义。

下面看一看 5 种描述企业或者品牌历史的软文标题。

（1）_____ 的历史

（2）_____ 年 _____ 将如何影响 _____

（3）_____ 的过去和现在

（4）关于 _____ 未来的 20 个预测

（5）_____ 是怎么成长的

111　两极对比

还记得有一篇课文叫作《精彩极了和糟糕透了》，在企业软文的撰写中，也需要使用这种"精彩极了"与"糟糕透了"的对比性手段。这种"糟糕"和"精彩"，都是读者喜闻乐见的。

下面来看看 11 种常用的两极对比的软文标题。

（1）世界上最便宜／最贵的 10 _____

（2）让人惊讶的最差劲的 _____

（3）最有趣的 _____ 故事

（4）世界上最暖心的 _____

（5）世界上最好和最坏的 10 _____

（6）最豪华的 _____

（7）_____ 比 _____ 要好的 10 个理由

（8）_____ 行业最优秀的 10 个人

（9）30 个最搞笑的 _____

（10）_____ 是最糟糕的 _____ 的 10 个理由

（11）世界上最糟糕的 _____

112　标题里的关键词

软文的标题中，有一种类型标题叫作关键词标题。不过这里的关键词标题并不是通常意义上的，软文里面的关键词，是指标题里常用的 5 种概念，分别是：事实、虚构、秘密、真相和谎言。

下面来看看 5 种常用的蕴含 5 类关键词的软文标题。

（1）你所需要知道的 _____ 的真相

（2）_____ 专家不想你知道的 10 个秘密

（3）应该看破的 _____ 谎言

（4）_____ 行业的事实

（5）_____ 虚构的 _____

第 5 章

软文正文写作

学前提示

在了解过软文标题的写法及注意事项，并顺利地拟定了一个好的软文标题后，接下来就要准备软文正文的撰写了。

软文正文的写作也是需要技巧的，要写好软文正文，除了要对所宣传的产品和企业有较深的了解之外，更要对各种类型的正文有一定的把握。

软文正文写作

常规式
正文

创新型
正文

5.1 常规式正文

一篇软文，无论形式如何变化，根本上还是篇文章，文章的一些写作形式对软文也是通用的。比如，软文的正文有故事式正文，也有新闻式正文等。根据软文素材和软文作者写软文的思路的不同，软文正文的形式也有不同。

113 情感式正文

情感一直是广告的一个重要传递介质，情感传达内容的针对性强，杀伤力也强。例如，正文以"从不会电脑到淘宝金牌店铺掌柜的艰辛"为内容，这就是一个传达情感的过程。

情感式正文最大的特色是它能打动人，所以在软文推广中，不妨试试这种"情感营销"。

在这里提供一个写作方向，当然这并不是唯一的方法，只是众多情感式正文写作方法中的一种。有人通过很多对比发现消极的感情文字很容易取悦读者，可能是因为读者的感同身受吧！

一方面，这种消极的文字会得到很多人的共鸣；另一方面，吸引了那些"把快乐建立在别人痛苦之上"的人！这里所说的消极文字并不一定要是自己的经历，可以是虚构的！

但是必须注意的一点是，消极的文字只是一种抱怨的说法，而不是那种彻底的消极，完全的消极只会引起读者的负面情绪，而不是情感的共鸣，就算是使用消极的文字，在软文结尾也需要散发一些正能量。

114 促销式正文

在促销式正文里，具体写作情况如图 5-1 所示。

写作促销的经验并提供给大家学习

明目张胆地写店铺的促销活动

▲ 图 5-1 促销式正文的写法

例如，标题是"促销使我们的生意踏上了新的台阶"，这样在写正文时，撰写者可以把产品信息和店铺信息展现给目标客户，没有人觉得这是在做广告，但确实起到了广告的作用，这就是成功的软文。

115 事件式正文

事件式正文就是以某个事件为基础进行一系列的写作，包括对事件的拓展、加工和深入分析。

事件一般都具有很强的新闻性，在事件发生之后的短时间内会引发大量的关注，对于需要做软文推广的企业来说，事件发生后的这一段时间会是一个机会，可以借助事件迅速提高产品曝光率、扩大知名度。

事件式正文与炒作类软文不同，虽然都是基于一定的事件，但这里的事件更多的是自发而不是刻意为之的。

事件式正文往往是根据某件突发事件或者是现象进行评论和分析，所以这类正文的特点也相当明显，如下所示。

- 时间性强：事件的热度一过，软文的效力就会大打折扣。
- 热议的话题：大部分人都在热议的事件才足以形成强大的影响力。
- 个人观点：个人的观点穿插在软文中间，才能进行内容拓展，从而让用户去注意你，以此借力为自己的品牌进行宣传。

事件式正文特点需要掌握，策划手段也需要注意。如果掌握了一定的技巧，事件式正文写作起来还是比较容易的，但是对品牌的影响力却是非常大的，主要策划方法有以下几个。

- 策划和持续跟进，要让更多的人知道这件事。
- 可以持不同观点，目的是让别人议论，增加感染力。
- 巧在标题上下功夫，吸引别人的注意力很重要。
- 在有影响力的平台上发布，可以有效地提高转载率。
- 做深度分析，也许通过一篇文章能拉来很多忠实的用户。
- 别忘记穿插自己的观点，不要把全部精力放在事件本身上，适当巧妙地将自己要宣传的内容穿插进去，因为事件只是一个载体。

116 炮制式正文

有些时候，企业会因为某些事情而在短时间内需要大量的软文，可是人力却是有限的，那这个时候，就需要使用炮制式正文的方法了。

1. 什么是炮制式正文

炮制式正文就是轻松、快速地成批量写作。单独地讲炮制式正文，一般人没有这个概念。举例而言：有的人一天最多写一两篇软文，而且还很艰难，可是有的人一天可以写很多篇。

后者就是炮制的概念，写文章像"玩"一样，既快速又轻松，正所谓"下笔如神助，洋洋千万言"。

2. 最直接有效的办法就是从借鉴开始

也许有人觉得借鉴别人的内容是不可取的，以为借鉴就是抄写。答案自然是否定的，炮制软文中的借鉴绝对不是这样的，借鉴实际上是写作的积累过程，也是最有效的快速学习过程。

在写软文的时候，要想能够快速写作，脑子里要有"货"，不能坐在那里，什么书也不看，什么资料也不查，敲起键盘就写，这样就算写个几千字也是不行的。

因此很多在软文行业从业多年的前辈都会说，借鉴就是写作的前提。也就是说，写作是建立在大量借鉴的基础上的。

那到底借鉴是什么意思呢？就是自己找到一些写得不错的软文，对他们进行抄写，只有用手抄了一遍，才能比较深刻地记住，然后日积月累，脑袋中就自然有灵感、有知识、有创意，可以进行快速写作了。

当然，我们还可以借鉴一些写得好的其他文章，不一定非得是软文，这样可以丰富自己的写作手法，增加自己的知识，使自己的脑袋变成一个"移动的图书馆"，这样就不怕出现无从下笔、想得头昏脑涨的情况了。

117 数据式正文

软文的类型虽然不同，但是目的基本是差不多的，就是为了宣传和推广，是给读者、给用户看的，因此说服力很重要。而数据式正文的核心就在于给用户呈现准确的数据，因此对用户的影响更大。

1. 什么是数据式正文

顾名思义，数据式正文就是分析数据、做出统计，并且用文字的方式展现给用户的软文。数据式正文虽然被称作软文，但更多的是通过一些数据调用、文字信息、图片图表或评论举例等方式来穿插广告，从而达到合理的宣传。

数据式的正文写起来速度比较快，字数也不需要太多，很多时候就是引用第三方的数据，再加上自己的评论就完成了。

2. 数据式正文的特点

数据式正文有自己明显的特点，首先数据式正文主要是对各种的分析数据、统计数据、调查数据等进行加工整理，中间配合统计的图表以及图片，因此数据式正文有较强的传播性、专业性以及简洁性等特点。

数据式正文帮助企业或者网站快速传播品牌。由于正文中数据较多，往往给用户一种专业性的感觉，所以可信度比起其他软文就会有一定程度的提高。

3. 如何写好数据式正文

数据式正文的写作特点，可以总结为以下 5 点。

- 整理数据源：数据源可以包括生活、手机、汽车、创业等各个行业。
- 自身调查：自己做的一些测试或是调查，也是非常有说服力的。
- 重在加工：有了数据之后，加工成用户喜欢看的形式是非常重要的。
- 第三方网站下载：类似艾瑞网这样的第三方网站有很多可利用数据。
- 善于搜索：搜索关键词找到原始的数据，分析并整理加工这些数据。

数据式正文是众多正文中的一种，建议撰写者们可以尝试数据式正文的写作，比起其他类型的正文，这类更注重加工的正文会更加节省时间，同时也更容易让用户接受和信任。

当然，很多软文都有各自的特点，写好任何一种对企业的推广都会有很大帮助，这里只是给出建议。如果习惯某种写作方式，那么就可以持续下去，软文的目的是推广品牌，只要能很好地推广，软文的目的就达到了。

118　观点式正文

观点式的正文就是正文以阐述某一观点为主，一事一议，发表自己对某一件事物的看法，提出自己的观点和主张，正面或者负面皆可。不过负面观点不可太过，恶意诋毁是大忌。

观点式正文对于树立个人品牌是非常有益处的，我们经常能在网站上看到类似于"某某认为""某某指出"等为题的文章都属于这一类。值得注意的是，如果想使用"某某认为"这样的方式写正文，那这个"某某"，必须是有一定名气的人或某一领域的权威。

观点式正文能够扩大作者的影响力，迅速扩大其个人品牌，能够彰显权威、个性，文章的转载和传播率会比较高，并且一般的观点式正文都比较短，比较容易书写，所以观点式正文还是比较常用的。

在进行观点式正文撰写时，作者需要将观点表达完整，并且越精越简短有力越好，注意语言的锤炼。

119　研究式正文

所谓研究式正文，是以研究报告、研究资料、文献为基础，经过撰写者加工、修改，使这些学术文章与所要宣传的内容相结合，变成一篇地地道道的研究式正文。

一般社会性或行业性的研究文章，具有传播率高、影响力大的特点。所以，研究式正文多以引用这类文章为主，以事实、学术等研究为辅，来表达新发现、新思考、新研究的结论，不过有一些研究文章带有学术批判的意味，所以要慎用。

由于研究式正文主要是针对行业发展、社会发展等，学术性和专业性都很强，影响力也大，所以在研究式正文中加入产品或者企业的广告，一定要慎重，不可提及太多，不然会引起反感，或者弄巧成拙，注意结合手段一定要巧妙。

120　专家式正文

对于消费者来说，专家的意见和建议，往往都会被采纳，这就叫专家效应。人们觉得专家是有学识的人、德高望重的人、值得信任的人，因为他们不仅仅是德高望重的专家，也是很多人的"偶像"。

专家式正文就是指以名家、专家的名义，来打响个人品牌。以名人为中心，打造名家或专家形象，会使软文看上去更加的权威，并且此类正文几乎都是一些专家的观点、建议，就会让专家的崇拜者深信不疑，很可能会被正文的内容吸引，但是却浑然不觉这是企业的一种广告。

121　揭秘式正文

人们对于一些充满神秘感的东西，容易产生好奇心理。只要抓住这一点，充分利用人们的猎奇心理，撰写一些揭秘或者解密类型的正文，定然会吸引很多读者的注意，如图5-2所示。

揭秘：月入10万元的美容师是怎样炼成的？

在温蒂工作室的墙上，贴着一张类似"小学三好学生"的奖状，上面写着："2015年7月河狸家美容类目最高收入奖"。这位1987年出生、身高1.75米的扬州姑娘笑着问中国青年报记者，"奖状是不是看上去很傻？"

今年3月，温蒂成为国内规模最大的美业O2O平台"河狸家"的一名美容师。当时她的梦想是"一个月能挣5万元，两年之内开一间自己的工作室"。如今还不到半年，她的目标全实现了。她7月的月收入超过8万元，8月的月收入超过10万元，还在北京市海淀区一个高档小区里租下一套公寓，改装成自己的工作室。

"没有什么事情一开始就很容易还能赚大钱"

龙虎榜揭秘：机构净买入11股

昨日深交所龙虎榜数据显示，有30只个股出现在机构席位，其中机构净买入11只个股，净卖出19只个股。从资金面看，机构买入5.34亿元，卖出6.97亿元，机构净卖出1.63亿元，净卖出额较上一交易日有所增加。

机构净买入11只个股，净买入额排名前五的个股分别为千方科技、蓝盾股份、赣锋锂业、仁和药业、博济医药，净买入额分别为12700、7711、5668、2825、2010万元。其中，千方科技及蓝盾股份均属于计算机行业中软件股，两股昨日收盘均涨停。

揭秘奥克斯“极客”空调受欢迎的原因

在9月18日奥克斯极客空调的上市发布会上，重现了历代苹果新品上市发布时的火爆场景。从来没有一台空调像奥克斯极客系列一样如此备受瞩目。有人说，它是空调行业的颜值担当;也有人说，它诠释了未来空调的模样;还有人说，它重塑了空调在现代家居环境下的地位和作用……奥克斯极客空调未售先火，载誉无数，为何?

▲ 图 5-2 揭秘式正文

122 技巧式正文

所谓技巧式正文，是指在正文中以普及一些小知识、小技巧为中心主题。对于很多产品如软件，非常适合用技巧式正文来推广。

一般来说，技巧式正文好写又好用，在网络上随处可见。它的内容虽不多，但成文迅速、实用性强、阅读量高、传播率高。如“夏天如何驱蚊”的小技巧就会让饱受蚊虫叮咬的人如获至宝。

这些和生活息息相关的小技巧，不管在何时都会引起一部分人群的注意。所以，该类正文的转载量、传播率都是属于长期的，如图 5-3 所示。

浅谈股票投资三大获利技巧

在股市投资中，投资者若想更好的获利，掌握更多的股市投资技巧是关键，很多投资者不懂得运用股票投资技巧进行股票操作，所以在股市投资上无法获取很好的利润。那么投资者在股市投资如何才能够更好地获利？股票投资的技巧有哪些呢？下面为投资者详解股票投资三大获利技巧。

短期获利法

很多有经验的投资者都知道，短线获利法是证券投资的一种方法，而进行短线获利法的秘诀在于当股市行情出现上涨时，进行大量买入，当股票上涨到一个阶段后，达到投资者预设的预期值，就将持有股票全部卖出的投资技巧。

20个做饭技巧，快学起来(组图)

1、炒青菜时，不宜加冷水，冷水会使青菜变老不好吃，而加开水炒出来的青菜又鲜又嫩。炒的时间不宜过长;

2、炒藕丝或藕片时，一边炒一边加些清水，能防止藕变黑。

▲ 图 5-3 技巧式正文

123 通讯式正文

通讯式正文是一种比较常用的写作手段，主要用来报道企业新闻、动态消息、杰出人物，行文类似于新闻类软文。

一般来说，通讯式正文是一种准确、及时而又常见的写作方式，它要求报道周围的人、周围的事。企业撰写通讯式正文的初衷是"既然做了就要说，并且一定要说出去，让更多人知道"。

如今不管是中小型企业还是个人组织抑或是网站，都开始像大型企业一样，具有了宣传意识，也逐渐地发现了通讯的重要性。

于是企业开始将自己的动态、消息及时向社会宣传，从而获得了一定的关注度和知名度。

124 历史式正文

这里所说的历史，分为两种，一种是企业或者企业创始人的历史，另一种则是真正的历史。

任何企业都不是一蹴而就的，都会有筹备、实施和落地的过程。这个过程对于当前来讲就是企业历史。把这段历史拿出来，经过艺术加工之后，呈现在读者的面前，不仅会给企业品牌等增添厚重感，还可以提升企业知名度。

此外，千万别忘记向真正的历史要东西。中华上下五千年，这么丰厚的历史资源为什么不拿来用呢？

再加上历史和文化本是紧密结合的，例如，企业所在地有没有历史可挖，有没有文化可传承；企业的产品或者经营项目有没有历史。如果有，不论大小都可以拿出来说，人们最喜欢的就是那些拥有悠久历史的企业或者行业了，如图5-4所示。

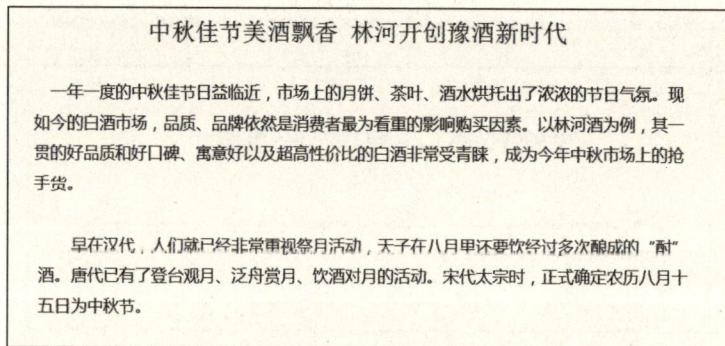

中秋佳节美酒飘香 林河开创豫酒新时代

一年一度的中秋佳节日益临近，市场上的月饼、茶叶、酒水烘托出了浓浓的节日气氛。现如今的白酒市场，品质、品牌依然是消费者最为看重的影响购买因素。以林河酒为例，其一贯的好品质和好口碑、寓意好以及超高性价比的白酒非常受青睐，成为今年中秋市场上的抢手货。

早在汉代，人们就已经非常重视祭月活动，天子在八月里还要饮经过多次酿成的"酎"酒。唐代已有了登台观月、泛舟赏月、饮酒对月的活动。宋代太宗时，正式确定农历八月十五日为中秋节。

▲ 图5-4　历史式软文

125 数字式正文

人们对数字会特别敏感，不仅是因为数字与我们的日常生活息息相关、不可或缺，还因为数字能给人一种可信赖感。

如果一家企业有可以拿得出手的"数字"，如发展的年数、产品的品种数、销售的众多国家和地区、用户数等，都可以在正文的适当位置列出，增强吸引力和可信度。关于数字式正文的例子如图 5-5 所示。

状元理财：用简单数字帮您变身理财达人

不少人认为，理财是一件非常费精力的事儿，需要数学好、反应快，还要有敏锐的直觉。其实，掌握几个前人总结的定律，就足够日常理财啦！现在就由状元理财小编为您总结一些简单可行的理财定律，请往下看：

"3331"定律——家庭资产配置

按照储蓄时间长短考虑，可以将家庭资产按照3∶3∶3∶1的比例来分配。每月固定支出占3成，包括衣食住行、娱乐、房车贷等；3-5年的短期储蓄占3成，包括结婚、购买房产等；10年以上的长期投资占3成，包括退休养老、子女教育基金；最后1成投入到风险转移，保险规划，现金规划等。千万不要忽视最后的"1"，其实支出最少的也是最重要的，关系到家庭的抗风险能力。

"4321定律——家庭月收入的投资理财方法"

4321理财法则，即资产配置方面采40%投资创富、30%生活开销、20%储蓄备用、10%保险，并且采取恒定混合型策略，即某种资产价格上涨后，减少这类资产总额，将其平均分配在余下的资

▲ 图 5-5　数字式正文

126　故事式正文

讲故事是最受欢迎的信息传播方式。故事式的正文能让读者记忆深刻，能够拉近与读者的距离，可以在无形中将产品宣传融合进去。

那么怎么来写故事式正文呢？首先要记住讲故事不是目的，故事中穿插的产品和服务线索才是正文的关键。此外，故事的知识性、趣味性、合理性是故事式正文成功的基本要素。

针对正文的最终目标可以自编一段小故事，巧妙地融入自己的产品，进而达到宣传的目的。也可通过讲一个完整的故事带出产品，使产品的"光环效应"和"神秘性"给消费者造成强烈的心理暗示，增加消费者的购买可能。

谁都不可能做到每一篇故事式正文都能让品牌一夜成名，也不可能使每一篇故事式正文都能按照品牌相关教科书那样做品牌定位、规划、挖掘等烦琐的工作，所以就需要持之以恒，同时也要学习那些成功的故事式正文的写作方法。

在软文营销前期阶段做好了调研工作的基础上，后期就要解放思想，不要将思维固化，要多看多思考，身边生活中的很多事都可以成为不错的故事，如图 5-6 所示。

美丽青海·精彩故事：青珍草原上的"生态论坛"

9月23日下午5时许，记者来到果洛藏族自治州甘德县青珍乡恰义亚滩，青珍休玛村生态畜牧业合作社的夏季草场就在这个滩上。

夕阳下，秋日的草原五彩斑斓。

平缓处，绿草茵茵，几顶白色帐篷点缀其间，缕缕炊烟缓缓升起。三三两两的牦牛看看开来的汽车，极不情愿地走开几步，又开始埋头吃草。

浅坡上，一群体格健壮、毛色乌黑光溜的牦牛正享受着丰美的牧草，格外与众不同。

"这些牛可是我们的宝贝，一头能顶好几头普通牛。"指着坡上的牛群，合作社里56岁的放牧员旦百眼里闪出一丝光芒。随行的青珍乡党委书记仁青尖措介绍说，今年，青珍休玛村成立了生态畜牧业合作社，从曲麻莱县引进12头野血牦牛，每户入股二三头品种优良的奶牛，政府出资购买优良奶牛，按比例配送到合作社，组成了一个200头牛的改良群。

▲ 图 5-6 多讲故事

127　逆向式正文

逆向思维就是要敢于"反其道而思之"，让思维向对立面的方向发展，从问题的反面深入地进行探索，树立新思想，创立新形象。

人们习惯于沿着事物发展的正方向去思考问题并寻求解决办法。其实，对于某些问题，尤其是一些特殊问题，倒过来思考，从后往前推，往往会使问题简单化。具体方法可以参考逆向思维的3种方式。

- 反转型逆向思维。就是从已知事物的相反方向进行思考，简单理解就是直接反回来，如常言说"三人行必有我师"，就可以反方向思考"三人行未必有我师"。
- 转换型逆向思维。解决问题的手段受阻，转换成另一种手段，或者转换角度思考。
- 缺点型逆向思维。思考是否能把缺点变为优点，化被动为主动，化不利为有利。这就是古人常说的"祸兮福之所倚，福兮祸之所伏"！

128　访谈式正文

访谈，是现在很多企业常用的宣传手段之一。通过杂志、报纸对企业名人或者企业领导人的访谈，企业不仅可以提升知名度，还能给其树立一个良好的形象。

访谈方法非常简单，也很容易成文。首先列出采访提纲，注意不要太书面化，找这个行业的名人或者资深人士；如果找不到，则至少找个比较知名的业内人士或者目标客户中的代表，参考列的提纲和对方聊天。

记得录好音，然后进行整理，并且把行动目标植入，就是一篇优秀的访谈式软文。不过这种方式写出来的软文可读性并不强，如果软文撰写者的功力足够，则只能把这个作为一个创意备用。

在策划一些专业性很强的正文时，如果时间比较紧张，则大多用这种方式处理。因为这样做可以从列好的提纲和实际的访谈中引发出更好的创意，如图 5-7 所示。

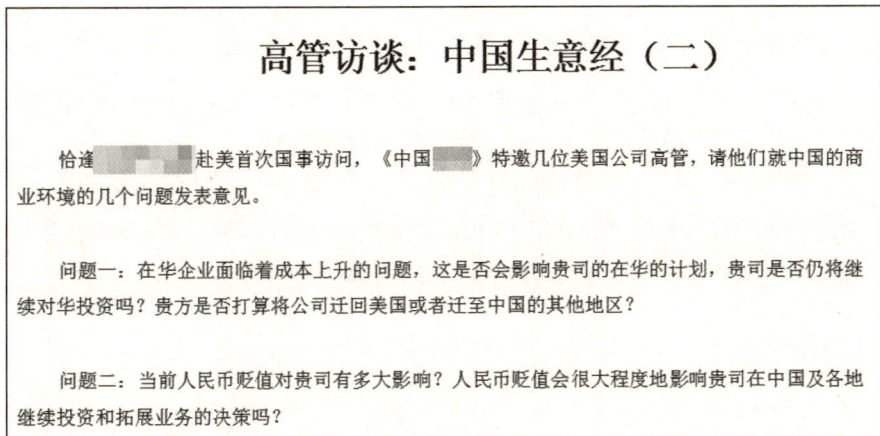

高管访谈：中国生意经（二）

恰逢 ████ 赴美首次国事访问，《中国████》特邀几位美国公司高管，请他们就中国的商业环境的几个问题发表意见。

问题一：在华企业面临着成本上升的问题，这是否会影响贵司的在华的计划，贵司是否仍将继续对华投资吗？贵方是否打算将公司迁回美国或者迁至中国的其他地区？

问题二：当前人民币贬值对贵司有多大影响？人民币贬值会很大程度地影响贵司在中国及各地继续投资和拓展业务的决策吗？

▲ 图 5-7　玩玩访谈

129　感动式正文

都说伸手不打笑脸人，更何况还是一个充满真情的笑脸呢。只要正文中的感情足够，就算读者看得出这是商业软文恐怕也不会有什么太大的反感。

情感最大的特色就是容易打动人，容易走进消费者的内心，所以有人提出情感营销。那么软文创意如何去寻找真情呢？

这时就要思考，企业中员工之间有没有什么感人的事情？没有的话，员工为公司努力奋斗，公司以人为本，热爱、关心员工的事情也是可以的；再找不到的话，可以看看公司和客户之间有没有让客户感动或者让公司值得骄傲的事情。

任何一点都可以进行挖掘，无论是工作还是生活中，肯定有值得感动的事情。软文撰写者要做的，就是把这些故事与企业或者产品融合，从而撰写出一篇充满真情的软文。

130　权威式正文

权威就是对权力的一种自愿的服从和支持。人们对权力安排的服从可能有被迫的成分，但是对权威安排的服从则属于认同，也就是说人们是出于自愿的原则来信服权威的。

反对者可能不得不服从权力做出的安排，但是服从不等于认同。权威就被认为是一种正当的权力，也可以说是极具公众影响力的威望。权威的执行并没有什么强制性的要求。

权威在现代社会中广泛使用，已成为人们笃信参照的标准，也是彰显人、机构、组织、企业等实力的代名词。它代表着地位、实力、信誉、威望、权力。所以，如果可以在软文中树立权威或者引用权威，将大大增加软文的可信度。

中小企业开展软文营销的时候，就可以思考这个行业的权威是谁、细分领域的权威是谁，这个行业如果没有权威，那么便创造一个权威出来。

正文要么树立权威，要么借助权威来增强软文的说服力。不过要注意一点，如果各方面的积累和准备不够，则树立权威的时间就可以后移，否则权威和本身出现名不副实又或者出现说空话的情况，就与树立权威的初衷背道而驰了。

5.2 创新型正文

无论是网站收录还是读者，都喜欢创新，都喜欢新的东西，老生常谈的东西固然因为缺少新意，很难真正地吸引到读者，所以在撰写软文正文的时候，多多尝试给软文增加一些创新型的内容吧！

131 罗列型正文

罗列型的正文布局，也可以叫作并列型，一般在正文内容是横向的、静态的情况下使用。正文各部分之间，相互并无紧密联系，独立性强，没有主次之分，但共同为说明主题服务。

罗列型布局各部分先后次序不那么固定，可以进行适当的调整。罗列型的正文布局的好处是概括面广、条理性强。把一个问题从不同的角度、不同侧面进行阐述。其组材形式基本上有两种：一种围绕中心论点，平行地列出若干分论点；另一种是围绕一个论点，运用几个并列关系的论据，如图 5-8 所示。

> **5 A 级的规模——面积近9000平方米**
>
> 国美石路旗舰店位于金门路 8 5 号，地处石路商业圈，可谓寸土寸金，其地理位置的重要性从各家电、数码卖场的纷纷入驻可见一斑，国美石路旗舰店在国美苏城未来的网络布局中将处于核心地位。该店是继国美干将店之后，又一突破性的家电shopping mall，仅营业面积就有近9000平方米，拥有数百个互动体验区，同时交通便利，停车方便，是国美电器新一代旗舰店的示范店。

> **5 A 级的产品——商品种类囊括全球**
>
> 　　国美石路旗舰店除经营传统家电外，突出经营其他卖场所没有的商品。最大的液晶电视、最昂贵的整体橱柜等高端产品都在卖场内"安家落户"。彩电、冰箱、洗衣机、空调、手机、数码、电脑、厨卫、小家电、OA产品必将成为石路旗舰店开业的主打品类。国美石路旗舰店还以"人无我有，人有我优，人优我全，人全我专"的创新思想，引入了"泛电器"概念，销售商品涵盖生活电器类、娱乐电器类、IT/OA类、家居用品等品类，涉足商品延伸到家居用品、办公用品、智能家电等。

> **5 A 级的体验——亲密感受世界潮流科技**
>
> 　　升级后的石路旗舰店与其他卖场的不同，还在于它是一个以家电体验消费为主的开放型展示卖场。置身卖场，与世界领先科技同步的产品比比皆是，让消费者感觉到 e 时代的到来。其中首次现身苏州国美卖场的苹果展厅，仅面积就有近百个平方米，成为目前华东区域面积最大、形象最新、产品最全的apple体验厅。同时，世界知名品牌爱普生展厅也是首次出现在家电连锁卖场。国美表示：国美此次全力引进的一批世界上高、精、尖的产品，将让苏州的消费者能够与其他大城市的消费者同步感受世界潮流科技。

▲ 图 5-8　罗列型正文布局

132　悬念型正文

　　所谓悬念，就是人们常说的"关子"。设置悬念是常用的一种写作手段。作者通过悬念的设置，激发读者丰富的想象和阅读兴趣，从而达到写作的目的。

　　软文的悬念型布局方式，指的是在正文中的故事情节、人物命运进行到关键时设置疑团，不及时作答，而是在后面的情节发展中慢慢解开，或是在描述某一奇怪现象时不急于说出产生这种现象的原因。这种方式能使读者产生急切的期盼心理。

　　要达到这种效果，需要在撰写软文的时候有意识地制作悬念或者一开始就想好布局。制造悬念有 3 种常用方法，具体内容如图 5-9 所示。

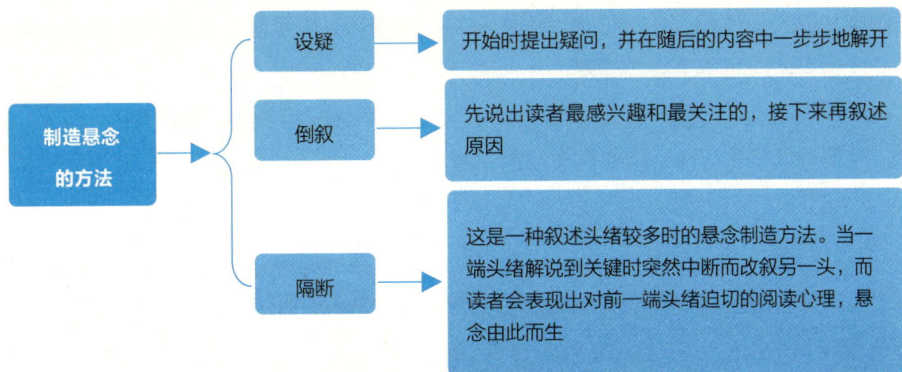

制造悬念的方法		
	设疑	开始时提出疑问，并在随后的内容中一步一步地解开
	倒叙	先说出读者最感兴趣和最关注的，接下来再叙述原因
	隔断	这是一种叙述头绪较多时的悬念制造方法。当一端头绪解说到关键时突然中断而改叙另一头，而读者会表现出对前一端头绪迫切的阅读心理，悬念由此而生

▲ 图 5-9　制造悬念的方法

133 组合型正文

片段组合式便是用这种方法构思的记人叙事的文章，可以在较短小的篇幅内，立体而多角度地表现人物、叙述事件、描写商品特点、烘托品牌。

组合型布局，也被叫作片段组合型，顾名思义，选择几个生动的、典型的片段，把它们有机地结合在一起，共同表现一个主题。

其整体布局为：总—分—总，主体部分由 3 ~ 4 个片段构成，其结构匀称、明晰，结构模式一般为：开头点题定向，领起下文；主体分承，片段组合，各个片段之间既各自独立，又彼此勾连；结尾呼应前文，点明题旨。

在运用片段组合正文时有一些应该注意的问题，具体如图 5-10 所示。

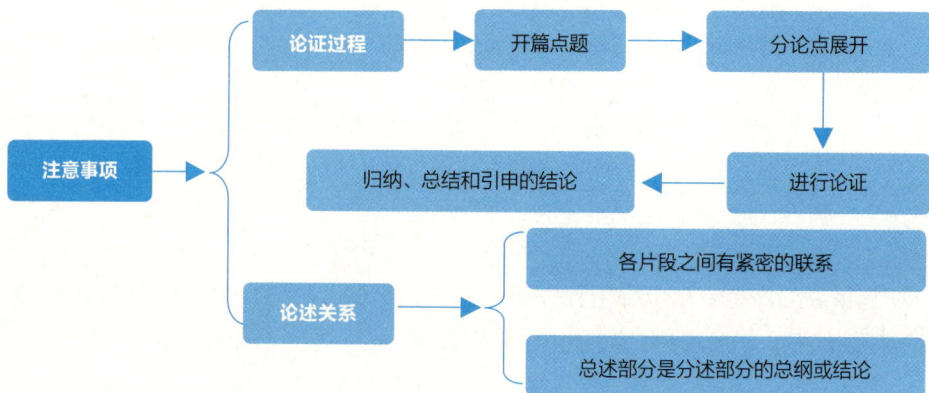

▲ 图 5-10 运用片段组合正文的注意事项

片段组合式正文有着明显的优点。

- 中心明确，主题清晰，分步骤表达，清晰自然。
- 文章层次清晰，结构严谨，一目了然。
- 选材的灵活性和自由度很大，既能充实文章内容，作者思路也容易打开，消除了无话可说、写不下去的障碍。
- 片段之间无须衔接，省去了过渡语句，因而作者无须过多考虑结构安排。
- 片段数量可多可少，因此可灵活控制篇幅。

134 创编型正文

所谓"创编型正文"即指对正文内容的创作与编辑过程。它主要表现为 3 种形式，如图 5-11 所示。

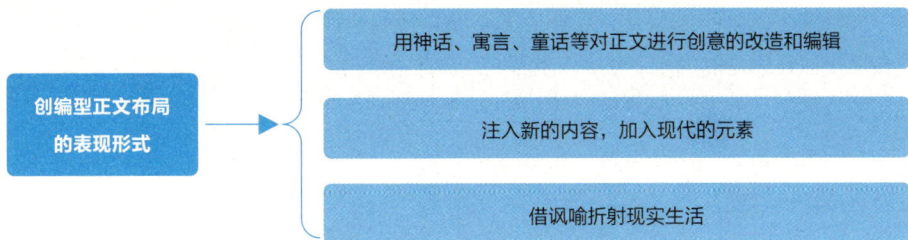

▲ 图5-11 创编型正文布局的表现形式

创编型的软文能够达到"言在此而意在彼"的效果，是网络恶搞软文经常使用的写作形式。

创编型软文布局的重点就是在软文开篇就以一个大家熟知的故事来引出后文，当然，要在一开始就让读者知道，这个故事肯定和以前知道的有所不同，最重要的就是在于"新"上，如图5-12所示。

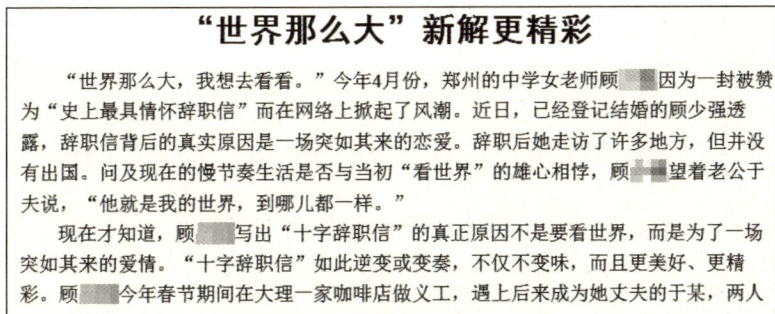

"世界那么大"新解更精彩

"世界那么大，我想去看看。"今年4月份，郑州的中学女老师顾██因为一封被赞为"史上最具情怀辞职信"而在网络上掀起了风潮。近日，已经登记结婚的顾少强透露，辞职信背后的真实原因是一场突如其来的恋爱。辞职后她走访了许多地方，但并没有出国。问及现在的慢节奏生活是否与当初"看世界"的雄心相悖，顾██望着老公于夫说，"他就是我的世界，到哪儿都一样。"

现在才知道，顾██写出"十字辞职信"的真实原因不是要看世界，而是为了一场突如其来的爱情。"十字辞职信"如此逆变或变奏，不仅不变味，而且更美好、更精彩。顾██今年春节期间在大理一家咖啡店做义工，遇上后来成为她丈夫的于某，两人

▲ 图5-12 创编型正文布局

135 书信型正文

在互联网越来越发达的今天，已经极少有人使用书信的方式联络了，也正因为如此，书信的行文布局会让人们产生眼前一亮的感觉。

软文撰写中，书信型的正文布局还是比较受欢迎的，借用书信的布局格式组织材料，这种布局对于成文效率有很大帮助。而且书信式的方式目标明确，通过书信的形式来撰写软文，是比较新颖并充满创意的，当然，这需要考验作者的写作能力。

136 剧本型正文

现实生活中的剧本是一种文学形式，是以戏剧艺术创作的文本为基础，表现故事情节的文学样式，需要演员根据剧本进行表演。

而软文中的剧本型正文，与现实剧本没有什么差别，其中比较突兀的差别就在于没有演员以及剧本的篇幅不长，仅此而已。既然剧本是一种表现故事情节的文学样式，那么软文的剧本正文，就需要以故事的形式将要推广的产品叙述出来；而在叙述的过程中，需要有情景，这些情景一定要给读者制造出身临其境的感触，这样的剧本型正文才是成功的软文。

137 独白型正文

独白型也就是自问自答，像是在说单口相声一样，整篇软文都是自己问自己。当然，还需要一些巧妙的过渡。独白型的正文布局，在各大论坛上是很常见的，只要内容有趣，还是很容易吸引读者的。

设问句是自问自答的常用形式，先提出问题，再回答问题。反问句是疑问句，实际上说话者是在强调某种肯定或否定的答案，也就是明知故问。

自问自答句式常和"难道"等词联接，通常答案就在句子当中。

例如："春天在哪里？春天在花朵里……""什么是生物？生物就是有生命的物体……""什么叫自律？自律就是自己管束自己的行为。"

138 热点型正文

如果说挖历史是"地利"，那么借东风在软文营销中绝对是"天时"了。所谓"东风"，主要是针对一些时下发生的事件，引起人们广泛的关注。不论是社会热点还是新闻事件，只要是正面的，都可以拿来用。

"东风"不是总有的，中小企业要善于抓住机会，要有这个意识，不能半途而废，从而错失良机。

139 实验报告型正文

实验报告是一种描述、记录某个科研课题过程和结果的科技应用文体。撰写实验报告是科技实验工作不可缺少的重要环节。

虽然实验报告与科技论文一样都以文字形式阐明了科学研究的成果，但二者在内容和表达方式上仍有所差别。

在正文布局的固定性和趣味性方面，实验报告型和说明书类型是一样的；不同的是，其具有的专业性和实践性，对读者来说，更具有说服力。

140 说明书类型正文

详细易懂和条理性是说明书的主要特点，它们一般有一个固定的格式来构建全文。因而在正文撰写时，采用说明书的布局格式是一种比较有效的做法：不仅可以使叙述条理清晰，还能提升软文的趣味性。

产品说明书是一种常见的说明文，是向消费者全面、明确地介绍产品名称、用途、性质、性能、原理、构造、规格、使用方法、保养维护和注意事项等内容而写得准确、简明的文字材料。

产品说明书类型的正文布局，是以文体的方式对产品进行相对详细的描述，使人认识、了解该产品。产品说明书类型的布局，要实事求是，不可以为了宣传效果而刻意夸大。

141 穿针引线型正文

撰写软文时，很多人在心里都会有一个主题或者想法，却不知如何着手表达的情况。这时候就需要使用穿针引线型的正文布局了。

一篇软文，其实核心部分还是在于软文的主题。任何布局都是有技巧的，软文有了一个明晰的主题之后，首段对主题的来由做个简单的阐述。接下来就是按照首先、其次、最后的顺序对所有的能想到的内容进行分点叙述，将这些小的点进行穿插引导，始终围绕主题，这就是穿针引线布局的大致方法。

当软文正文无从下手的时候，不妨先思考要从哪几个方面来叙述主题，简单来说就是列出大致的提纲，想到几条列几条，最后把想到的按照顺序组合，一篇不错的正文也许就诞生了。

无论正文是写经验技巧还是教程类，都是会按照几个小点来，这样正文给读者的感觉就是条理清晰，浏览起来也很方便，编辑也喜欢。

给正文的每个小段起个小的标题，这样在阐述的时候围绕这个小标题来写，对于软文驾驭能力不足的新手来说这还是避免跑题的好方法，一般正文的一个小点也只需要三四句话即可交代清楚。

有了一个现成的针眼，只要去穿线就可以，不容易出错。

142 先抑后扬型正文

先抑后扬，也叫欲扬先抑，是一种常用的写作手法。它指的是在突显某些人、事、景、物的时候，先用曲解或嘲讽的态度尽力去贬低或否定，然后再给予极大力度肯定的一种手法。运用先抑后扬型正文布局时要注意抑少扬多，扬能压抑。

先写坏的，后写好的，这就好像用低谷来衬托山峰的高耸，前后形成鲜明对比，使软文更精彩，给读者留下更加深刻的印象。

一篇软文，特别是故事性软文，看完开头就知道结尾的软文不是好的软文。如能运用抑扬法，就能做到千折百转，避免平铺直叙，使软文产生诱人的艺术魅力。

143 层层递进型正文

层层递进型的正文布局的优点是逻辑严谨、思维严密，按照某种顺序将内容一步步地铺排，给人一气呵成的畅快感觉。但是层层递进型的正文布局的缺点也很明显，那就是对于主题的推出不够迅速，如果开头不能吸引读者，那后面的内容也就失去了存在的意义。

层层递进型的正文布局，其着重点就在于其层递关系的呈现。论述时的层递主要表现如图 5-13 所示。

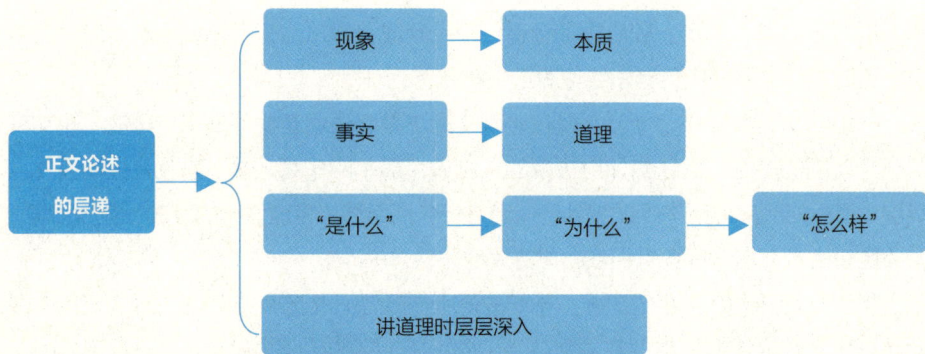

▲ 图 5-13 正文论述的层递

由此可见，这一种正文布局形式适合于论证式的软文，层层深入、步步推进的论证格局能够增加这类软文的表现力。

运用层递式结构要注意内容之间的前后逻辑关系，绝不可随意地颠倒顺序。层层递进型的正文布局对于清楚说明某些问题，非常适用。

下面来看一篇层层递进型布局的软文。

热水器流行"穿彩衣"

现代家庭讲究整体风格设计，不管是硬装还是软装，都注重色彩的搭配，对于家电的造型、色彩自然也不例外。在冰箱、空调、洗衣机等大件家电纷纷推出彩色系列产品，以适应家装市场需求后，热水器厂商也紧随其后，设计出多彩产品，告别白色单调。目前，某品牌最新的彩韵热水器就在苏州大行其道，受到消费者欢迎。

雅致的金色、清新的绿色，这就是综合热能器具制造专家上海某公司推出的 I

Colour 彩韵热水器。据国美电器的工作人员介绍,以前在市场亮相的热水器,多为白色。但是很多家庭的厨房瓷砖也往往会选择白色或浅色系。

这样就使热水器只有实用的功效而缺少了和厨房装修整体搭配的作用。随着现代家装对色彩、风格的整体要求越来越高,不少消费者对热水器的外观颜色和造型也提出了新的要求,也经常会有消费者在商场里寻觅彩色的热水器,来与自家独具个性的厨房设计相配套。

正在为新居挑选家电的顾女士,一眼就看上了店内的这款绿色面板的热水器。她说,家里的厨房间用的是水波纹的白色瓷砖,挂上这款淡绿色的热水器,一定很好看。工作人员告诉她,彩韵热水器除了外形更美之外,其设计也更加人性化。

此外,此款热水器可预先设定两个常用温度,使用时,轻轻一按,就达到用户所期待的水温,尤其方便儿童和老人操作。这款热水器还带有大液晶屏幕的遥控器控制面板,显示内容清晰明了,也方便年长者操作。

【分析】这是一篇家电软文,介绍的是现在越来越多的彩色家电的出现。软文的整体布局就是典型的层层递进,在开篇以现代家庭整体的设计风格开始,引出家庭装修注重色彩搭配的话题,这是第一层。

随后立即说家电也需要注重色彩,在列举了家电行业已经推出的彩色系产品之后,就提出了本篇软文的主题,多彩产品中的热水器,这就是第二层。

第三层就以软文主要宣传的 I Colour 彩韵热水器为主,软文的目的就是宣传产品,所以在这个时候将主打产品推出,是很有必要的。

第四层的内容就是以一个购买家电的顾女士的购买经历为主,通过工作人员和顾女士购买热水器时候的交谈,间接地向读者介绍了 I Colour 彩韵热水器的优点和功能,不会给读者突兀和直接广告的感觉。

这就是层层递进型正文的优势,一步步地引导读者,慢慢地让读者接受软文中的广告,不会突兀反而很自然。

144 剑走偏锋型正文

剑走偏锋的本意乃是剑法评述语。剑与刀的外形虽相似,但因重量不同,招法亦不同:刀身宽厚沉重,刀法以静为主,以后发为主,以守为主,用刀者讲求步法扎实,招式稳重;剑身细长轻盈,剑法以快为主,先入为主,以攻为主,用剑者讲求身法灵动,招式精奇,讲究奇招制胜。简单说就是:刀招沉猛,剑法轻灵。即便是讲求轻灵的剑法,通常也是以正面攻防为主,闪避游斗为辅的。

如果一味讲究奇与偏,也许一下子能让对手手忙脚乱,但总体攻击力有限,时间一长往往处于下风,这样就被称为剑走偏锋。

可以看出，剑走偏锋本是贬义。但随着时代发展，现代社会讲求个性，剑走偏锋的引申义就由贬义向中性甚至褒义方向发展了。不走常规，找一些新的、不同以往的办法来解决问题，以求出奇制胜，这就是现在剑走偏锋的意义。

在正文写作中也是如此，在读者和消费者已经对于如同潮水一般的软文营销有了审美疲劳的时候，就需要想办法给读者和消费者一剂强心剂，而剑走偏锋的创意写作，就是最具效果的，值得注意的是，这样的方法不要经常使用。

145 娱乐报道型正文

娱乐报道其实就是娱乐新闻，是根据现代人的某种需要而生产出来供一部分人消费的信息产品。娱乐新闻大行其道，与中国的各种文化、社会因素存在着千丝万缕的联系。拥有娱乐性的新闻在内容上更偏重于微小新闻，并且减少严肃新闻的比例。

最常用的做法从经济变动中挖掘其娱乐价值。

在表现形式上，强调故事性、情节性，适度加入人情味因素，强化事件的戏剧悬念或煽情、刺激的方面，走新闻故事化、新闻文学化道路。当然，娱乐报道也好，娱乐新闻也罢，最主要的还是娱乐性，所以要及时把握娱乐圈的新鲜事，将其变为软文正文，肯定会有意想不到的效果。

146 借势报道型正文

▲ 图 5-14 小米公司的海报文案

随着新媒体技术的快速发展，微博、微信已经成为网民必不可少的两个阵地。因此软文正文也要把重点放在这两个阵地之上。对于微博、微信中的热点，无论是娱乐性还是社会性的，只要有好的切入点和创意，都可以借来一用。

例如，2015 年 8 月，著名演员黄某与杨某在上海举行了一场盛大的婚礼成为当天的一大热点。同时，他们代言的各大品牌都进行借势报道，品牌的市场穿透力非常强。

另外，一些聪明的厂商也没有闲着，纷纷在微博、微信上发布与此热点相关的海报文案，借势宣传。图 5-14 为小米公司的海报文案。

第6章

软文开头与结尾写法

学前提示

一篇优秀的软文，不仅需要好的文采，还要在软文的整体结构上多花一些心思。除了标题和正文，软文的开头与结尾也是非常重要的。

始终记得软文的开头是软文最大吸引力的体现，而软文结尾则是软文最大价值的体现，掌握软文开头与结尾的写作方法，让软文的价值最大化！

软文开头的写作方法

软文开头与结尾写法

软文结尾的写作方法

6.1　软文开头的写作方法

开头对于一篇文章的重要性仅次于标题及文章主旨。所以，在写软文时，要记得在开头就吸引住读者的目光，只有在开头就引起别人的注意，才能吸引受众有欲望往下看。

所谓"转轴拨弦三两声，未成曲调先有情"就是这个意思了。一篇绝妙的软文，至少在开头就能留住受众，下面的内容才有可能被注意到。

147　想象与猜测型

想象猜测类型的开头可以稍稍用一些夸张的写法，但不要太过夸张，基本上还是倾向于写实或拟人，能让读者在看到的第一眼就展开丰富的联想，猜测下文会发生什么，于是就有了继续阅读的欲望。

在使用想象猜测作为软文开头的时候，要注意的就是开头必须有一些悬念，给读者以想象的空间，最好是可以引导读者进行思考。下面来看一则以引起想象猜测开头的软文。

案例一：

3400 米，这就是他们每天用脚步衡量的距离。无论风雨，无论霜雪，他们的脚步稳稳地踏过坚实的土地，或慢或快，没有一丝懈怠，常常是人们还在熟睡中，他们已经走出家门沐浴在淡薄的晨霭中，而人们已经入睡，他们却还披着星光忙碌奔波。他们是谁？他们就是我区供电所的电工师傅们。

【分析】：这是某篇软文的第一段，开篇就通过具体又形象的文字进行描述，这样就会让读者产生疑问，"他们"到底是谁？为什么每天都要走 3400 米？他们是做什么的？

不过也有些读者可以通过第一段的详细生动的描述，猜到了"他们"的真实身份，所以在第一段结尾，立即点题，"他们"就是"我区供电所的电工师傅们"，解答了读者心里的疑惑。

这一段的写作手法算得上是写实，写实就是用朴实或者华丽的语言来叙述一个对象或者一件事，尽最大努力感动读者，让读者心甘情愿地思考阅读。

148　波澜不惊型

波澜不惊型也被叫作平铺直叙型，表现为在撰写软文开头时，把一件事情或者故事有头有尾、一气呵成地说出来，平铺直叙，也有的人把这样的方式叫作流水账。

波澜不惊型的方式，软文中使用的并不多，更多的还是存在于媒体发布的新闻稿中，但是在软文中也可以适当使用。例如，重大事件或者名人明星的介绍，通过软文内容表现出来的强大吸引力来吸引读者继续阅读，如图6-1所示。

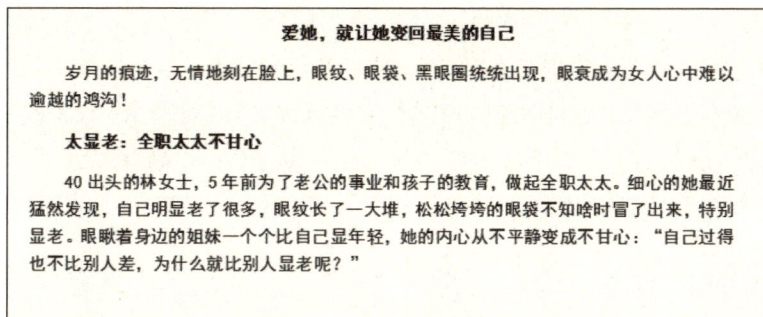

爱她，就让她变回最美的自己

岁月的痕迹，无情地刻在脸上，眼纹、眼袋、黑眼圈统统出现，眼衰成为女人心中难以逾越的鸿沟！

太显老：全职太太不甘心

40出头的林女士，5年前为了老公的事业和孩子的教育，做起全职太太。细心的她最近猛然发现，自己明显老了很多，眼纹长了一大堆，松松垮垮的眼袋不知啥时冒了出来，特别显老。眼瞅着身边的姐妹一个比自己显年轻，她的内心从不平静变成不甘心："自己过得也不比别人差，为什么就比别人显老呢？"

▲ 图6-1　波澜不惊型软文开头

149　开门见山型

开门见山类型的开头，就是需要直截了当、直奔主题，毫不拖泥带水地将主题体现出来。在软文的一开始，就引出文中的主要人物、点出故事、揭示主题或点明说明的对象。

利用这种直接的方式开头，一定要快速切入中心，用朴实语言将自己所要表达的内容直接摊开来给受众看，这时候就不需要再吊读者的胃口了。

在使用这种方式写软文开头的时候，要注意软文的主题或者事件必须要足够吸引人，如果主题或者要表达的事件没办法快速地吸引读者，那这样的方法最好还是不要使用，如图6-2所示。

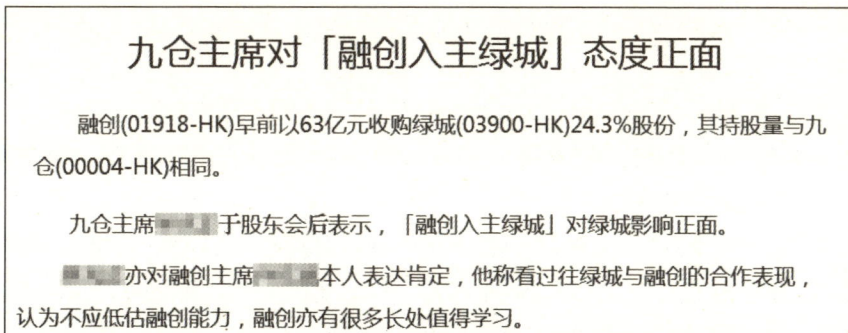

九仓主席对「融创入主绿城」态度正面

融创(01918-HK)早前以63亿元收购绿城(03900-HK)24.3%股份，其持股量与九仓(00004-HK)相同。

九仓主席███于股东会后表示，「融创入主绿城」对绿城影响正面。

███亦对融创主席███本人表达肯定，他称看过往绿城与融创的合作表现，认为不应低估融创能力，融创亦有很多长处值得学习。

▲ 图6-2　开门见山型软文开头

150 幽默故事分享型

幽默的特点就是令人发笑，使人快乐、欣悦和愉快，把这一特点运用到软文写作中，会取得较好的效果。很多软文会通过一些幽默、有趣的故事做开头，吸引读者的注意力。

没人不喜欢看可以带来快乐的东西，这就是幽默故事分享型软文开头的存在意义。而且幽默故事分享型的软文开头还能迅速地展现文章中心思想，让读者在一种轻松、愉快的氛围下接受软文所传达的信息。这种开头不仅可以吸引读者向下阅读，还可以给读者留下深刻的印象。

151 引用名人名言型

有一个写软文时需要掌握的小窍门，就是在撰写软文时，多去查一下有没有与这篇软文主题相关的名人名言或是经典语录。使用名言名句开头的文章，一般很容易留住受众的眼光。

在文章的开头，如果精心设计一个短小精练、扣题、意蕴丰厚的句子，或者使用名人名言、谚语、诗词等，这种写法更能吸引受众，提高软文的可读性，突显文章的主旨及情感。

也可以用一两个富有哲理的小故事或者将与要表达的中心思想或者段意相关的小故事直接做开头。一句话揭示道理也不失为一个好的开头方式。

152 修辞手法型

熟练运用修辞手法，是每一位软文撰写者必须掌握的能力。修辞的常用手法有比喻、比拟、借代、夸张等，相信大家在读书的时候也经常使用。用修辞的手法来写开头会非常容易，还可以演变出很多开头的写作方式，只要运用得当，会给软文增色不少。

其实，写软文与写作文有很大程度上的相似性，但是与写作文相比，写软文更加自由一些。只要软文的内容有价值，将产品或者企业的宣传信息融合进去，读者喜欢看，这就是一篇优秀的软文。

说到底软文就是给大家看的，所以千万不要吝惜笔墨，也不要看轻软文。有句俗话说，不管黑猫白猫，能抓到老鼠就是好猫。写软文也是一样，不管是什么修辞手法，可以吸引读者的就是好用的修辞，如图 6-3 所示。

专家解说：揭开方便面的营养面纱

████████████近来，有关方便面的新闻不断，先是经历集体涨价风波，现在方便面协会中国分会又被国家发改委认定为串通企业、合谋涨价，部分方便面又面临降价。看来这方便面的一举一动还是牵动很多人心的。如今，方便面已成为人们生活中不可缺少的食品。对忙碌的现代人来说，吃方便面似乎是一件免不了的事。今天，我们就来说说方便面的营养——

方便面到底是什么样的食品？让我们揭开它的面纱，仔细地看一看。

方便面其实很简单，无非是精白面粉，先蒸煮成熟，然后用油快速炸制，脱去表面附着的油脂，加上料包，然后装袋而成。

邮件使用率下降，移动邮箱客户端挑起"暗战"！

电子邮件用户规模呈下降态势，而手机邮件用户还保持小幅增长，在这种情况下，移动邮箱客户端的争夺更加激烈，为此开始有邮件服务商，以保护用户数据安全的名义，发起了邮箱客户端争夺的暗战，这并非明智之举。

▲ 图6-3　修辞手法型软文开头

6.2　软文结尾的写作方法

一篇优秀的软文同样需要有一个符合读者需求、口味的结尾。那么，一篇优秀的软文结尾该如何写呢？

软文的结尾即随文，又称附文，是软文中向受众呈现企业名称、产品购买方法、接受服务方法等附加性信息的地方。

软文讲究前呼后应、有头有尾，既然软文前面部分已经吸引到了读者，那结尾处还得有这么一个升华推荐产品的部分。

153　抒情法

使用抒情法作为收尾的方式，多用于写人、记事、描述的软文结尾，当然也可以用在说明文、议论文的写作中。用抒情法的方式收尾，软文撰写者一定要将心中的真情表露出来，这样才能激起读者情感的波澜，引起读者的共鸣，如图6-4所示。

敬老爱老，行动从心开始

近日，拥有40年以上专业护理经验的世界第一失禁护理领导品牌添宁，联手上海新途社区健康促进社，在中国传统的重阳节来临之际，在咏年楼举办了第三届重阳敬老爱老活动。活动当天添宁宣布即日起将在国内正式启动国际先进水准的居家护理服务，这也是其继今年7月在中国首发环带式纸尿裤后，为中国老年护理事业助力的又一重大实事工程。

上海新途社区健康促进社负责人表示："目前居家养老的主力护理人员在护理工作方面缺乏科学化的认知度，特别是失禁失能方面的护理及预防知识。我们非常欢迎也需要像添宁这样的热心社会力量，走进老年机构和老年家庭，提供家政、照料、护理、信息咨询、心理疏导等服务，共同参与到居家养老事业中，帮助促进这一事业的良性健康发展。"

▲ 图 6-4　抒情法的软文结尾

154　祝福法

祝福式收尾在营销软文中是很常用的，要注意的一点就是软文撰写者需要站在第三者的角度，对企业或者产品进行祝福。

特别是在开业或者推出新产品，又或者举行什么活动的时候，这种方法是极为常用的，当软文结尾的祝福达到一定的数量，可信度将大增，如图 7-5 所示。

武清·金泰丽舍

值此金泉购物广场开业三周年大庆之际，营口金泰城项目全体员工寄语：恭祝金泉满三载，祝愿辉煌更百年。恭祝金泉购物广场年复一年宾客多，庆上加庆生意隆。望金泉购物全体同仁再接再厉，为怀来百姓提供更优质的购物体验。把握机遇，向世界展示金泉人的卓绝精神风貌，再创佳绩！

美国摄影师安███特这些天跑遍了泽普金湖杨景区的每个角落，他在接受天山网记者电话采访时说："这里的水生胡杨林非常美丽，当地的民俗令人着迷。我拍了很多值得回味的照片，我会分享给朋友。我祝愿新疆更美好。"

在喀什噶尔老城景区，广州游客赵███说："去过很多地方，看过很多美景，喀什是最独特的。这里的老城保持了原有的风貌，是一座包罗万象的历史博物馆。不到喀什就不算到新疆，这话一点不假！我衷心祝福新疆更加繁荣昌盛，祝愿喀什人民生活越来越好！"

▲ 图 6-5　祝福法的软文结尾

155　回味无穷法

所谓的"余音绕梁，三日不绝"，就是要给听者留下深刻的印象和回想的空间。在软文写作中，这种方法也会经常使用。很多软文撰写者在写作时，喜欢在结尾之处留白。

为了给读者留下一个自由驰骋、纵横想象的世界，读者可以通过适当补白、续写来揣测撰写者的心思，这样的思维阅读会有令人惊奇的收获和非同寻常的深刻体验。回味无穷的结尾除了精心设计之外，很多时候也是对生活中的灵感或者情感，加以提炼后得到的。

156　首尾呼应法

首尾呼应，就是常说的要在结尾点题。写软文要有头有尾，在前文说的内容，在最后肯定需要点一下，也就是收回来。

一般软文最常用的方式就是总—分—总，结尾大多根据开头来写，以达到首尾相应的效果。如果软文的开头提出了观点，中间进行分析观点。到了结尾，就必须自然而然地回到开头的话题，来个完美的总结。

例如，《再别康桥》首尾呼应回环的写法是为了强化"再别"的感情色彩，诗人又回到了开头的告别。与第一节诗相比，"轻轻"换成了"悄悄"，并且更换了最后的一句，总体结构变化不大，但这种复沓已不是简单的民歌体的复沓，它传达出了更深的情感意义——"不带走一片云彩"是诗人在经历了康河的漫溯后的姿态。这使其对康桥的爱和眷恋化成了一个洒脱的意象、一个极富动态感的姿态，给全诗增加了很多的诗意，也使得言词流畅潇洒，并在出人意料的奇想中透出了诗人独特的个性美。全诗也由此完成了一个美丽的圆形抒情结构。

首尾呼应的写作方法最大的作用就是可使结构更加紧密、严谨，内容更加完整，强调主题，加深印象，引起共鸣。

157　号召法

在很多公益性的软文中，会经常使用号召法结尾。软文撰写者在前文讲清楚道理的基础上，向人们提出某些请求或发出某种号召，让读者在看完内容之后，在最后一句引起共鸣，从而隐形地支持文章所发起的号召。

例如一篇题为"平静心态专注当下 禅宗少林再次号召'放下手机'"的软文，说的是 2015 年 9 月 19 日上午，郑州棉纺路某繁华商场中几名少林小和尚打坐诵禅、合十劝导，引导众多围观者放下手机，放下烦恼，专注当下。

这是一篇活动报道性软文，号召人们放下手机，把更多的时间拿来陪一陪家人，在软文结尾处，号召力十分明显，如图 6-6 所示。

率先完成活动的王先生高兴地表示,自己平时工作很忙,今天难得陪孩子过周末。看到这个活动后马上参与,锁上手机带着孩子去看了场电影,活动就完成了。"我已经好久没好好陪儿子看过电影了,感谢禅宗少林音乐大典,以后不管多忙,我都会尽量抽时间陪陪家人。"

另一位参与者周女士刚拿到一张音乐大典的门票,开心地对记者说:"我先生有手机依赖症,陪我的时候一直玩手机,今天他能主动把手机放下好好陪我,我特别开心!"

禅宗少林音乐大典的工作人员表示:放下,并不是要所有人放下一切;而是要放下杂念、杂事。希望通过这次活动,能让大家体会到生活中的禅意,平静心态,专注当下。

▲ 图 6-6 号召法的软文结尾

第 7 章

软文关键词的设置

学前提示

一说到关键词，就会涉及两个概念，一个是关键词出现的次数，另一个是关键词的密度。

这是软文中关键词的两种重要表现形式，撰写者掌握了这两点，才可以让软文的关键词发挥最大的功效，才能有望将读者变成客户！

软文关键词的设置

关键词的含义

关键词的设置技巧

关键词的分类

关键词撰写的注意点

7.1　关键词的含义

关键词，就是输入搜索框中的文字，也就是命令搜索引擎寻找的东西。我们通过关键词可以命令搜索引擎寻找任何内容。所以关键词的内容可以是：人名、网站、新闻、小说、软件、游戏、星座、工作、购物、论文等。

随着互联网的发展与软文营销的火热，关键词的定义也发生了改变。

158　网络中的关键词

关键词是特指单个媒体在制作使用索引时所用到的词汇。关键词搜索是网络搜索索引的主要方法之一，就是希望访问者了解的产品、服务和公司等的具体名称用语。

对搜索引擎用户和网民来说，关键词是向搜索引擎发出的一个指令，让搜索引擎帮助查找相关信息的命令，是帮助用户与搜索引擎进行对话的符号。在搜索引擎用户和网民的眼中，关键词最大的作用，就是帮助他们找到目标信息。

159　软文中的关键词

软文中的关键词就是为了让软文更容易被搜索到而存在的，软文关键词的适当与否直接决定着软文被搜索到的概率，所以关键词在软文推广中起着至关重要的作用。

软文里面添加关键词是既有利又有弊的一项操作，有利的是正确合理地给每一篇软文添加关键词能增加软文被搜索到和收录的概率；有弊的地方则是指如果不能正确合理地给每篇软文添加关键词，会导致软文的网站排名更靠后，甚至不能被检索到等一系列情况出现。

7.2　关键词的分类

关键词分类，是 SEO（Search Engine Optimization，搜索引擎优化）的方法之一，被搜索引擎优化人员广泛用于网站优化方案的施行过程中。在 SEO 的技术中，关键词的选择是绝对的基础步骤，所以对软文的关键词进行优化和分类，是提高软文排名的关键。

160　分类方法

根据关键词的特点与用法的不同，关键词的分类方法也有所不同，但是仍旧有一定的规律，如图 7-1 所示。

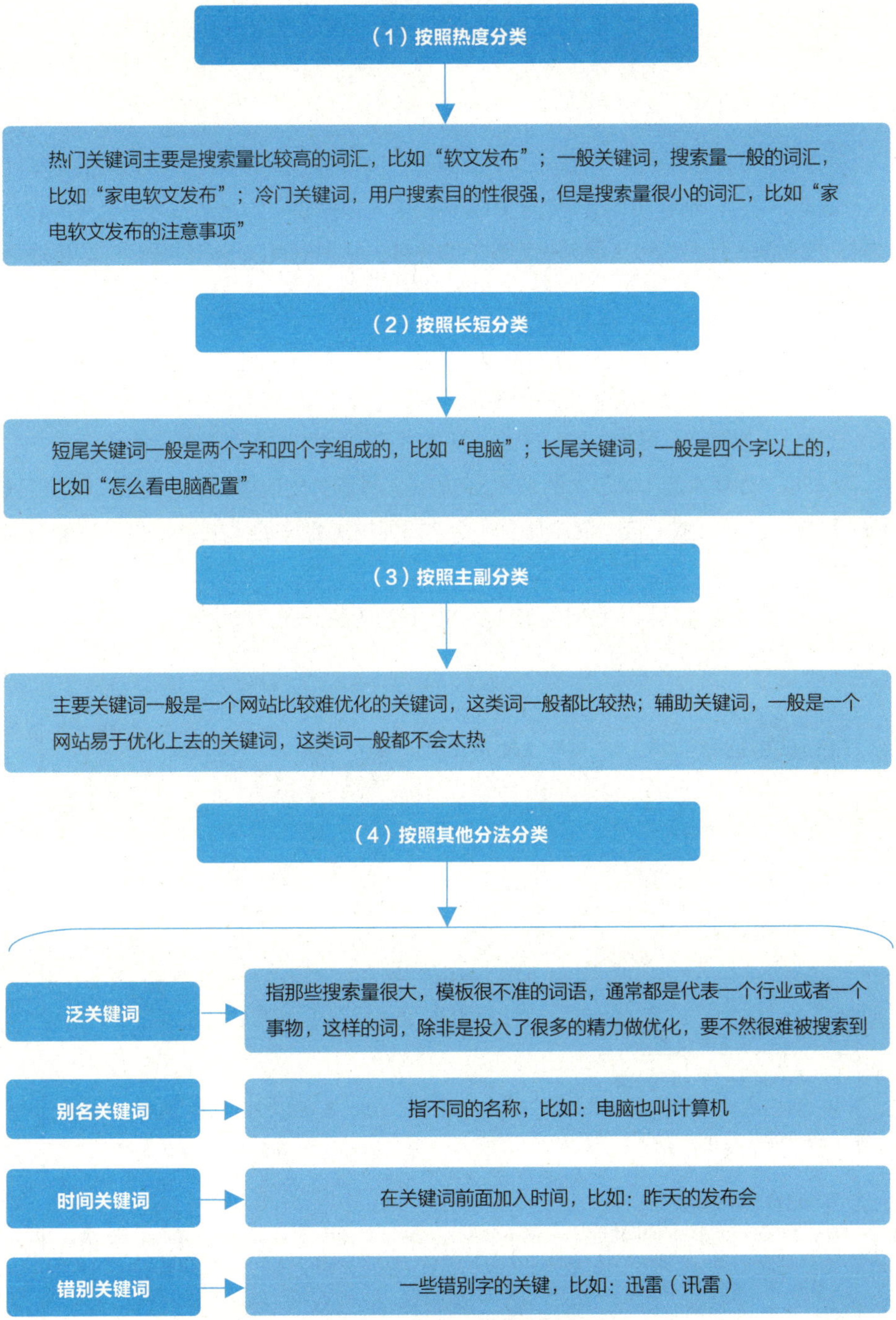

（1）按照热度分类

热门关键词主要是搜索量比较高的词汇，比如"软文发布"；一般关键词，搜索量一般的词汇，比如"家电软文发布"；冷门关键词，用户搜索目的性很强，但是搜索量很小的词汇，比如"家电软文发布的注意事项"

（2）按照长短分类

短尾关键词一般是两个字和四个字组成的，比如"电脑"；长尾关键词，一般是四个字以上的，比如"怎么看电脑配置"

（3）按照主副分类

主要关键词一般是一个网站比较难优化的关键词，这类词一般都比较热；辅助关键词，一般是一个网站易于优化上去的关键词，这类词一般都不会太热

（4）按照其他分法分类

泛关键词	指那些搜索量很大，模板很不准的词语，通常都是代表一个行业或者一个事物，这样的词，除非是投入了很多的精力做优化，要不然很难被搜索到
别名关键词	指不同的名称，比如：电脑也叫计算机
时间关键词	在关键词前面加入时间，比如：昨天的发布会
错别关键词	一些错别字的关键，比如：迅雷（讯雷）

▲ 图 7-1 关键词的分类方法

只有掌握了关键词是如何分类的以及不同类型关键词的搜索效果，在撰写软文的时候才可以将关键词的优势最大化，知道如何使用关键词才能达到最好的效果。

161 如何确定软文关键词

一篇成功的软文，是一定要插入关键词的，没有关键词的软文被搜索到的概率就小了很多。那么，到底如何确定软文的关键词呢？根据软文的行动目标，也就是软文要推广的对象，结合相关工具来确定软文的关键词。主要有以下 3 种途径可以迅速确定软文的关键词。

1. 百度知道

只有了解用户搜索行为才能更好地把握软文的内容，软文中的关键词也更容易确定，通过"百度知道"便能够进一步掌握搜索用户需要寻找的问题和答案。

比如以"如何挑选 T 恤"为例，搜出来的排名靠前并出现得较多的关键词就有"如何选 T 恤""怎么挑 T 恤，注意什么？""如何挑选合适的 T 恤""买 T 恤的时候怎么挑选大小"等。

所以，我们就可以用这些搜索比较多并且靠前的关键词，作为植入软文的关键词，如图 7-2 所示。

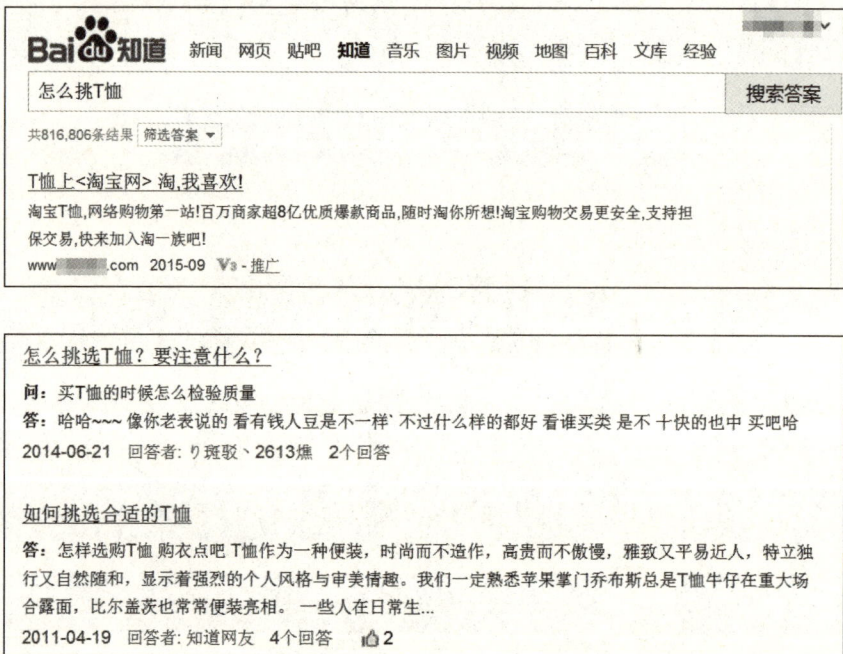

▲ 图 7-2 百度知道的关键词确定途径

2. 百度下拉框

当在百度搜索框中键入某个词组时，下拉列表中会出现很多的提示，这些提示都是与之相关的长尾关键词，都是根据用户行为而设定的。这些长尾关键词往往会给网站带来不少流量。

从百度下拉框能简单看出用户的搜索行为，百度下拉框有 10 个提示，都是根据某个时段估算出来的用户的搜索次数决定上下排名的。如果想要利用此类关键词作为核心关键词，就需要针对长尾关键词做研究分析，如图 7-3 所示。

▲ 图 7-3　百度下拉框的关键词确定途径

3. 百度相关搜索

无论是在百度搜索还是别的搜索引擎中，在其最下面都有"相关搜索"这样一栏。"相关搜索"充分体现了百度注重用户体验的特点，我们可以根据这个情况来决定软文的关键词，甚至可以用此来确定软文的段落标题，毕竟"相关搜索"下拉框的关键词要来得稳定和真实一些，如图 7-4 所示。

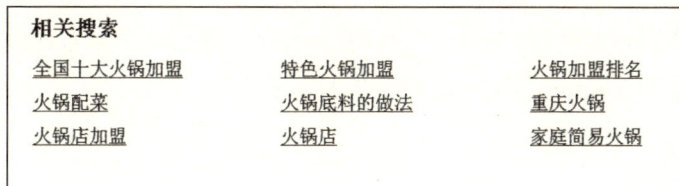

▲ 图 7-4　相关搜索的关键词确定途径

7.3　关键词的设置技巧

有的人会说关键词在软文中出现的频率越多就越好，也有的人会说关键词在软文中出现的频率越少越好，那么软文中关键词到底是多少才合适呢？这个时候就要看软文的布局了，不同的布局，关键词的数量也会有所不同。

这里所讲到的关键词出现的频率，不只是为了某一两个关键词，而是针对这个行业、这个网站的整体专业角度去设定。产品名称、行业名称、产品特征以及产品用途，都可以作为关键词使用。

如果撰写的软文当中这些关键词利用得好，相信软文的浏览来源不仅仅只是这个专业角度所设定的关键词的流量，更可能是客户从另一个行业相关关键词搜索到的。而且这些关键词也要适量地去添加，并进行调整。

162　利用八卦新闻

八卦新闻中，更多的还是各种明星的新闻软文，当然，也包括很多热门事件的软文。这类软文虽然比较容易吸引广大的网民，但是最近几年来由于使用过度，变得非常的庸俗。

对于明星效应每个人都有自己不同的看法，不过很多企业已经尝试改变，与其介绍现有的明星还不如制造属于网站自己的明星，这就是现在企业或者网站在明星效应上做出的重大改变。

163　用故事做引导

这种类型的软文必须由高手来撰写，不然的话很容易写偏题，过分地注重了故事的讲述，反而忽略了软文关键词的引导，很容易发生故事很精彩，却让人忘了穿插产品广告的情况。

优秀的故事型软文应该紧紧围绕关键词本身来撰写，也就是为了这个关键词，特别打造一个故事。撰写者在脑海里时时刻刻都要有关键字的概念，任何一句话、任何一个点都要引导到产品上面去。

主要的方法就是撰写者通过一个故事引出关键词，推广者们可以借鉴。因此，故事引导软文所有的文字最后集中体现的就是那么寥寥几个关键词。

164　心得体会中插入

心得体会是现代软文创作中最经常使用的类型，也就是通过一些伪体验或伪感受作为切入点（当然真实的体验和感受是最好的），主要是利用大家的同感来寻找彼此共同的心灵上的融合点。

例如，一个人考了驾照之后，在考驾照的过程中有哪些心得体会，随即很自然地引出这些心得体会的来源，顺理成章地插入关键词，让大家先引发共鸣，在有着共同的体验和感受的前提下，再自然地过渡到对应的关键词上。

7.4　关键词撰写的注意点

随着互联网的发展，网络推广已经成为了这个时代下的"红角"，被企业所推崇。而作为网络推广中最基础的一环——软文推广，一直在网络推广中占据着举足轻重的地位。

企业若想进行软文推广，首要任务需要一篇有价值的软文，而一篇有价值的软文不仅需要具有吸引力，还需要合理地在软文中铺设关键词，不然就只是一篇平淡无奇的文章了。下面就来讲述软文关键词撰写的注意点。

165　关键词的出现频率及位置

读者在做是否阅读文章的判断时，一定会选择对自己有价值的文章进行阅读，这样的文章能给他们带来收获或共鸣。对于软文而言，除了文章中具有一些含广告的关键词之外，与其他文章没有什么差别。所以，软文是否成功的关键还是在关键词上。一般来说，软文关键词出现的频率不同，所展现的效果也会不一样，具体如图 7-5 所示。

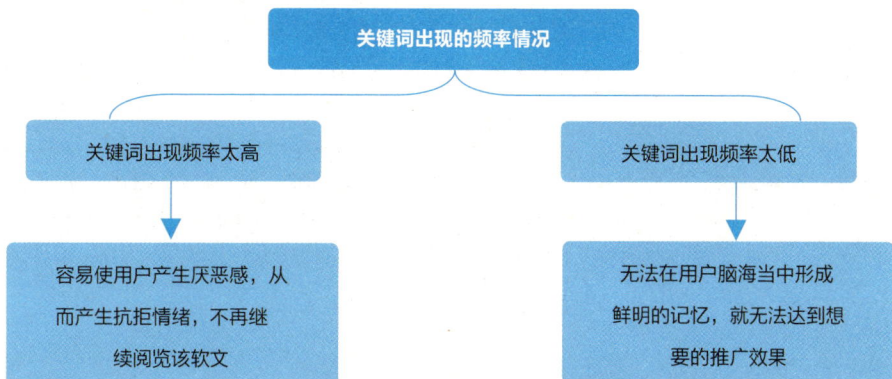

```
          关键词出现的频率情况
          ┌──────────┴──────────┐
   关键词出现频率太高          关键词出现频率太低
        │                         │
        ▼                         ▼
 容易使用户产生厌恶感，从    无法在用户脑海当中形成
 而产生抗拒情绪，不再继    鲜明的记忆，就无法达到想
 续阅览该软文               要的推广效果
```

▲ 图 7-5　关键词出现的频率情况

软文撰写者在进行软文撰写时，需要将软文关键词放置在文章中的开头与结尾处。因为读者对开头与结尾的文字记忆是最深刻的，所以在这两个重要地方设置关键词，一定可以给读者留下深刻印象。

166　不要将关键词神化

有一部分的软文都具有一种"通病"，那就是软文撰写者在进行软文撰写时，没有把心思放在优化关键词上，而是一心一意地去神化关键词，使得文章过于夸张，让人难以信服。

对于一些不起眼的品牌或产品，到了软文撰写者的软文中就强加上"国内知名""享誉国际"等标签；而与同类产品效果差不多的品牌或产品，到了软文撰写者的软文中就硬添"国内领先""国内首创"等"身份"的品牌或产品。

因此，软文撰写者在进行软文撰写时，需要避免神化关键词，给品牌带来过于夸张的形象，从而拉低了品牌美誉度，就得不偿失了。

167 关键词的植入

如今在影视剧中植入广告的现象对观众朋友来说已经是见怪不怪了，只不过有些广告植入明显带有"硬广"的特征，不仅起不到营销推广的作用，还适得其反。

而软文当中关键词的植入与影视剧中植入广告的现象有着异曲同工之妙。成功与否都在于情节上的设计与产品的融合度，所以在植入关键词的时候需注意以下两点，如图 7-6 所示。

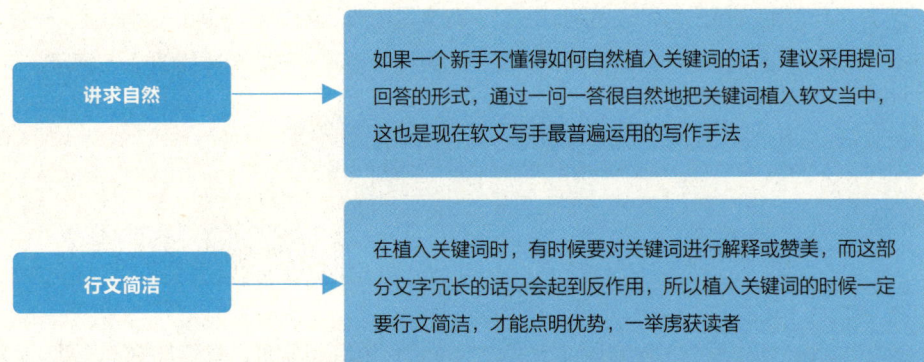

讲求自然	如果一个新手不懂得如何自然植入关键词的话，建议采用提问回答的形式，通过一问一答很自然地把关键词植入软文当中，这也是现在软文写手最普遍运用的写作手法
行文简洁	在植入关键词时，有时候要对关键词进行解释或赞美，而这部分文字冗长的话只会起到反作用，所以植入关键词的时候一定要行文简洁，才能点明优势，一举虏获读者

▲ 图 7-6　植入关键词的注意事项

第 8 章

软文的发布

学前提示

如今，不少电商、微商和企业都选择了以发布软文的方式来推广自己的产品和企业。除了软文的质量，发布软文的平台也会对推广效果产生重大影响。要知道优秀的平台，是可以让软文的营销价值无限放大的。所以，企业大都想寻找一个优秀的软文发布的平台。

软文的发布

了解软文发布平台

软文发布的策略

常用的软文发布平台

论坛软文投放方法

软文发布的表现形式

8.1 了解软文发布平台

软文发布平台的出现给不少进军互联网的企业带来了新气象，更为个人宣传指出了一条明路。下面就来进一步了解软文发布平台。

168 软文发布平台的优势

软文发布平台的优势是很明显的，具体如图 8-1 所示。

▲ 图 8-1 软文发布平台的优势

169 软文发布平台的操作

软文在软文发布平台上进行发布，主要有 2 大操作，如图 8-2 所示。

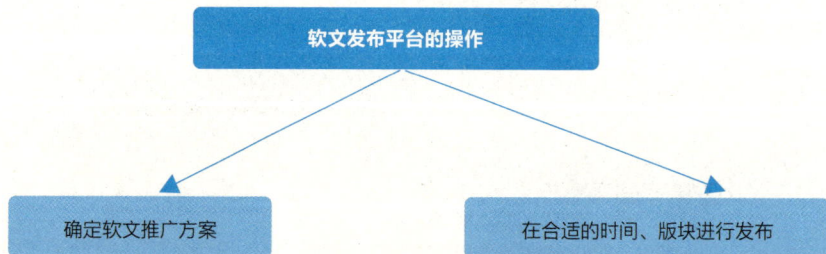

▲ 图 8-2 软文发布平台的操作

软文发布平台的这两大操作，缺一不可，不然精心策划出来的软文，很难得到大范围的曝光。

光有软文发布平台并不能够使软文推广的根本目的得到实现，还需要一个强大的软文发布的专业策划团队的支撑，也就是常说的专业软文发布机构。

8.2　常用的软文发布平台

企业通过软文可以把自己的一些需要宣传或广而告之的事件主动透露给报纸、杂志等印刷媒体或网媒，以达到提高企业曝光率、知名度的目的。软文在当前已成为一种非常实用的宣传方法，那么到底都有哪些平台可以使用呢？下面就一起来看看吧（排名不分先后）。

170　软文街

软文街是目前比较大的软文发布平台之一，合作网站媒体达 1000 余家，日均发稿 3000 篇以上，一直专注于软文推广与营销，如图 8-3 所示。

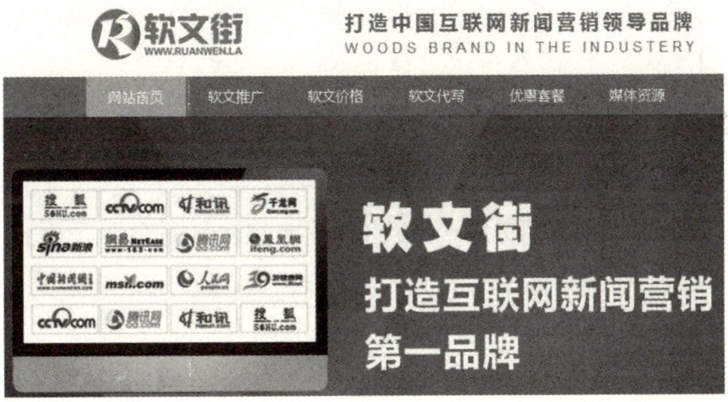

▲　图 8-3　软文街

1. 网络推广的优势

软文营销一出现就注定跟互联网有着千丝万缕的联系，新闻传播的特性就是快，互联网将新闻传播的速度提高到极限。研究报告表明，同等费用支出下，网络广告已经达到 4 倍于传统媒体广告的效果。

而软文街之所以能够成为软文推广的常用平台，除了因为其强大的推广营销效果，更重要的是以下 4 大推广优势，如图 8-4 所示。

（1）具有权威性。其利用新闻形式推广，迅速、低成本地提高企业、产品的形象，树立企业正面形象，可信度高。

（2）搜索更容易。其可使软文第一时间出现在百度、搜搜等搜索引擎的新闻搜索结果中，排名也会靠前。

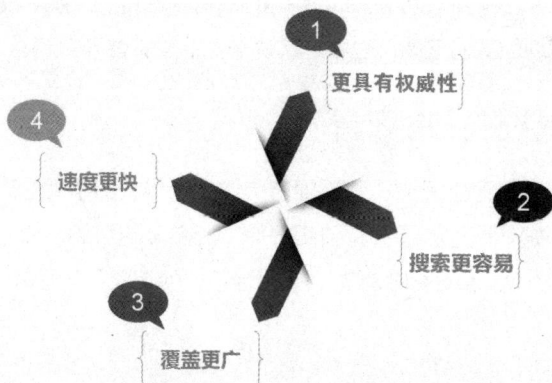

▲ 图 8-4　软文街的软文推广优势

（3）覆盖更广。采用新闻传播模式进行推广可以加大新闻曝光率，合作媒体较多，其可以根据用户的地域需求，发布范围辐射到二、三级城市。

（4）速度更快。其在分秒之间把信息迅速精准地投到指定网络媒体，让信息快速地进行扩散。

2. 会员注册及登录

软文街在使用的时候，用户是需要注册登录的。

- 用户需要注册会员才能登录软文街。首先，在会员注册界面填写个人信息，包括用户名、联系 QQ 和电话，选择同意协议条款后，即可完成注册，图 8-5 即为注册界面。

▲ 图 8-5　软文街会员注册界面

● 注册之后，只要在会员登录界面输入账号密码，即可进入个人账户后台界面，如图 8-6 所示。

▲ 图 8-6　软文街会员登录界面

3. 软文发布

作为专业的软文发布平台，软文街拥有自己独特的软文发布流程。

软文街拥有国内多家媒体和多名新闻工作者资源，覆盖平面媒体、专业及行业媒体、国内大型门户网站、地方信息港、专业网络门户等多样化的媒体形式，软文覆盖面极广。图 8-7 即为通过软文街平台发布软文的流程。

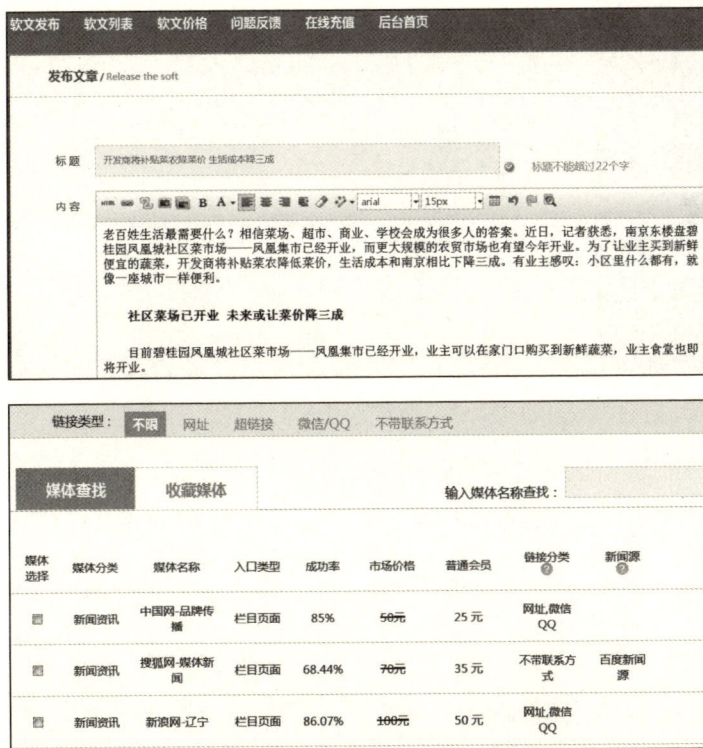

媒体选择	媒体分类	媒体名称	入口类型	成功率	市场价格	普通会员
☑	新闻资讯	中国网-品牌传播	栏目页面	85%	~~50元~~	25 元
☑	新闻资讯	搜狐网-媒体新闻	栏目页面	68.44%	~~70元~~	35 元
☑	新闻资讯	新浪网-辽宁	栏目页面	86.07%	~~100元~~	50 元
☐	新闻资讯	新浪网-吉林	栏目页面	53.58%	~~100元~~	50 元
☑	财经商业	慧聪网-商业	栏目页面	78.23%	~~100元~~	50 元

▲ 图 8-7 软文发布流程

4. 软文代写

所谓软文代写，是指软文街会员根据相关企业推出的标准，撰写原创性企业推广软文，从而获得报酬，如图 8-8 所示。

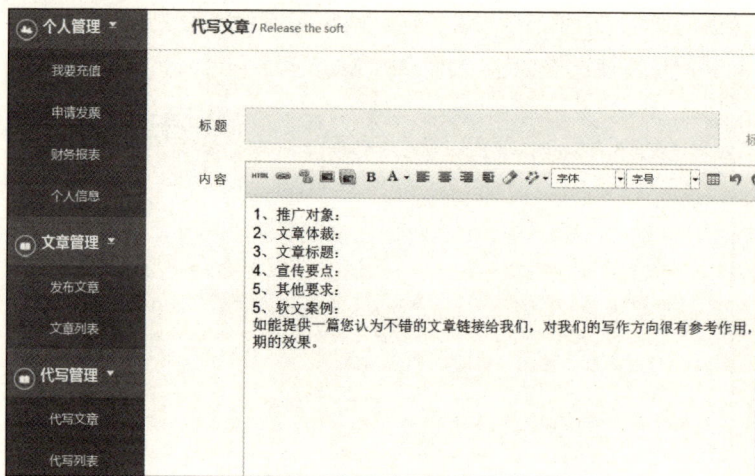

▲ 图 8-8 软文代写

选择原创性软文的优势主要有以下 3 点。

- 收录更有保障。比起伪原创的文章，原创文章的收录更有保障。
- 推广价值更高。好的可读性高的文章所带来的推广价值是不可估量的。
- 更利于百度收录。百度火星计划扶持原创性网站。

171 艾瑞网

艾瑞网是一个便于发布软文的地方。软文发布者只需申请成为艾瑞网的专栏作者，就能将通过审核的软文发布到艾瑞首页上，并且在软文中还能增添链接，这大大加强了软文的曝光率。

172　TechWeb

TechWeb 由一群热爱互联网、热爱新闻的资深网络新闻工作者创建、维护，是一个主要针对业内的站点，不过知名度没有 DoNews 高。这里没有专栏，只有博客，但申请起来有点慢。

173　百度平台

百度平台有很多可以发布软文的地方，其中投放软文的好地方之一就是百度文库了。百度文库点击量大，而且上面有很多有用的资料。其次就是百度知道了，它是可以被当作软文发布平台来使用的，不过需要很小心，用户在提出的问题或回答的答案上，最好不要带有链接，带有链接的内容很容易被百度管理员删除，也没有信服感。很少能被通过。

174　博客类站点

博客类站点主要是针对搜索引擎优化的，只要软文足够好，就很容易被博客编辑发现并主动转向自己的博客中，间接性地为企业进行宣传。

175　Donews IT

Donews IT 是 2000 年 4 月创立的，其百度权重比较高（是百度对网站的整体评价），其中有非常大的写作社区，而这个社区正是软文发布者发布软文的渠道。

176　站长网

站长网是一个聚集站长的好地方，在此发布软文是很容易的。该网站不允许软文中出现链接，在作者署名时，软文发布者可以将链接放到网站上。

177　站长优势网

对于刚接触软文的人群来说，站长优势网是一个提供学习、培训的好地方，当然更是一个发布软文的"宝地"。

在站长优势网还能找到其他资源，如图 8-9 所示。

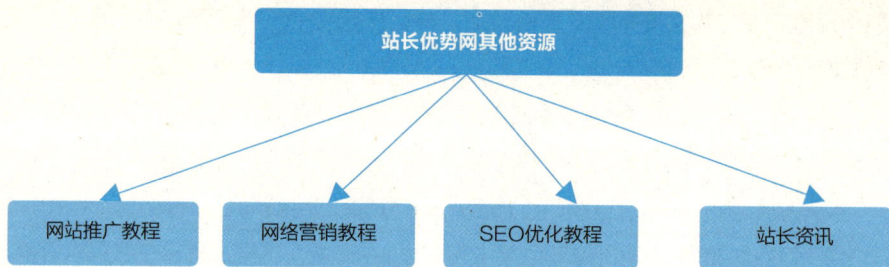

▲ 图 8-9 站长优势网的资源

178 站长类论坛

站长类的论坛，虽然是一种封闭注册类的论坛，但里面所包含的内容很多都是精华，还有很多站长在里面发表自己的经验、心得，由此能聚集不少人，是一个发布软文的"圣地"。

179 PCW 专家专栏

PCW 专家专栏，即友答网专栏，它是一个互联网新平台，目前排名增长非常快。友答专家的申请流程既简单又通过率快，投放软文的效果还是不错的。

180 SNS 类站点

SNS 类站点在之前是特别火的，特别是媒体从业人员，非常热衷。这类网站的用户非常多，对于以放置软文推广产品为目的的企业，当然不能错过。而 SNS 网站有海内、5G、TW 同学录等。

181 其他网站

还有一些其他类型的网站，如淘宝社区、第四城、论坛、贴吧等，这些地方都是可以放置软文的，并且免费。

8.3 软文发布的表现形式

软文发布说起来很简单，就是把写好的软文发出去，可是实际上，软文发布或者说软文推广，也都是有自己的一些技巧和窍门的。

182 软文发布平台的类型

随着软文营销越来越被企业所重视，软文发布平台也逐渐分为了 2 种类型。

1. 付费类型

付费类型的软文发布的效果都是很不错的。企业可以在产品销售周期内做付费的软文推广。付费类型的软文发布都是按篇收费，软文中可以带链接，都是在一些权重很高的网站上发布，例如，新浪、搜狐、中关村和太平洋等。

2. 免费类型

免费发布的平台主要包括各种论坛、博客、SNS 个人主页、微博等体现个人媒体价值的互联网平台。企业选择软文发布平台时，需要根据自己的软文营销侧重点进行选择。

183 软文链接的操作方法

软文是为企业或产品广告宣传需求服务的，那么，无论是网站的站长还是企业的软文撰写者，在撰写软文来宣传自己网站和企业的时候，一定要注意插入自己的网址、产品网址或者要宣传的项目。

不过在软文中插入链接，还是需要注意以下 2 点，如图 8-10 所示。

▲ 图 8-10 软文中插入链接的注意事项

8.4 软文发布的策略

企业或者网站，最需要的就是将自己推销出去，软文也好，广告也罢，都是为了这个目的服务的。所以企业或者网站软文的发布，就需要实施一定的策略才能让软文发挥出最大的价值。

184 明确推广目的

数量庞大的软文要推广的产品种类也是成千上万的，但是其中有一点是始终不变的，那就是要知道推广的目的是什么：是为了提升网站的流量，还是为了给企业做广告，又或者是为了个人宣传。

不同的目的需要不同的推广方法，如果仅仅是为了提升流量，那么通过论坛发帖或者博客发文来宣传就行了；而企业口碑和品牌的推广，则需要更多的推广手段，如电视媒体、软文新闻报道等。

185　明确目标客户

当有了明确的推广目的后，接下来就需要寻找推广的目标用户了。无论是什么类型的软文，推广的对象自然都是用户，没有用户那推广是毫无意义的。那么如何找到自己要推广的用户呢？

最常用而且有效的方法就是通过搜索引擎来寻找，比如通过输入长尾关键词来判断用户经常去的地方，还有哪些人会搜索到这些长尾关键词，这些关键词就是判断推广的产品或者目标的依据。

另外对于潜在用户还要进行精准的分类，比如，能够给网站带来流量的用户；给企业带来人气的用户；给企业带来口碑效应的用户；能提升企业品牌形象的用户；还有就是能够直接转化成销量的用户；等等。

186　分析不同用户的特征

根据自己推广的目的，然后再分析寻找到将要推广的用户的基本特征，如这些人的年龄段、文化程度、职业或者地域以及上网时间等，根据用户不同的特征，分别推送不同的内容。有针对性的推广肯定更容易让不同类型的用户接受，从而将用户转化为销量或者流量。

187　将用户转化成企业的营销目标

软文发布的目标能否实现，最重要的因素就是能不能把足够多的用户转化到实际的营销中来。企业通过对潜在用户的需求分析，根据用户的不同特征进行有针对性的推广，从而达到营销目标。

在推广的过程中要以用户为中心，而不能以企业或者自己为中心，要想到用户的需求，并且给他们提供实际的帮助，从而让他们渐渐地转变成推广的目标。如果做不到这一点，那软文推广也就失去了真正的价值和意义。

8.5　论坛软文投放方法

论坛软文的投放一般都是免费自发的，都是由营销人员自主发布的。论坛营销，重在精准，次在人气，选对版块，用对账号。以精准定位锁定论坛、以人气的高低筛选论坛、以版块的类型撰写软文、以账号属性来投放文章。

软文投放就是用某个账号将某篇软文投放到某论坛的某个版块，其中论坛、版块、文章、账号可谓环环相扣，就好像是一张网，连得越紧越密，网的鱼就越多。

188 挑选合适的论坛

论坛中投放软文时，一定要按3个标准来挑选合适的论坛，如图8-11所示。

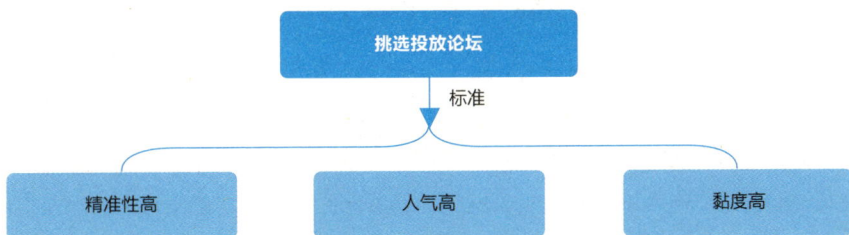

▲ 图8-11 挑选投放论坛的3个标准

除了根据上述标准之外，我们还可以根据4个要素进行论坛的选择，如图8-12所示。

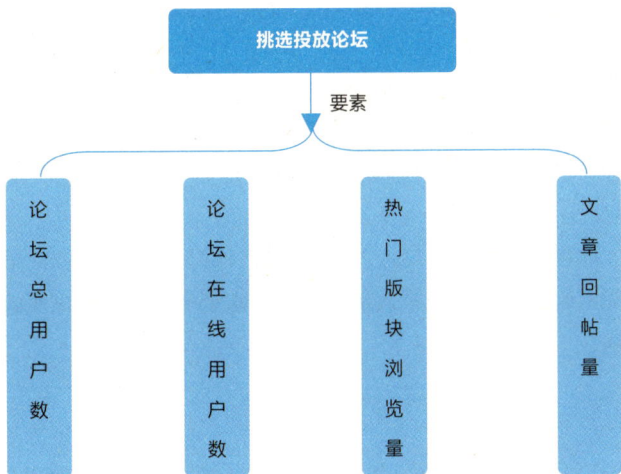

▲ 图8-12 挑选投放论坛的4个要素

189 选择合适的版块

一般来说，软文发布者可以运用2种方法在论坛中选择合适的版块，如图8-13所示。

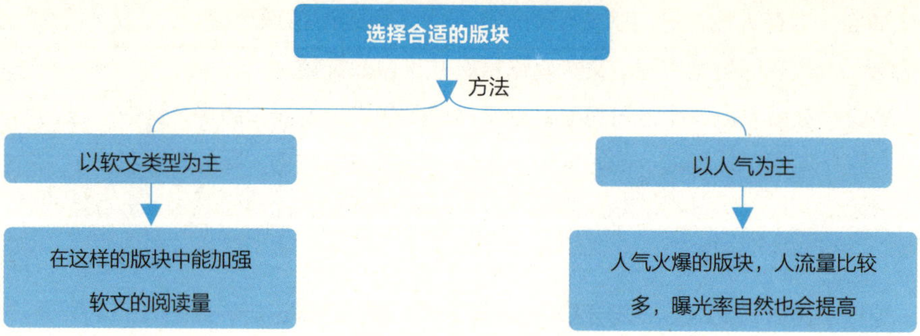

▲ 图 8-13　选择合适版块的方法

190　撰写软文的方法

软文虽也是广告，可是它的广告痕迹不太明显，很多论坛都不会过多地干涉软文的发布。而硬性广告就不同，很多论坛上面就不允许这样的广告出现，若出现了也会很快被论坛管理员删除，届时发布者的账号很有可能会被暂封一段时间。

软文撰写者需要将软文质量提升上去，多引入一些让人觉得真实的故事，多传播一下正能量，且关于产品的关键词最多在文中出现3次，这样才不会引起读者的反感。如果软文写好了，论坛管理员还有可能主动帮其"加精"，推荐文章，这样又能大大地提高软文的曝光率。

191　软文的投放技巧

软文发布者千万不要随意在论坛上投放软文，若没有选择一个合适的版块，并不能带来什么好的效果，甚至还会被该版块管理员删除。因此，在进行软文投放时一定要怀着谨慎的心态。

不能只单一地根据软文的类型、人气版块进行软文的投放，还需要多多考虑软文中的内容是否能引起投放地点驻留人群的喜爱，喜欢来这个投放地点的人是不是企业的目标客户群等。

192　账号的安全维护

有时软文发布者没有选对投放地点，则很有可能面临被封号的危险。所以，软文发布者需要多注册一些论坛账号，以备不时之需。

总地来说，软文发布者最好是不断注册新账号，慢慢地提升账号等级，一般高等级的账号对一些新手而言，是具有"膜拜"效应的，比较容易吸引一些账号等级低的人群，且高等级的账号比较不容易被论坛管理员封号。

第 9 章

软文营销入门

学前提示

随着互联网的发展，现在网络营销的方式也越来越多，不过最基本最广泛的还是软文营销。

软文营销能迅速、低成本地提高企业和产品的形象，提升企业和产品的知名度和公信力，既节约经济成本又节省时间成本，是很多企业最喜欢而且有效的营销手段之一。

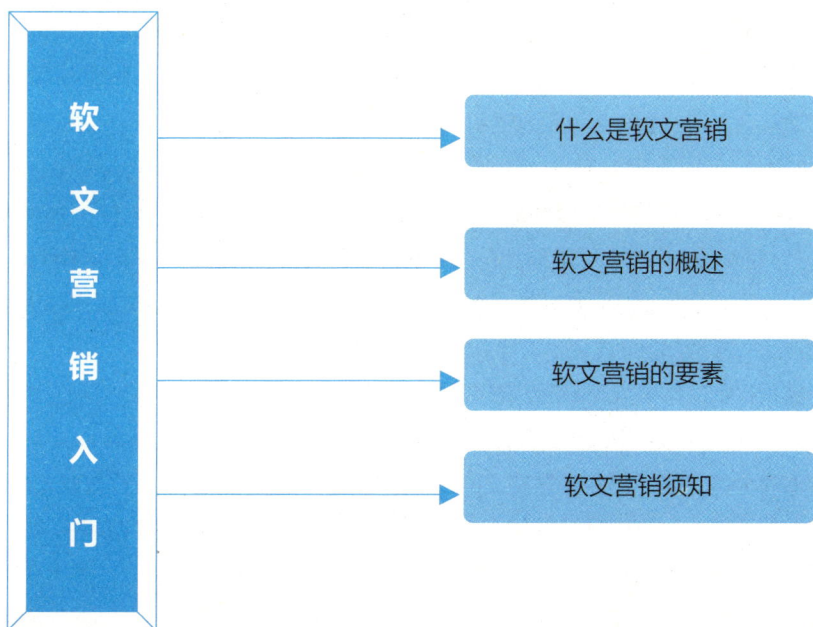

软文营销入门

- 什么是软文营销
- 软文营销的概述
- 软文营销的要素
- 软文营销须知

9.1 什么是软文营销

软文营销，就是指通过特定的概念诉求，以摆事实讲道理的方式使消费者走进企业设定的"思维圈"，以准确有力的心理攻击，来达到销售的文字或者口头传播方式。

软文是一种针对消费者心理，对特定产品进行引导的文字模式。从本质上来说，它是一种缓慢渗透的商业策略，主要通过文字来表达产品或品牌的一些观念，获得消费者认同，从而达到品牌推广、营销的目的。

193 软文营销的意义

软文营销需要一定的技巧，与硬性广告相比，它的优点在于通过一种委婉的方式，让读者或者消费者更容易接受品牌宣传理念，两者的区别如图 9-1 所示。

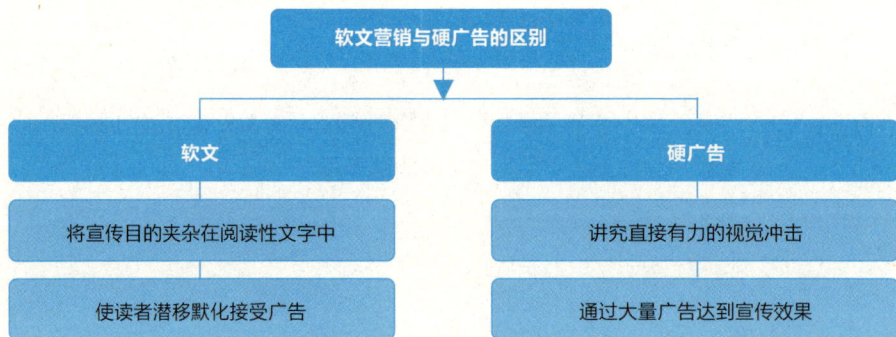

▲ 图 9-1 软文营销与硬广告的区别

软文营销的文字不用太华丽，但一定要能够打动人心。如果是从消费者利益的角度出发的软文，那就能够起到更好的营销效果。

194 软文营销的发展

从 20 世纪 90 年代中后期直到现在，软文在各行各业的营销中都占据着十分重要的位置，因为它曾经以较低的成本为多个产品创造了市场奇迹，自此之后软文就一直是备受青睐的营销利器。

而真正将软文营销推向巅峰的却是医药保健品行业，软文在这个领域里创造了"脑白金神话"，这使得后来的医药保健品营销人员，言则必谈软文。

随着社会的进步，消费者对软文的鉴别能力越来越强，很多企业投放软文广告，已经不能收到如之前那样好的效果；但是，仍然有很多产品依靠软文创造了不菲的销售业绩，如好记星等。

软文营销最成功的案例要属 1999 年的"脑白金"广告。至今，软文已经发展了

17 年。1999—2000 年是软文的第一个黄金时期，从那时开始，很多企业开始重视软文，并且积极开展软文营销。到了 2002 年，软文进入另一个黄金时期，市面上开始出现专业的软文撰写者团队。从 2003 年开始，软文进入平稳期，于是，企业开始尝试软文创新。

之后随着网络和娱乐文化的兴盛，软文营销正式进入网络时代。

9.2 软文营销的概述

软文之所以备受推崇，第一大原因就是越来越多的硬性广告充斥人们的生活，使人们对电视、网络硬广告关注度下降，广告的实际效果不再明显；第二大原因就是媒体对软文的收费比硬广告要低得多，所以在资金不是很充足的情况下软文的投入产出比较科学合理。

不过软文营销之所以会成为众多营销手段中重要的一环，也必然有着自己独特的优势。

195 软文营销的效益

软文已经成为网络时代广告营销的新利器，其营销思路正被越来越多的媒体和企业认可，下面为读者介绍软文营销究竟能为大家带来哪些效益，如图 9-2 所示。

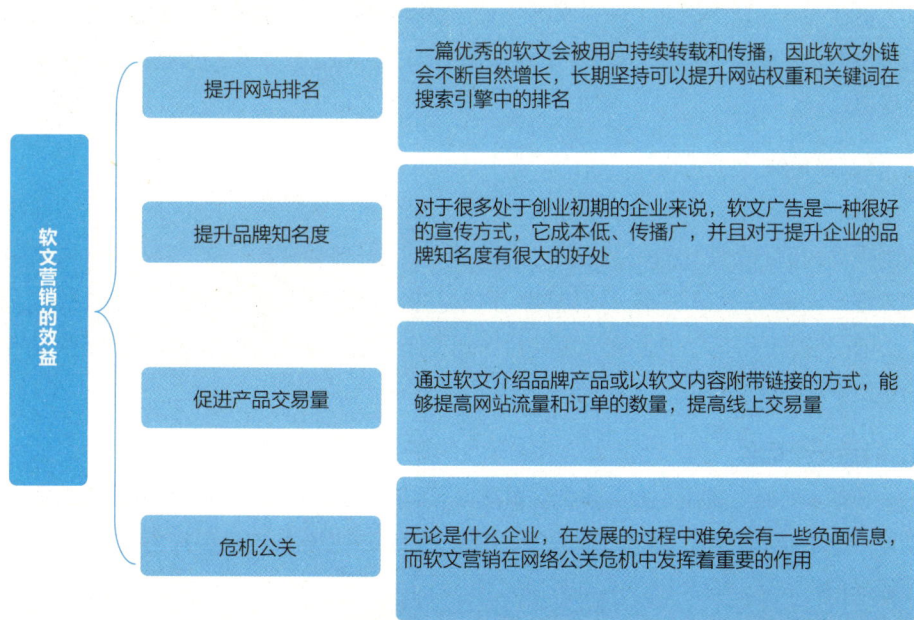

软文营销的效益		
	提升网站排名	一篇优秀的软文会被用户持续转载和传播，因此软文外链会不断自然增长，长期坚持可以提升网站权重和关键词在搜索引擎中的排名
	提升品牌知名度	对于很多处于创业初期的企业来说，软文广告是一种很好的宣传方式，它成本低、传播广，并且对于提升企业的品牌知名度有很大的好处
	促进产品交易量	通过软文介绍品牌产品或以软文内容附带链接的方式，能够提高网站流量和订单的数量，提高线上交易量
	危机公关	无论是什么企业，在发展的过程中难免会有一些负面信息，而软文营销在网络公关危机中发挥着重要的作用

▲ 图 9-2　软文营销的效益

196　软文营销的特点

软文由于传递信息的完整性、文字资料的丰富性以及形式的多样性，受到广大企业的喜爱，并且大部分的网络用户都是软文营销的潜在消费者。下面就来看看软文营销到底有什么不同寻常之处吧。

1．软文具有隐蔽性

软文不像硬性广告那么直白地宣传，它主要是将要宣传的信息嵌入到文字中，从侧面进行描述，然后将品牌观念慢慢渗透到消费者的思想里。

2．软文可接受度高

软文一般是针对目标消费群的消费心理、生活习惯等进行创作的，它在很大程度上弱化了广告本身的强制性和灌输性，所以更容易打动读者，更容易被读者接受。

3．低成本，高效益

传统的硬广告投入风险大，成本也高；相对来说，软文营销具有高性价比的优势。据统计，在获得同等收益的情况下，利用传统营销工具进行营销的成本是软文营销投入成本的 10 倍，但通过软文营销的信息到达速度却是传统营销工具的 5 ～ 8 倍。

197　软文营销的策略

俗话说，谋定而后动。任何事情的实施都需要有一定的套路或者策略，软文营销也不例外，只有拥有一个切实可行的营销策略，才能保证接下来的营销行为产生实际效果。

1．伪装成新闻

人都有好奇心，都渴望了解新事物、学习新知识，所以将软文伪装成新闻，非常容易得到人们的关注。操作时需要注意，新闻软文一定要突出一个"新"字，文章中的内容一定是人们所不知道、没见过、没听过的，但是又可以引起人们兴趣的话题。

值得注意的是，软文的形式要符合新闻写作规范，发布的媒体及具体的版块也应该是正规新闻栏目，千万不要发到广告版。

2．打造一个概念

在很多时候，是没有那么多的新鲜东西可以写的，所以就需要由企业或者公司去创造一个话题，也可以说是一个概念。当这个话题或者概念被创造了出来，这就成为了新鲜东西。

对于有用的新生事物，人们总是希望去了解、学习和尝试，而这也是打造概念的关键所在。

不过在打造概念时需要注意，这个概念一定是与目标用户息息相关的，要高度符合用户需求，能够引起受众强烈的关注与足够的重视。否则不管概念包装得多么漂亮，都是在做无用功。

例如"双十一""双十二"这样的概念，这本来是没有的东西，现在却变成了消费者的狂欢日，这就是非常成功的打造概念的手法。

3. 分享经验

这类软文最重要的特点是免费向读者分享经验，以达到感动用户的目的。因为是免费的，所以用户在阅读时不会有太多的心理负担，而是主动地接受软文中的信息。如果软文内容让用户觉得非常好，或许用户还会主动进行转载传播。

4. 用技术说话

专业的技术给予读者靠谱的感觉，更容易得到用户的认可，特别是一些创新型的技术，不仅受到读者的喜爱，还会受到媒体的热捧。运用这种方式帮助用户解决一些实际问题，很容易打动读者。但要注意的是，在进行文字描述的时候，尽量用简单易懂的语言，方便读者理解。

5. 用话题吸引人群

话题是一种很容易引起口碑效应的营销策略，企业想要获得足够热的话题，可以运用如图 9-3 所示的 2 种方式。

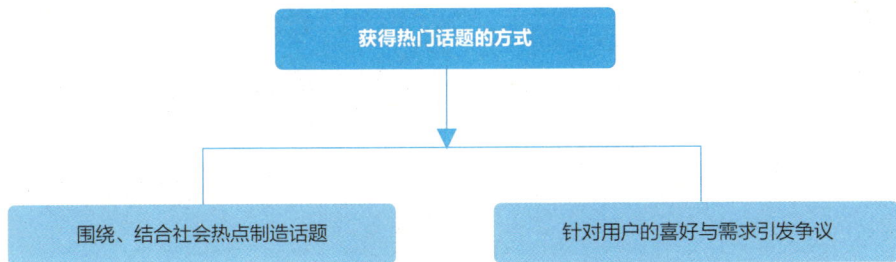

▲ 图 9-3 获得热门话题的方式

需要注意的是，在结合社会热点制造话题时，要注意话题的影响力，不能引发用户对产品的负面情绪，一定是对产品品牌做正面引导。图 9-4 即为百度首页某一时段较火的话题，企业可以围绕这些话题进行软文撰写。

6. 树立权威

对于权威，人们总会情不自禁地信服与顺从。现在就是一个权威说话的社会，人们对权威的敬畏已经深深根植于心中。

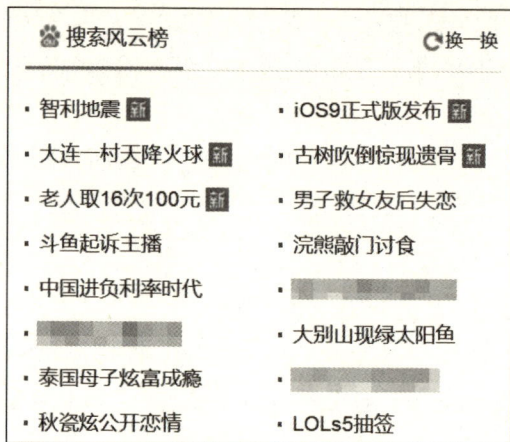

▲ 图9-4 热门话题

　　树立权威是软文营销的一个策略。比如知名品牌的产品，消费者会不假思索地肯定其品质；对于大商场销售的产品，消费者也从不怀疑其可能会是假货。所以围绕企业背景打造权威，通过好的企业背景，会很快建立起权威性。

9.3　软文营销的要素

　　现在的软文营销已经成了目前网络营销中的主流模式，虽然软文营销需要企业投入一定的资金，但是这点资金相对于其他的营销模式来说，都是极具性价比的。当然，万事万物都有自己的规律，掌握软文营销的要素，会让软文营销事半功倍，如图9-5所示。

▲ 图9-5　软文营销四要素

198　热点

　　软文想要抓住读者的眼球，就需要让读者看到其感兴趣的东西。当然，我们不可能知道所有人的兴趣，所以，就要拿出热点。时事热点，就算不是所有人都关注，也绝对是大部分人在关注。

　　自从《花千骨》开播以来，各大网站、报纸就开始刊登有关的新闻报道，搜索引擎的搜索量也一直占据榜首。很多商家也借此风潮将《花千骨》与广告结合，一篇篇的娱乐式软文就横空出世了。所以谁先抓住热点，谁就最有可能成功，如图9-6所示。

穿名牌游《花千骨》取景地

商报记者

近日，DX7迎来了首次深度试驾，而此次的路线却涉及到两个国家中国和越南，虽然越南境内只能在景区徒步小段，但也为整个活动添加了不少趣味。此次试驾的线路是今年夏天最热电视剧《花千骨》的拍摄地广西德天，所以全国媒体都派来了《花千骨》的粉丝“花骨朵”来参与此次试驾，虽然我不在其之列，但驾着满身名牌的SUV游览中越边境也是一件美差。

此次我们从崇左出发，到德天跨国大瀑布全程110公里，后60公里路段最为艰险。层峦叠嶂，峰回路转，常在山穷路尽之时豁然开朗，别有洞

▲ 图 9-6 《花千骨》衍生软文

199 标题

具有吸引力的标题是软文营销成功的基础。软文内容再丰富，如果没有一个具有足够吸引力的标题也是徒劳的。软文的标题犹如企业的 LOGO，是可以将整篇软文的核心内容体现出来的。标题的好坏直接影响软文营销的成败。

因此在撰写软文时，首先就要赋予文章一个富有吸引力的标题，如图 9-7 所示。

滁州1912买个铺，靠收租旅行不是奢望

日期：2015-04-28 作者： 分类：地产软文范例 浏览：315次

还在披星戴月地上班？人家80后女教师已经辞职去看世界了！还在存款？央行又降准了！想买股票，股市过山车般的行情一般人心脏承受不了。大形势下，什么样的投资兼顾安全和收益呢？答案是，房地产。但是，房地产动辄上百万的门槛将普通老百姓拒之门外。而滁州1912的出现，填补了南京房地产投资领域的空白，低总价门槛、风险保障计划、高回报率让人们为之一振。

▲ 图 9-7 软文标题撰写

200 排版

软文的排版要十分注意，巧用小标题与加黑加粗，会让软文的重点一目了然。高质量的软文排版应该是严谨、有条不紊的。试想一下，一篇连排版都比较凌乱的文章，不仅会令读者阅读困难、思路混乱，还会给人一种不靠谱的感觉。

所以为了达到软文营销的目的，文章的排版不可马虎，需要做到最基本的上下连贯，最好在每一段话题上标注小标题，从而突出软文的重点，让人一目了然。

在语言措辞方面，如果是需要说服他人的，最好引用权威的言论，加入“据某专家”“某教授认为”等，能够提高文章的分量，增加权威性。

201 广告

广告内容需要自然融入，绝不可让读者产生反感的情绪。因为一篇高质量的软文是要让读者读起来一点都没有广告的味道，就是要够“软”，读完之后读者还能够感

觉受益匪浅，那么这篇软文就成功了。

　　虽然广告是第四个要素，但是并不代表融入广告是最后操作的步骤，相反，要在写软文之前就要想好广告的内容、广告出现的位置，而且如果软文的写作能力不是很强的话，最好把广告放在开头第二段，让读者被第一段吸引之后步入软文的"陷阱"。

　　如果你没有高超的写作技巧，软文的广告切勿放在最后，因为文章内容如果不够吸引人，读者可能没有耐心读到最后。

9.4 软文营销须知

　　软文营销不是一次两次就会起到效果的，而是要经过长期的宣传推广，才能提升品牌知名度，建立客户的信任感，从而产生经济效益。不过在进行网络营销的时候，有些东西是必须要知道的。

202 实施步骤

　　软文营销采用的搜索引擎对于软文页面的权重是有一定标准的，软文营销不仅是将软文发布于国内外知名平面和网络媒体，还需要整合所有可采用的资源，再量身打造软文营销方案，制定推广步骤。

　　以软文直接营销的方式来实现其推广价值，实现真正意义上的软文营销商业流程化操作，其具体的实施步骤如图 9-8 所示。

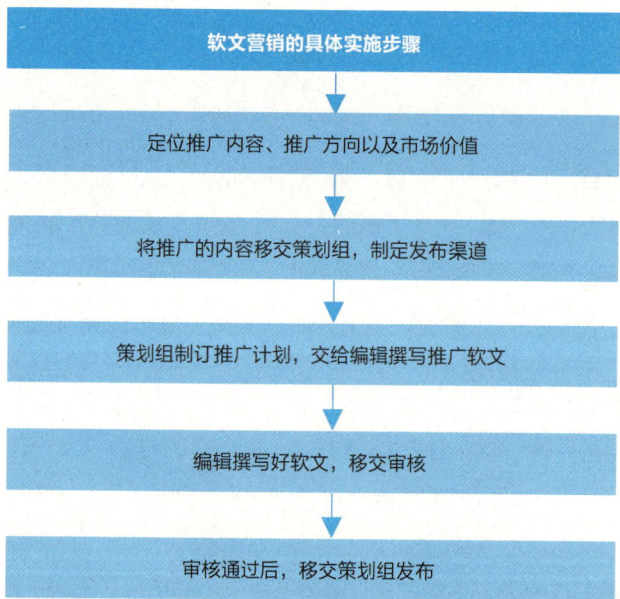

软文营销的具体实施步骤

定位推广内容、推广方向以及市场价值

将推广的内容移交策划组，制定发布渠道

策划组制订推广计划，交给编辑撰写推广软文

编辑撰写好软文，移交审核

审核通过后，移交策划组发布

▲ 图 9-8　软文营销的具体实施步骤

软文营销的这一系列商业化流程受到国内知名企业的热烈追捧，在给用户带来巨大价值的同时，还使企业的品牌得到了相应的宣传，可谓是一举两得。

203 成功秘诀

一篇优秀的软文对于企业来说还是相当有用的，被读者阅读、认同再转载，无形中就为企业做了宣传，不过也不是所有的软文营销都是成功的。掌握以下 4 点，会让软文营销无往不利。

- 精定位：对用户进行精准的定位，找准软文推广的切入点，进行针对性的宣传和推广。
- 热标题：成功的标题，意味着软文已经成功了一半。成功的软文标题，就是让读者看到就想点进去看的标题。
- 优内容：光有足够吸引人的标题还不够，软文的内容也很重要，这是进一步影响读者意愿的重要因素，因此一定不能大意。
- 巧营销：营销方式也很重要，一种巧妙的方式胜过诸多不切实际的营销方式，企业要在软文营销的"巧"字上多下功夫。

对于那些新建立的企业，如果还没有找到更合适的营销方式，不妨从软文营销做起，坚持不懈，总会看到不一样的收获。

204 网站收录

网站收录就是与互联网用户共享网址，网站收录前提是网站首页提交给搜索引擎，每次抓取网页时都会向索引中添加并更新网站，站长只需提供顶层网页即可，不必提交各个单独的网页。

抓取工具能够找到其他网页。符合相关标准提交的网址，会在 1 个月内按搜索引擎收录标准进行处理。

- 网站权重问题：对于权重高的网站来说，软文会比较容易收录一些。
- 发布的平台：在不同的平台上发布软文，收获的效果是不一样的。
- 操作方式：从软文的撰写到软文的发布这一系列环节中，操作方式也很重要，一篇软文如何写、发布到哪个平台、什么时间发布等，都是企业需要思考和解决的问题。

营销软文最好是大批量的发布，发布得越广，效果越好，而且优化软文的次数不要太多，因为收录后容易被忽略。

第 10 章

软文的营销推广

学前提示

软文的营销推广相对于硬性广告来说，承载的内容更加丰富。它是由企业的市场策划人员或广告公司的文案人员来负责撰写的"文字广告"。

下面就进一步介绍软文营销推广的相关内容。

软文的营销推广

软文推广的作用	软文的痛点式营销
软文推广的介质	软文的自赞式营销
软文推广的优势	软文的头脑风暴式营销
软文推广的技巧	软文的"一句话"与"二八法则"营销

10.1　软文推广的作用

广告可以提高品牌的知名度，软文同样可以提高品牌的知名度，但是软文还可以提高品牌的美誉度，这是广告所不能达到的。当然，提高知名度并不是软文推广唯一的作用。笔者总结了软文推广的作用，供营销推广人员借鉴。

205　对于宣传的作用

宣传是软文推广最基本的作用之一，不管是企业、文化还是产品都能通过软文进行宣传工作。下面我们就从 2 个方面来了解软文推广对宣传的作用。

（1）针对公司或企业内部的推广，既能让员工了解企业的文化、精神，又能让员工拥有安全感，让他们接受企业的运营理念，图 10-1 即为企业内部宣传软文。

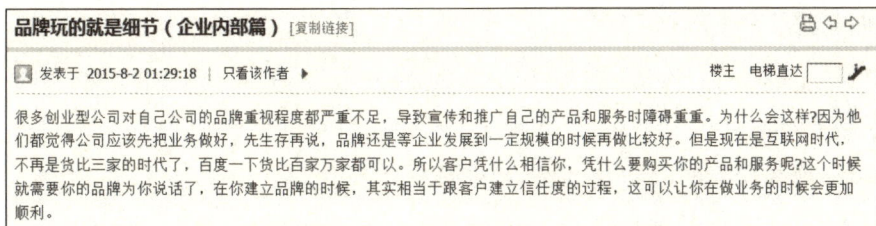

品牌玩的就是细节（企业内部篇） [复制链接]

发表于 2015-8-2 01:29:18 | 只看该作者 ▶　　　　　　　　　　楼主　电梯直达 [ ]

很多创业型公司对自己公司的品牌重视程度都严重不足，导致宣传和推广自己的产品和服务时障碍重重。为什么会这样?因为他们都觉得公司应该先把业务做好，先生再存说，品牌还是等企业发展到一定规模的时候再做比较好。但是现在是互联网时代，不再是货比三家的时代了，百度一下货比百家万家都可以。所以客户凭什么相信你，凭什么要购买你的产品和服务呢?这个时候就需要你的品牌为你说话了，在你建立品牌的时候，其实相当于跟客户建立信任度的过程，这可以让你在做业务的时候会更加顺利。

▲ 图 10-1　企业内部宣传软文

（2）软文推广的目的是促进销售、建设企业形象、提高品牌知名度等，从而达到大范围传播的目的。

此外，软文宣传能大大提高品牌的美誉度。美誉度对于企业或产品而言，是一种综合评价，若美誉度高，则证明此企业或产品是备受人们喜爱的，如图 10-2 所示。

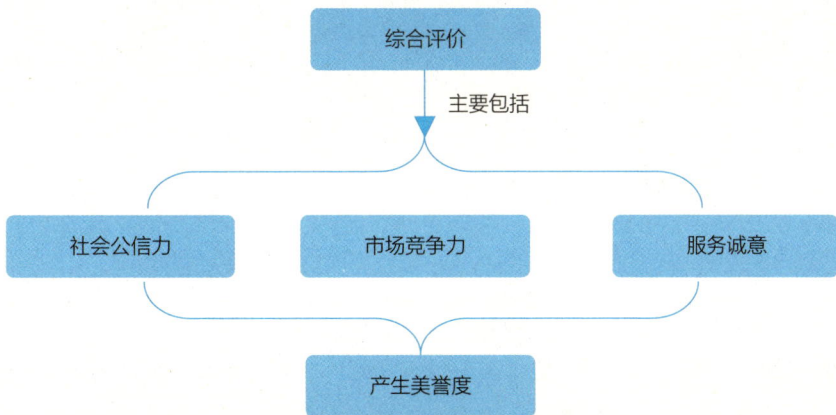

▲ 图 10-2　综合评价与美誉度

下面来看一则王老吉宣传品牌的软文，如图 10-3 所示。

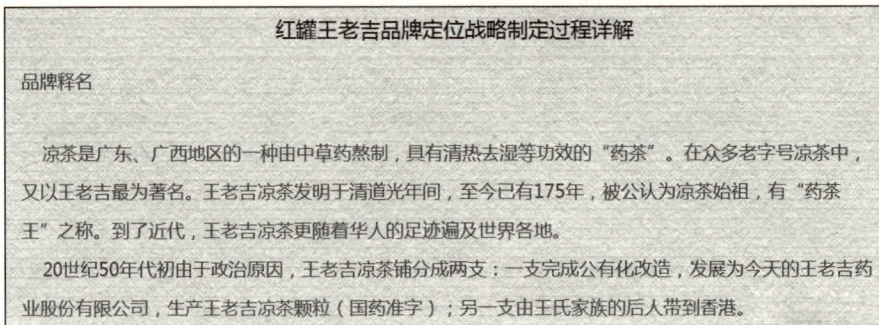

红罐王老吉品牌定位战略制定过程详解

品牌释名

凉茶是广东、广西地区的一种由中草药熬制，具有清热去湿等功效的"药茶"。在众多老字号凉茶中，又以王老吉最为著名。王老吉凉茶发明于清道光年间，至今已有175年，被公认为凉茶始祖，有"药茶王"之称。到了近代，王老吉凉茶更随着华人的足迹遍及世界各地。

20世纪50年代初由于政治原因，王老吉凉茶铺分成两支：一支完成公有化改造，发展为今天的王老吉药业股份有限公司，生产王老吉凉茶颗粒（国药准字）；另一支由王氏家族的后人带到香港。

▲ 图 10-3　王老吉宣传品牌的软文

206　对于销售的作用

软文推广，无非是推广品牌、推广产品、推广活动，其最终目的就是为了提升销量，软文本身可以写成业务推广的软文。图 10-4 为某品牌汽车的促销软文，直击消费者的内心需求，激发其购物欲望，促进销售。

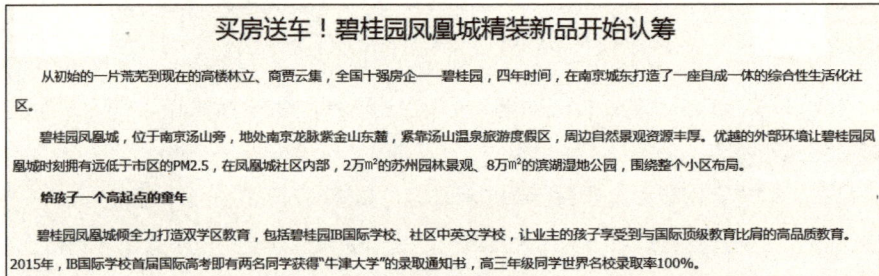

买房送车！碧桂园凤凰城精装新品开始认筹

从初始的一片荒芜到现在的高楼林立、商贾云集，全国十强房企——碧桂园，四年时间，在南京城东打造了一座自成一体的综合性生活化社区。

碧桂园凤凰城，位于南京汤山旁，地处南京龙脉紫金山东麓，紧靠汤山温泉旅游度假区，周边自然景观资源丰厚。优越的外部环境让碧桂园凤凰城时刻拥有远低于市区的PM2.5，在凤凰城社区内部，2万㎡的苏州园林景观、8万㎡的滨湖湿地公园，围绕整个小区布局。

给孩子一个高起点的童年

碧桂园凤凰城倾全力打造双学区教育，包括碧桂园IB国际学校、社区中英文学校，让业主的孩子享受到与国际顶级教育比肩的高品质教育。2015年，IB国际学校首届国际高考即有两名同学获得"牛津大学"的录取通知书，高三年级同学世界名校录取率100%。

▲ 图 10-4　促销软文

软文还能从消费者的需求出发，引导消费者关注企业的产品，进而促进产品的销售。具体软文如何去引导，各行业的热点不一样，写法也不一样，不过有一点需要注意，就是让有经验的软文营销顾问来操刀或把关。

207　对于信任的作用

销售基于信任，以目前火热的微信朋友圈营销为例，相对于陌生人来说，大家更愿意购买熟人的商品，原因就在于对熟人的信任。而软文营销就是通过一篇篇文章的输出来制造信任，当消费者脑子里相信某样产品的时候，需求产生之时便是买卖成交之日。

软文的出现就是为了摆脱广告的形象，为读者制造真实感，让读者产生信赖，图 10-5 为取得客户信任的软文。

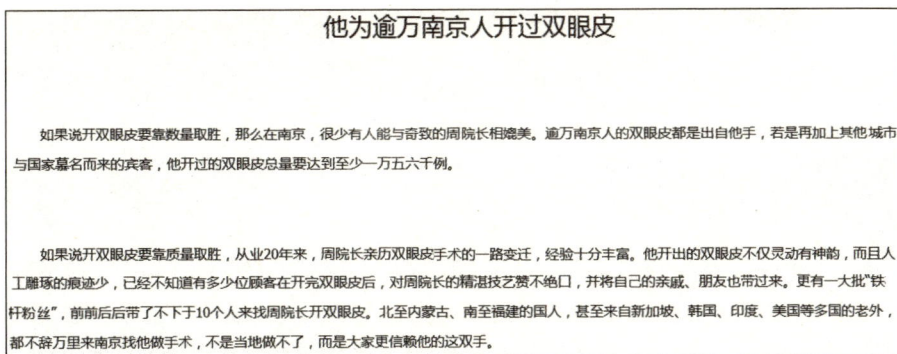

他为逾万南京人开过双眼皮

如果说开双眼皮要靠数量取胜，那么在南京，很少有人能与奇致的周院长相媲美。逾万南京人的双眼皮都是出自他手，若是再加上其他城市与国家慕名而来的宾客，他开过的双眼皮总量要达到至少一万五千例。

如果说开双眼皮要靠质量取胜，从业20年来，周院长亲历双眼皮手术的一路变迁，经验十分丰富。他开出的双眼皮不仅灵动有神韵，而且人工雕琢的痕迹少，已经不知道有多少位顾客在开完双眼皮后，对周院长的精湛技艺赞不绝口，并将自己的亲戚、朋友也带过来。更有一大批"铁杆粉丝"，前前后后带了不下10个人来找周院长开双眼皮。北至内蒙古、南至福建的国人，甚至来自新加坡、韩国、印度、美国等多国的老外，都不辞万里来南京找他做手术，不是当地做不了，而是大家更信赖他的这双手。

▲ 图 10-5　取得客户信任的软文

那么，软文该如何推广才能赢得客户的信任呢？如图 10-6 所示。

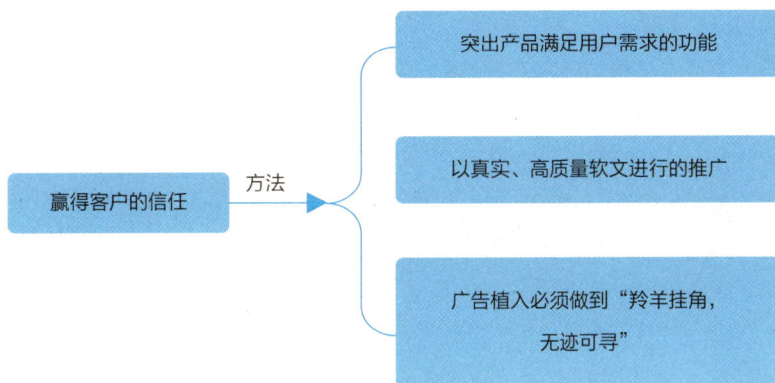

▲ 图 10-6　软文赢得客户信任的方式

10.2　软文推广的介质

软文的传播介质就是各种媒体，通过各种各样的媒体将软文一步步、一层层地传播开去。只有得到传播的软文，才能发挥软文的价值！

我们通常将媒体分为主媒体、次媒体、边际媒体。主媒体：中央级媒体；次媒体：地方级媒体及行业媒体；边际媒体：各种企业报、内参、资料、简讯及各类中小网站等。

208　主媒体

主媒体一般就是指比较正规、著名的媒体，它们对于软文的传播来说，是比较重要的一环。

一般来说，主媒体可以分为 3 种，如图 10-7 所示。

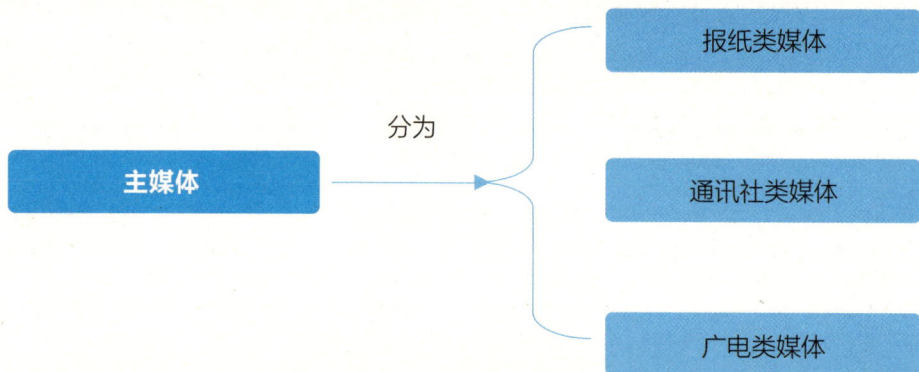

▲ 图 10-7 主媒体分类

- 报纸类媒体：《人民日报》《中国日报》《经济日报》《光明日报》《工人日报》《农民日报》等。
- 通讯社类媒体：新华社、中国新闻社（中新社）等。
- 广电类媒体：中央人民广播电台、中国国际广播电台、中央电视台等。

那到底什么才能算得上是主媒体呢？所谓的主媒体只能是隶属（直属）于中宣部、广电总局和国家新闻出版总署且著名可靠的新闻媒体，如《人民日报》、中央电视台等。也许有一部分主媒体在软文方面不是特别的开放，但只要企业的软文写得足够有技巧，还是能获得一部分主媒体的开发的。

209 次媒体

次媒体指的就是地方性媒体和行业媒体，这 2 种类型的媒体虽然没有中央级媒体那么大，但是更加的具有针对性，细分也更加明显。

地方媒体是地方综合性互联网信息资源，并提供有关互联网信息服务的地方综合网站系统。

地方媒体的特质是具备强烈的地方属性，一切都应该以"地方"为网站的核心，在内容上地方媒体具备真实性、实时性，而在功能上则具有实用性、互动性、娱乐性的特点。

一般地方媒体提供的内容包括：本地资讯、同城网购、分类信息、征婚交友、求职招聘、团购信息、口碑商家、上网导航、生活社区等频道，网内还包含电子图册、万年历、地图频道、音乐盒、在线影视、优惠卷、打折信息、旅游信息、酒店信息等。

地方性媒体数量多，比较常见，如深圳万城网、城市中国地方门户联盟、青岛人、广西桂人网、新浪河南、八桂网、廊坊消费广场、丽江、爱上家、360网站、通话网、百汇网、贵州生活网、上高信息网、高安网、浙江热线、南昌百姓热线、大粤网、永清网等。

210 边际媒体

边际媒体主要包括各种企业报纸、内部参考资料、企业资料、简讯及各类中小网站等。这已经是软文传播中比较末端的环节了，基本上当软文的传播可以覆盖以上这些边际媒体的时候，就说明软文的传播已经相当成功了。

当然，也有另一种方法，很多企业的软文传播都是从边际媒体开始，由小传大，所以企业报纸或者企业网站是软文传播的第一个环节，然后再向着次媒体甚至主媒体扩散。这么做的好处就是前期费用较低，但是相对的，传播效果也会打上一些折扣。

10.3 软文推广的优势

前文中我们了解了软文的基本定义，以及软文的写法。明白了这些概念，软文推广就简单了，即用文字或图片、视频、音频等形式对自己所要营销的产品进行推广，以达到促进销售、提升企业形象的目的。

软文推广因为其独特性和创意性而优于其他推广方式，那么，软文推广有哪些优点呢？具体来说，其包括以下几个方面。

211 将产品"软"化

一篇精品软文可以让读者在不知不觉中相信并接受推广者的产品，在很短的时间内吸引一批初期的关注者或者潜在客户。

读者看软文，软文中如果有读者所需要的东西，让读者能够最大限度地接受文章包含的部分内容和广告。这就是产品与用户之间的接触，优势在于帮助推广者宣传了产品。相较于其他的宣传手段，其所宣传的产品能够获得用户更多的认可。

这一优势在于能够让读者不知不觉地按照软文推广者设计的思路，一步一步地走到设计好的"软"字里面去，逐渐转化为忠实的客户，以此达到软文营销的目的。

212 注意外链的增加

很多网站平台发表软文的时候，是允许推广者带上网站链接的，这个自然是乐见的好事。这更加利于推广者网站软文作用的发挥，更好地利用软文优点，如图10-8所示。

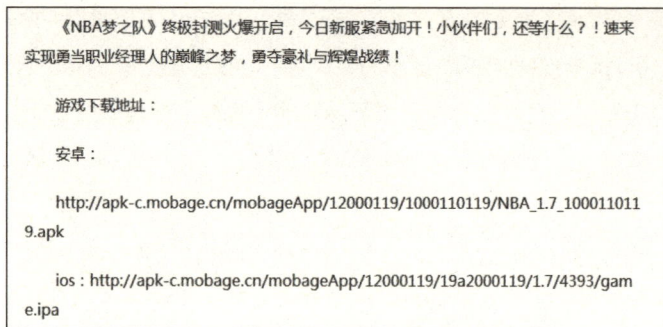

《NBA梦之队》终极封测火爆开启，今日新服紧急加开！小伙伴们，还等什么？！速来实现勇当职业经理人的巅峰之梦，勇夺豪礼与辉煌战绩！

游戏下载地址：

安卓：

http://apk-c.mobage.cn/mobageApp/12000119/1000110119/NBA_1.7_100011011 9.apk

ios：http://apk-c.mobage.cn/mobageApp/12000119/19a2000119/1.7/4393/gam e.ipa

▲ 图 10-8　软文网站外链接

213　提高软文推广效果

　　企业想要提高软文的推广效果，最便捷的方法就是将软文放置在高知名度的平台上，这样能大大地提高软文推广的效果。例如，将软文放置在新浪、腾讯、搜狐等权威媒体平台的显著位置上，既能提高曝光率，又能增加转载率，图 10-9 为一些著名且常用的软文平台。

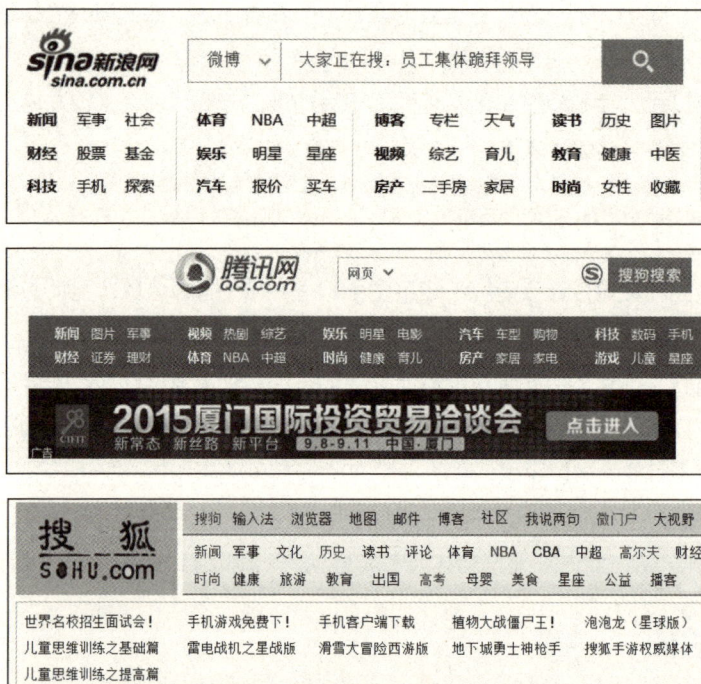

▲ 图 10-9　高知名度软文平台

214　提高搜索引擎权重

众所周知，若网站权重高则会容易被搜索引擎所抓取，容易提高产品或网站的曝光率。软文推广也是一种提高搜索引擎权重的方法。一篇好的文章，定会引起不少读者的关注，为网站带来不少的流量，慢慢地也会增加网站的权重，提升在搜索引擎中的地位。

215　大量软文发布下的扩散

在网络上若是一篇相同内容的软文形成了大量的发布，定能引起软文内容的扩散，产生病毒传播效应。

在网络中软文随处可见，这样大范围的存在，对品牌而言从无形之中就造就了品牌的宣传，使得品牌提升了自我美誉度。

由此可见，软文推广对于企业的发展有重要的作用，图 10-10 为雪碧在人人网等网站发布的一篇日志式软文。

```
女：我委屈。
男：你委屈什么？
女：你不让我喝雪碧！
男：你喝啊！
女：那你帮我续！（那时候麦当劳是免费续杯时间段）
男：……（不作为）
女：你干嘛不帮我续？！
男：我很累啊……
女：你帮我做那么点事情还喊累的啊？！
男：你喝了那么多雪碧有意思吗？
女：我渴啊！你为什么不帮我续！我就是要喝雪碧！
```

▲ 图 10-10　雪碧病毒软文

如图 10-10 所示，这只是那篇软文的一部分，通篇软文大量出现这种类似的对话，虽然没有直接证据表明这篇令人抓狂的文章是专业写手炮制的病毒软文，但是其传播效果确实相当不错。

在当晚通过人人网的日志发布之后，仅一天时间原载地址已经有接近 14 万次的阅读量，再加上其他网站和论坛的转载，阅读数量十分惊人。

而且，几乎每个读者都会有两个冲动：把这文章发给朋友看看，以及买一瓶雪碧尝尝味道。这不正是软文传播的目的所在吗？

216　获得展示机会

高质量的软文在很大程度上获得大型新闻网站首页展示的机会。这类大型新闻网站的访问量比较大，也是很多企业抢占的"制高点"。由此，好的软文很有可能被新闻网站主动抓取并放置在较明显位置。

217 推广覆盖面较广

软文推广相比其他推广模式来说，推广覆盖面比较广，覆盖用户群的数量也比较大，能反复引导用户消费，提高企业的品牌形象，将营销价值最大化。

218 容易获得转载率

软文推广是一种很容易获得读者转载的推广模式，只要软文的质量高，足够吸引人，定能获得高转载率，且对提高其在搜索引擎中关键词的排名也有很大的帮助。

219 降低成本

一般网络推广的成本是非常高的。就拿百度竞价来说，虽广告效果不错，但是广告费用非常高，并且很容易出现广告费用消耗大却没显著效果的现象；而对硬性广告来说，虽能获得较好的流量，但是针对的用户群体不够精准，广告的费用也很高。

然而，进行软文推广比百度竞价、硬性广告的费用低得多，并且软文推广还有一个好处，就是只要是一篇好的软文，读者们会主动免费转载，从而扩大软文的传播范围，甚至可以变成热门话题，引起网友们的积极讨论，产生不错的宣传效果。

220 增添砝码

企业可以通过软文推广，宣传自己的形象和产品，洞察用户的需求。一篇好软文就可以让读者不知不觉对企业和产品产生好的印象，无疑是为提高企业自身品牌美誉度增加砝码。

221 树立形象

在形式多样的营销活动中，企业产品同类竞争是其生存的最大危机。很多企业都提供相同的产品、相同的服务。企业想要在这些同类企业中脱颖而出，必须得让消费者印象深刻，而这个印象就可以由好的软文来营造。为企业树立一个诚信、质量过硬、服务完善的形象，让消费者记住，这比再多的广告效果都要好。

10.4 软文推广的技巧

软文推广要想达到好的效果，要选择合适的媒体，并做好内容策划活动。当然，软文推广并非如此简单。笔者总结了网络上盛行的软文推广技巧，供读者借鉴学习。

222 推广计划要做好

所谓推广计划，是指一篇软文从主题确定、开始撰写，到最终的推广平台选择、效果统计的整体组织、实施以及修正。可以说软文推广计划是软文收到较好效果的基础。

一般来说，软文的推广计划源于企业的广告策略，善于操作软文的企业大多是非常讲求策略的企业，也是精于低成本运营的企业。

以良治电器洗之朗为例，广告计划比新产品上市计划早做了 3 个月，其中主要的就是软文推广计划。由于"洗之朗"是一个新品类的产品，更是一个观念性很强的新兴电器，需要做大量的市场培育和观念引导宣传，因此在 2003 年全年广告计划中，软文广告占了 70% 的比例。

每篇软文不少于 800 字，并按以下顺序依次发布：公关软文在产品上市前完成发布，炒作周期为 1 个月；功能软文在产品上市后发布，上市推广周期为 1 个月，销售目标 50 台。

正是凭借着详尽的推广计划，洗之朗迅速占有市场，而在"非典时期"，洗之朗及时改变推广计划，凭借着"一个被 99% 的人忽视的卫生习惯"一文获得大量关注，销量不减反增。

> 💡 **专家提醒**
>
> 软文推广是广告目标软文化的具体表现，而推广又是品牌目标和销售目标广告化的产物，最终要达到的是建设形象与获取利润的目的。因此，软文推广也应遵循计划、组织、实施、修正的操作规律。

223 标题需要精心雕琢

前文中就已经提到，就整篇软文广告而言，标题就像人的"脸面"一样，十分重要。切忌标题取得不清不楚、不温不火，它要能在第一时间吸引到读者的目光。

例如，"人类可以长生不老？""男人流行画眉毛？""保肝价太高，市民怎么办？""老爸老妈中毒啦"等这些优秀的标题，利用人们的好奇心和求知欲，吸引人们的注意。为什么呢？因为它不仅像新闻标题，甚至比当时的新闻标题更吸引人。具体可以参考以下四点。

- 标题党。网络上那些带有轰动性标题的文章，远远比标题平平的文章更能获得较高的点击率，这也就是经济学家常提到的眼球经济。
- 标题要有新意、有个性。标题有独到之处，才有刺激性和吸引力。因此，广告标题一定要有创意。但是要注意尺度，如果太过了，会让读者反感而无法接受。

- 关注热点和流行。要注意网上流行什么，当前社会上哪些是热点，哪些东西人们比较关注，把文章跟这些热点结合起来。
- 标题要生动、传神。一篇文章要吸引人，标题出彩很重要，要让人产生浓厚的阅读兴趣。

224　正文结构要合理

有了好的软文标题，只能算成功了一半，要让读者更多地吸纳软文信息，软文结构至关重要。一篇优秀的精品软文，结构是它的骨骼，是支撑软文的框架。推广者可以按照"新闻写作"的思路，组织软文的结构。下面以京东商城的推广软文为例进行分析。

京东日前宣布，将与北京、上海、广州等15座城市的上万家便利店进行战略合作，推广零售店O2O模式，促进实体店向互联网转型。

据悉，与京东合作的企业包括快客、好邻居、良友、每日每夜、美宜佳等，覆盖上海、北京、广州、温州、东莞、乌鲁木齐、哈尔滨、西安、呼和浩特、石家庄、南宁、太原、大连等区域，未来还会覆盖我国所有的省会城市和地级市。

上述企业将在信息系统、会员系统、消费信贷体系和服务体系等方面与京东深度整合，而京东则会在网上给这些便利店搭建入口。

京东首席物流规划师侯毅表示，京东O2O平台的移动端将会与PC端同时搭建，借助LBS技术，用户可以找到距离自己所在位置最近的店铺。"京东线上和线下的会员体系将实现共享，会员的订单由京东统一下发给商家，由商家或京东自营配送团队进行配送"。

此外，京东还与零售业主流ERP（ERP是由美国计算机技术咨询和评估集团Gartner Group Inc提出的一种供应链的管理思想）软件服务商SAP（有名的企业管理和协同化电子商务解决方案供应商、全球第三大独立软件供应商）和海鼎等签订了战略合作协议，实现了零售业ERP系统和京东平台的无缝对接，不仅如此，还升级了零售业ERP系统。

整篇软文的结构优势体现在两个方面，一是软文思路清晰，从开篇点题，到规模介绍，再到合作前景环环相扣；另一方面文章排版美观，符合大部分读者的阅读体验，可以提高软文的转载率。

225　学会使用新闻词汇

在进行软文推广之前，撰写者可以使软文多体现出一些新闻的特性，将描述时间、地点、事件方面的词汇运用到软文中，这能增添软文的真实性。例如，时间方面的词汇为"昨日""当时""正当 XX 的时候"等，图 10-11 为顺丰物流的推广软文，文中较多地运用到新闻词汇。

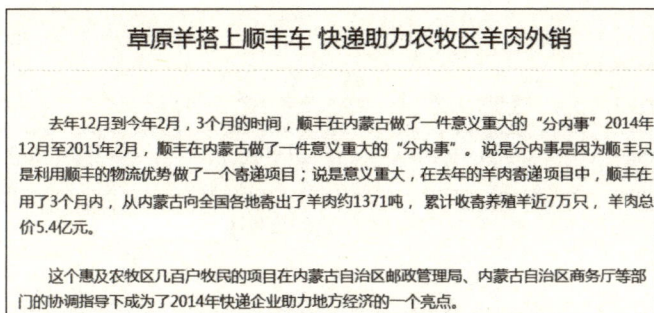

草原羊搭上顺丰车 快递助力农牧区羊肉外销

去年12月到今年2月，3个月的时间，顺丰在内蒙古做了一件意义重大的"分内事"2014年12月至2015年2月，顺丰在内蒙古做了一件意义重大的"分内事"。说是分内事是因为顺丰只是利用顺丰的物流优势做了一个寄递项目；说是意义重大，在去年的羊肉寄递项目中，顺丰在用了3个月内，从内蒙古向全国各地寄出了羊肉约1371吨，累计收寄养殖羊近7万只，羊肉总价5.4亿元。

这个惠及农牧区几百户牧民的项目在内蒙古自治区邮政管理局、内蒙古自治区商务厅等部门的协调指导下成为了2014年快递企业助力地方经济的一个亮点。

▲ 图 10-11　顺丰物流软文

此外，常用的新闻词汇还包括如图 10-12 所示的两种。

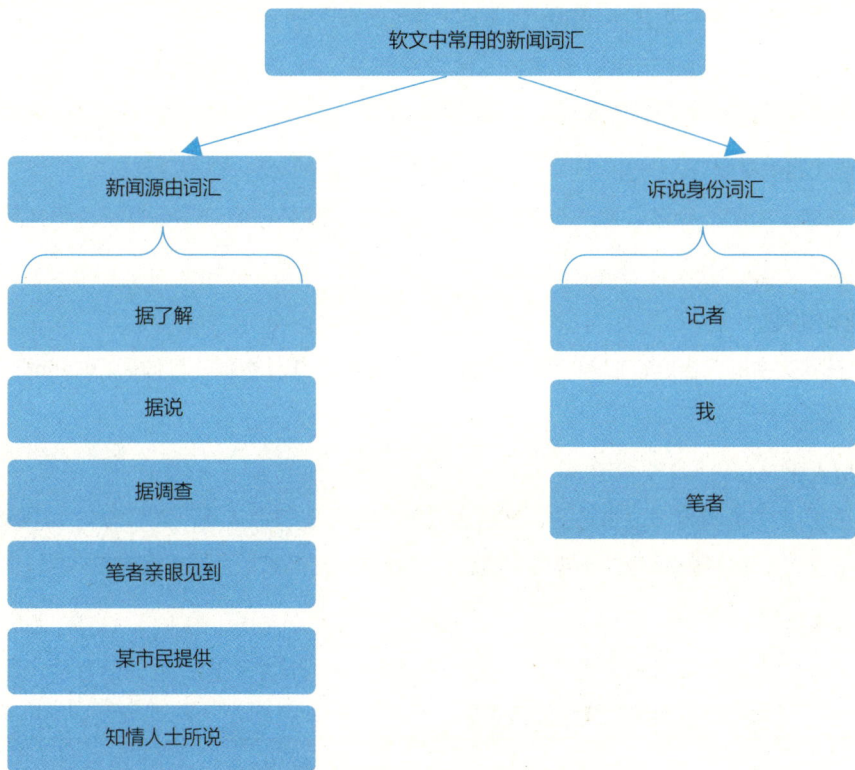

▲ 图 10-12　软文中常见的两种新闻词汇

例如，一篇名为"水乡周庄'中国旅游日'向游客免费开放"的软文中，大量运用"记者""采访中""对记者说"等身份词汇和语句，如图 10-13 所示。

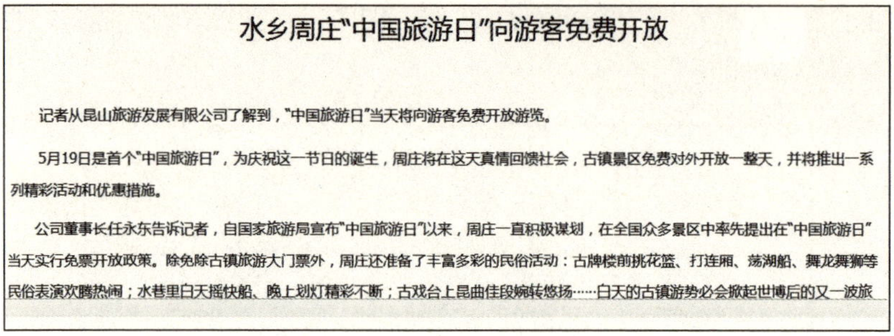

水乡周庄"中国旅游日"向游客免费开放

记者从昆山旅游发展有限公司了解到,"中国旅游日"当天将向游客免费开放游览。

5月19日是首个"中国旅游日",为庆祝这一节日的诞生,周庄将在这天真情回馈社会,古镇景区免费对外开放一整天,并将推出一系列精彩活动和优惠措施。

公司董事长任永东告诉记者,自国家旅游局宣布"中国旅游日"以来,周庄一直积极谋划,在全国众多景区中率先提出在"中国旅游日"当天实行免票开放政策。除免除古镇旅游小门票外,周庄还准备了丰富多彩的民俗活动:古牌楼前挑花篮、打连厢、荡湖船、舞龙舞狮等民俗表演欢腾热闹;水巷里白天摇快船、晚上划灯精彩不断;古戏台上昆曲佳段婉转悠扬……白天的古镇游必会掀起世博后的又一波旅

▲ 图 10-13　软文中的身份词汇

226　把广告毫无痕迹地植入进去

主角李冰冰拿起了一瓶矿泉水,透过镜头,我们可以明显地看到"怡宝"的商标……这是热映电影《变形金刚 4》里边的一个桥段。中国品牌"怡宝"投入数千万元资金,以植入式广告的方式亮相好莱坞电影。

其实,软文植入与电影广告植入是"异曲同工"的,下面笔者就为大家列举几个比较实用的软文植入广告的方式。

1. 植入到例子中

在软文中撰写者可以将产品作为展示"主角",这样读者就不会怀疑这是在打广告了。

2. 突出权威

在软文中的广告之前加入"某专家称""某网站的统计数据"等体现权威的词汇,为软文增添一些公信力。

3. 拟人化

在软文中撰写者可以将企业、产品等方面的名称进行拟人化,如"米粉（小米粉丝）认为",这样既能传达一种企业理念,又能达到提高被百度检索收录的效果。

4. 故事展示

用一个有趣的故事来包装广告,这样能提升读者阅读的兴趣,就算读者发现是广告,也不会太过反感而愿意继续阅读下去。

227　设计排版风格

软文广告的编排设计也是有规可循的,下面就来了解软文广告的排版的设计,如图 10-14 所示。

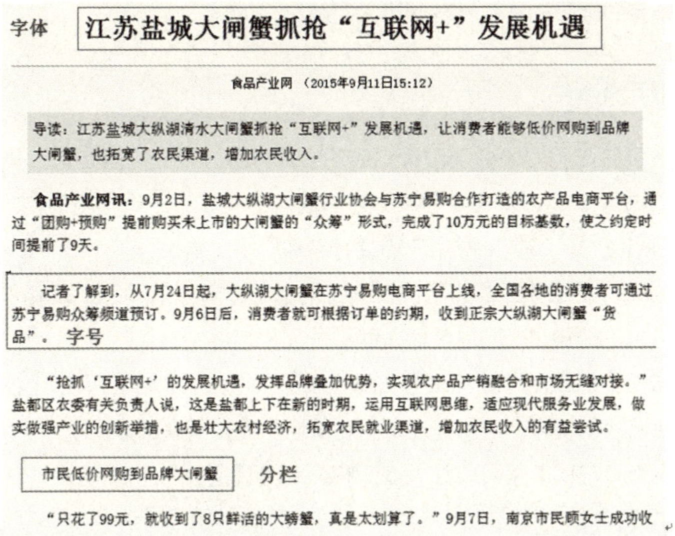

字体 江苏盐城大闸蟹抓抢"互联网+"发展机遇

食品产业网（2015年9月11日15:12）

导读：江苏盐城大纵湖清水大闸蟹抓抢"互联网+"发展机遇，让消费者能够低价网购到品牌大闸蟹，也拓宽了农民渠道，增加农民收入。

食品产业网讯： 9月2日，盐城大纵湖大闸蟹行业协会与苏宁易购合作打造的农产品电商平台，通过"团购+预购"提前购买未上市的大闸蟹的"众筹"形式，完成了10万元的目标基数，使之约定时间提前了9天。

记者了解到，从7月24日起，大纵湖大闸蟹在苏宁易购电商平台上线，全国各地的消费者可通过苏宁易购众筹频道预订。9月6日后，消费者就可根据订单的约期，收到正宗大纵湖大闸蟹"货品"。 字号

"抢抓'互联网+'的发展机遇，发挥品牌叠加优势，实现农产品产销融合和市场无缝对接。"盐都区农委有关负责人说，这是盐都上下在新的时期，运用互联网思维，适应现代服务业发展，做实做强产业的创新举措，也是壮大农村经济，拓宽农民就业渠道，增加农民收入的有益尝试。

市民低价网购到品牌大闸蟹 分栏

"只花了99元，就收到了8只鲜活的大螃蟹，真是太划算了。"9月7日，南京市民顾女士成功收

（1）字体：文章中的字体应一致，全文风格也需一致。

（2）字号：标题字号应该比正文大，最好加粗；导读字体比正文小一号，而正文一般用5号字体。

（3）分栏：在800字以下的软文可分为4栏，每栏约为6厘米宽；多于800字的软文可分为5栏，每栏约为7厘米宽。

▲ 图 10-14 软文排版范例

228 故事推广法

就像故事类型的软文一样，无论是将软文写成故事还是在故事中加入软文，又或者是干脆创造一个故事。总之，有精彩的故事，就不会少了听故事的人。

以海尔为例：海尔是一个会"讲故事"的企业，这既是新闻传播的奥妙，也是海尔成功的窍门。

一个记者写篇报道，里面有很生动的故事，这个报道人们就喜欢看。一个写作爱好者，用海尔的故事来说事或者写篇评论，这在无形中又帮海尔做了宣传，就例如现在笔者就等于为海尔做了宣传一样。

瑞士有很多这样的企业，在进行面试的时候，只会给面试者一堆资料，没有一份是讲企业背景的，资料里都是讲故事，每个品牌都有什么故事，每一个手表家族都有

什么故事，所有的厚厚的宣传材料都讲的是故事。

229 实时话题推广

话题是最容易在用户中引起口碑效应的推广方法。因为只有足够热的话题，用户才会自发地讨论与传播。想获得足够热的话题，比较好的方式有两个，一是围绕、结合社会热点制造话题，二是针对用户的喜好与需求引发争议。

制造话题时，要注意话题的可控性，特别是制造争议话题时，不能引发用户对产品的负面情绪，一定要对产品品牌做正面引导。

例如，微博上热议的"#左耳再见青春#"，很多人都参与了这个话题的讨论、评论、发表自己的见解等，电影《左耳》利用这个话题向大家推出了"∨爱基金会"，既可以推广电影《左耳》又可以让大家知晓"∨爱基金会"。

230 运用经验推广

企业在进行软文推广时，运用经验型的软文，通过免费向读者分享经验、技能，从而引起读者的注意，这是最容易打动用户和影响用户的，推广效果也非常显著，图10-15为某贴吧的经验分享帖子。

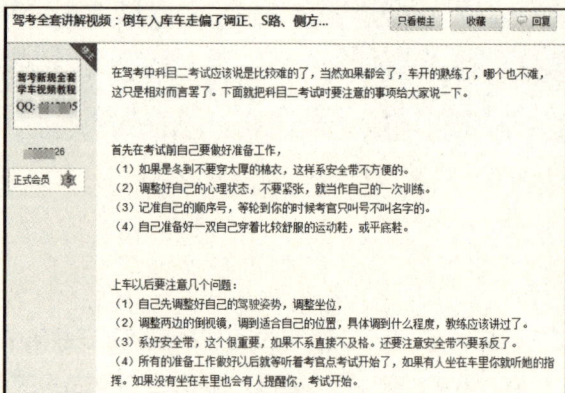

▲ 图 10-15 经验分享帖子

231 相关技术推广

运用技术层面的东西去吸引读者是一种可取的推广方式。不能用伪技术搪塞读者，必须要向读者介绍一些新兴技术，以及这些技术能够帮助用户解决哪些问题。软文在描述这些先进技术的时候，不要太过于笼统和高深，要用一些浅显易懂的语言和生动的例子，让用户非常轻松地明白其大概的原理，从而有所收获。

10.5 软文的痛点式营销

软文必须要有痛点式营销，如果找不到消费者的消费痛点，那么很遗憾，结果就只能够有一个，永远没有办法让消费者冲动起来，那么何谓痛点式营销呢？即让软文围绕消费者的期待感，运用对比的手法营造"鱼和熊掌不可兼得"的状况，让消费者感到"痛"。

232 营销痛点如何实现

企业在软文营销中加入痛点，是一种非常聪明的做法，因为世界万物是相互依靠、相互衬托的，痛点营销的实现也是基于此的。

所谓的痛点，是指消费者在体验产品的过程中，原本的期望没有得到满足，而造成的心理落差，这种不满最终在消费者心智模式中，形成负面情绪从而让消费者感觉到痛。

在软文中，企业需要巧妙地构建出让消费者足够满意和愉悦的痒点和兴奋点，然后再制造出一种痛点，让消费者感觉不购买会后悔或不满等，这样能更好地激发消费者购买企业产品的欲望，也能达成企业营销的目的。

233 如何寻找痛点

想要实现痛点营销，首先需要找到痛点，寻找痛点的方法主要有以下两种。

第一，对自己的产品和服务有充分的了解，还有就是对竞争对手的产品或服务有充分的了解。

第二，是对消费者的需求和消费心理有充分的解读。

对于自己产品或服务和竞争对手的产品或服务的了解，是用来做差异化定位的主要依据，也就是通过细分市场去找痛点。

对消费者的了解是非常重要的，企业只有知道他们的真正需求，然后满足他们，痛点营销才会成功，否则就会失败。痛点是一个长期观察和挖掘的过程，不可能一蹴而就。

234 痛点法则 3 大策略

在现实生活中，西南航空的无餐航班、星巴克排队，这些都是用户体验中遇到痛点的例子。但这些痛点仍然阻挡不了消费者对星巴克、宜家的喜爱，反而因为这些痛点，而让消费者会有了对比，消费者才觉得这样的购物体验是值得的，这同样也是一种痛点营销的手段。下面就来了解痛点营销法则的 3 大策略。

1. 从客户的立场、意愿和期望入手

在市场经营中，要面对经常变化的经营环境时，企业需要进行变通，需要自我革新，需要研究业务流程，需要分析客户消费习惯，从而了解哪些客户会使用自己的产品，为什么使用自己企业的服务，服务和产品中存在哪些缺点，能否为客户解决等方面的问题。

站在客户的立场对照自己的产品与服务，针对竞争对手的优劣势，扬长避短，找到营销的买卖痛点，突显自己产品的品牌优势、技术优势、服务优势，通过宣传、体验、使用，借此为读者制造出一种痛点，更好地激发消费者去购买产品的欲望。等到消费者成功购买之后，会产生满足感，这就是痛点营销最大的成功。

2. 从自己的产品、资源和服务入手

除了在客户的身上下功夫，企业还要在自己的身上下一番功夫。特别是竞争激烈的行业，企业为取得竞争优势，可从产品定位、服务、性价比等方面体现差异化，如产品差异化、品质差异化、服务差异化等，不打价格战，突出竞争优势。

如某位房地产销售人员，在短短一个月内，就卖出去十几套房子，秘密在于迅速集中优势资源，从产品品质及融合方面下功夫，通过产品体验、口碑效应，以"学区房保证孩子的未来"的突出优势打动客户，准确击中客户对孩子学习和未来的痛点，让客户觉得买这里的房子就是买孩子未来的保障。以此为客户带来高性价比、差异化的服务，从而取得了不错的营销效果。

要善于从纵横两个维度寻找客户的痛点：横向对照，就是通过和行业竞争对手的产品或服务对比，给目标客户制造出痛点，突出优势业务；纵向比较，通过与淘汰过时的产品和落后技术的对比，让客户看到现在产品的优越性，突出创新业务。

痛点营销的目标是让消费者感觉买某些产品会得到兴奋或愉悦满足。让消费者以后有相关需求，就会直接选择这类产品，而不会去选择其他竞品。

3. 从与客户互动、交流和服务入手

营业厅、客服热线接待客户，网络论坛、微信平台在线交流，营销经理上门营销、社区经理故障处理，都是与客户交流和互动的过程，也是最接近客户，第一时间了解客户需求、听取意见的过程。

在接触客户过程中，取得客户对产品和服务意见的第一手准确资料，准确地了解客户诉求、存在的问题、真实的想法和服务的不足，能够深刻地洞察客户痛点、获知客户心理、了解客户行为、预测客户需求，为企业第一时间找到差异化的营销服务痛点打下坚实的基础，将这些消费者的痛点转化为更新经营思维的兴奋点，增进服务水

平的聚焦点，完善营销模式的创新点，创造客户价值的转折点，提升企业效益的增长点。痛点营销最重要的就是找准痛点，痛点找到了，一切也都是水到渠成的事情了。

10.6　软文的自赞式营销

什么是"自赞"法则？说得通俗一点就是炒作，说得优美一点就是自己赞美自己、自己捧红自己。在如今这个软文满天飞的社会，"自赞"是必不可少的一环，且"自赞"在如今也是十分常见的现象。

在这样的背景下，大家都会使用自赞法则，也许"自赞"会显得有些"自卖自夸"，但是只要企业把握好度，不与事实有太大的出入，也不失为一种好的软文营销方式。在大家都"自赞"的时候，一旦"你"没有，或许还会被认为是"你"不够好。

235　"自赞"不等于炒作

虽然前面说过 "自赞"法则通俗一点讲就是炒作，那么就会有很多人觉得疑惑，炒作已经是现在网络上司空见惯而又令人厌恶的一种宣传方法，更多时候，炒作还被公众认为是一个贬义词。

所以很多人认为："炒作就是利用捏造、夸大的手段对某人或某事进行报道"或者认为"炒作就是用那种不正当手段进行报道"，这种想法是不正确的。

而且这里所讲的炒作，并不是捏造事实，而是在事实的基础上加工，将事实以不同的方式展现在人们的面前，使原本平淡无奇的文章，通过运用修辞手法、不同的软文结构等方式，打磨成容易引起人们的注意、能被人认同并且广泛传播和讨论的软文。

总体而言，过度的炒作是没有必要的，必要的炒作是必需的，只要作者能稳稳地不跨越道德底线，那么炒作就会变成"自赞"——一种正面宣传自己的方法。

一篇优秀的"自赞"软文能够让企业的知名度迅速提高，能够引来大量的关注，以此起到提高企业人气的目的。那么"自赞"法则到底该如何用呢？

236　突破思维定式

企业需要打破已经形成的思维定式，将人们所熟知的事情进行创造、改造，将人们已经熟知或者已经固定化的概念进行更新。当然，这种更新不能偏离事实，要让人们突然感受到失重感，觉得这是个不可思议的事情，又或者让人们有一种恍然大悟，原来还可以这样的感觉。

例如，现在越来越流行的枕头大战。枕头大战，一种流行全球的缓解工作和生活压力的减压聚会方式。枕头大战组织目前较为流行的是通过网络招集陌生人，每个人带着自己的枕头在固定时间和地点集合。将枕头撕开一个小口互相击打，将枕芯全部散光为止。

当人们第一次知道枕头还可以舒缓人们的压力，而且迅速风靡全球的时候，人们会觉得不可思议，然后就会慢慢地关注枕头大战，关注哪里有这种枕头大战，从而增加对于枕头的关注。

不知道这种枕头大战最初是不是由某家枕头生产商发起的，但无疑这是一种很成功的打破思维定式的销售手段。不管枕头大战是否真的可以缓解压力，但促进了枕头行业的发展却是肯定的。

在写这样的软文的时候，标题就可以这样写："枕头，原来还可以这样玩"，这无疑是给了读者一个疑问："枕头还可以怎么玩？"。届时读者可以发挥自己的想象，带着自己的疑问进行阅读。

这种"自赞"方法要有平中见奇的功夫，善于提炼普通的素材，带给人耳目一新的感觉。

237 打破传统规律

人们的好奇心普遍存在，每个人都会有一定的好奇心。抓住这一点，直击人们最好奇的点，会让软文拥有强大的吸引力。想要做到这种效果，就要学会打破一些传统的规律。

打破规律是为了吸引人们的好奇心理和打破传统规律，使惯性思维方式与人的定式规律相背驰，正所谓古人云"反其道而行之"，从一种新的角度进行自我赞美，而且这种角度还是所有人都无法拒绝的。

软文写作中，撰写者也要对企业或者产品进行挖掘，通过不同的文字组合让企业或者产品给人以不同以往的感觉。

238 借明星之口夸赞

现在几乎绝大多数的广告都是用明星来做宣传，通过明星为产品代言。根据"人的心理需求"学说：当购买者不再把价格、质量作为购买顾虑时，利用明星的知名度来加重产品的附加值，可以借此培养消费者对该产品的感情，从而赢得消费者对产品的追捧，如图 10-16 所示。

▲ 图 10-16　周杰伦为美特斯邦威代言

借用明星之口的夸赞，虽然不是"自赞"，但也是自赞的一种形式，因为明星肯定是企业请来的，很少有明星自发地夸赞某样产品。这样不仅能扩大产品的知名度，还会吸引庞大的粉丝群体，一举多得。

💡 专家提醒

需要注意的是，用明星来"自赞"时，所有的内容一定要真实，不能打着明星的幌子来撰写软文。如果不是和明星有广告合作，那就有招摇撞骗的成分存在，企业很容易吃上官司，使自身品牌信誉受损，这就得不偿失了。

239　用实际行动"自赞"

赞助是社会组织以提供资金、产品、设备、设施和免费服务等形式无偿赞助社会事业或社会活动的一种公关专题活动。赞助活动是一种对社会做出贡献的行为，是一种信誉投资和感情投资，当然，也是一种很有效的通过实际行动"自赞"的手段。

通过赞助活动做广告，增强广告的说服力和影响，这是企业进行赞助最普遍的目的：一方面可以通过赞助活动这一广告宣传的载体，使公众获益，以赢得公众的普遍好感；另一方面可以通过赞助所获得的"冠名权"提高广告的效果。

在语言显得有些苍白无力的时候，就需要用行动来达到自己的目的。当然，企业的赞助是一件大事，一定要利用多篇软文逐步地进行报道，这样才可以体现出企业对于赞助活动的重视。

240　走在前列

软文撰写者需要有一双敏锐的眼睛，多做一些市场调查，捕捉市场新动态，只要是对企业有好处的、有意义的事情，就投身进去，届时就有写软文的素材了，并可以实事求是地夸赞自己，何乐而不为呢？

241 用爆炸点引发讨论

在媒体信息泛滥的年代，如何使软文在各种各样的信息中脱颖而出呢？这时候就需要制造一定的噱头，用语出惊人的方式吸引大众的眼球。而对于企业的软文来说，标题和内容最好有爆炸性。

用具有颠覆性、轰炸性的内容让受众主动地去接受，并且进行传播和讨论。要注意的是这个爆炸点必须是积极正面的，不能是某种负面信息，不然很容易因为处理不当而玩火自焚。

例如，一篇名为"'互联网泡沫'启示录：由一份死亡清单说起"的软文，将"启示录""死亡清单"这样的词汇组合在一起，会让读者感到非常的惊奇，从而产生一系列的问题"互联网怎么了？""启示录是什么？""为什么会有死亡清单？"等，如图 10-17 所示。

"互联网泡沫"启示录：由一份死亡清单说起

它们曾经璀璨耀眼，是纳斯达克冉冉升起的新星，为何在划破黑寂的夜空后一闪而逝，令人唏嘘？在叹息之余，我们可以从它们的死亡记录中，发现并总结经验教训，以更好地识别机会并辨别风险。这就是本"互联网泡沫"启示录的由来。

▲ 图 10-17 爆炸点引发讨论

242 与消费者进行互动

互动可以拉近和消费者的距离，企业与目标人群通过互动的方式来实现销售的目的。在互动的过程中，消费者会对企业有更深入的了解。如果互动环节做得够好，企业可以迅速贴近消费者，从而了解消费者心理，增加消费者对企业品牌的好感度。

一般互动软文可以从活动、有奖征稿、免费获得会员卡等方面着手，利用奖励等方式与受众进行互动，调动大家的参与热情。

例如，一篇题为《航企如何提升在线和机上互动的用户体验？》的软文，虽然是一篇说明性的软文，不过还是证明了和消费者互动的重要性，如图 10-18 所示。

航企如何提升在线和机上互动的用户体验？

据Tnooz网站报道，对于航空公司来说，乘客搭乘航班时通常要在飞机上坐上 1～12个小时（可能更长），航空公司在这段时间里可以说处于极其有利的位置，因为无论航空公司说些什么，乘客都得听着。

即便是一名旅客在酒店住两周，航空公司显然与酒店也存在着极大的不同，这体现在，客户是以一种完全独特的方式"体验"产品的，并且客户在如何打发时间方面拥有的选择也很少。

▲ 图 10-18　与消费者进行互动

243　制造具有争议的话题

企业可以针对自身产品、质量、企业行为等，策划容易引起争议的事件或观点，引发社会讨论，吸引公众注目，然后再想办法将争议事件变成美化企业的事件。这种手法在娱乐圈是很常见的。

在软文营销中，这也是一种引导读者进行讨论并且进行夸赞的手法。制造争议性的话题，首先话题绝对不能对企业不利，争议的议论点最好是和企业没有直接性的关系，而且在争议中，企业要始终站在正面。

💡 专家提醒

"自赞"法则随时都能应用在软文营销的操作中，只要以事实为依据，不违背伦理道德，就能有效地将企业的信誉度、知名度往高处捧，而且自赞的时候一定要注意一个度，不能太过。

当然，在使用"自赞"法则的时候，也需要遵循一定的原则。

- 站在整体营销的角度系统而全面地考虑问题，而不是只关注"事件营销"本身。
- 站在整个品牌战略和品牌管理的角度一致地考虑问题，而不能只追求暂时的轰动。
- 站在顾客满意的角度考虑问题，而不是一时的"哗众取宠"甚至"诱骗顾客"。
- 站在整个财务的角度考虑问题，而不是没经过计算认为所有的方法都是低成本和高效益的。

10.7　软文的头脑风暴式营销

无论是软文写作还是软文营销，都不是一件简单的事，都需要做好充足的准备，正所谓"磨刀不误砍柴工"，只有妥善的准备才会让软文写作和软文营销发挥出最大的价值。前期准备时，思维的准备同样很重要，这时候就需要头脑风暴了。

244 头脑风暴的流程

所谓的头脑风暴，是指在会议讨论的过程中，进行思想碰撞，找出新的想法，如图 10-19 所示。

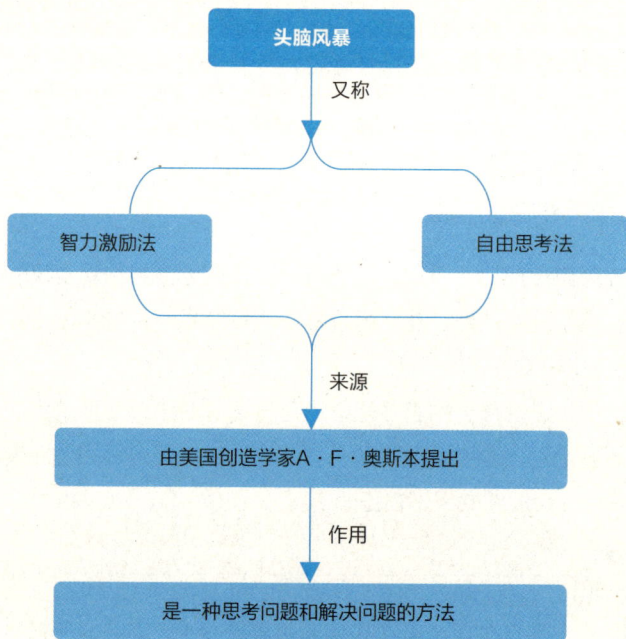

```
            ┌──────────────┐
            │   头脑风暴    │
            └──────┬───────┘
                   │ 又称
      ┌────────────┴────────────┐
┌──────────┐              ┌──────────┐
│ 智力激励法 │              │ 自由思考法 │
└──────────┘              └──────────┘
      └────────────┬────────────┘
                   │ 来源
   ┌───────────────┴───────────────┐
   │ 由美国创造学家A·F·奥斯本提出      │
   └───────────────┬───────────────┘
                   │ 作用
   ┌───────────────┴───────────────┐
   │ 是一种思考问题和解决问题的方法     │
   └───────────────────────────────┘
```

▲ 图 10-19　头脑风暴

下面就来进一步了解头脑风暴的流程。

1. 明确议题

在进行头脑风暴之前，就需要将讨论的主题确定好，不然很容易偏离了头脑风暴的最终目的。

2. 做好准备

在会议正式召开之前，需要做好准备，促使会议效果更加好。例如，向参与会议的人员提供之前关于议题的资料，提供一些背景材料，让参与人员更加了解议题。

3. 确定人选

参与头脑风暴的人员不要太多，不然容易出现会议混乱的情况；也不要太少，不然难以扩展和激发彼此的思维。会议人员根据议题的难度来决定多少人参加。下面就来了解常见参加会议人数，如图 10-20 所示。

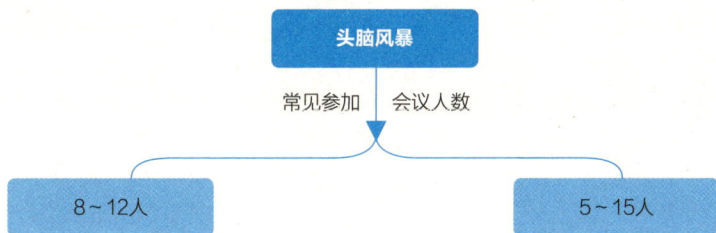

▲ 图 10-20　头脑风暴的参与人数

4. 明确分工

一般头脑风暴的会议将参与人员分为 3 个部分，如图 10-21 所示。

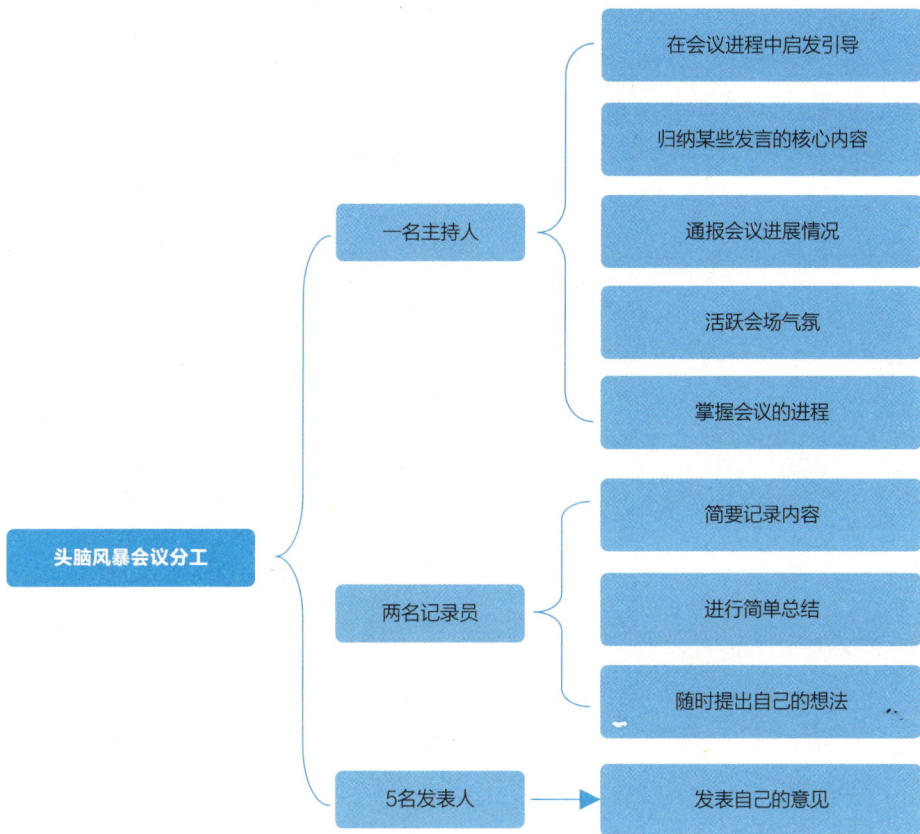

▲ 图 10-21　头脑风暴会议分工

5. 遵守规矩

正所谓无规矩不成方圆，而规矩既然制定了，就需要人们去遵守，不然将无任何意义。在头脑风暴会议过程中，要求：积极参与、不要私下讨论、认真听取别人的见解、切忌相互褒贬等。

6. 把握时间

会议时间一定要控制好，不要太长，不然很容易产生疲劳感，会影响会议效果。时间太短则不能激发参与人员的思维，会议效果依然会受到影响，由此最好是在 30 ～ 45 分钟之间。

245　头脑风暴的成功要点

下面就来了解头脑风暴的成功要点。

1. 自由畅谈

头脑风暴会议若想成功，就必须营造出言语无限制的气氛，让参与者可以大胆地发表自己的建议，这样才能激发参与人员的思维，才能获得更多新想法。

2. 延迟评判

在会议过程中，参与者不要当场做出评判，指定谁对谁错，这个评判工作需要在会议结束以后再进行，这样做的好处可分为两点，如图 10-22 所示。

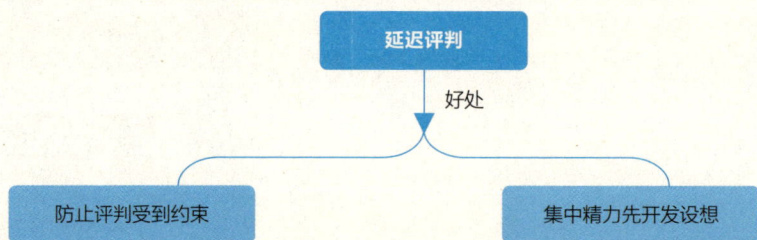

▲ 图 10-22　延迟评判的好处

3. 禁止批评

在头脑风暴会议过程中，禁止出现批评别人设想的情况，否则很容易破坏会议气氛，也很伤参与人的自尊，以致难以调动会议参与者的积极性。

4. 追求数量

对于头脑风暴来说，是追求想法数量的，数量越多越有利，毕竟不同的想法能大大地拓展思路，使头脑风暴效果显著。

246　头脑风暴的结果处理

头脑风暴结束之后，肯定会产生很多的设想和观点，至此任务只能算是完成了一半。更重要的是对已获得的设想进行整理分析，以便选出有价值的创造性设想来加以策划实施。

在进行头脑风暴会议之后会议记录员就需要将会议内容进行整理，然后进行两种方法的处理，从而获取解决方法，如图 10-23 所示。

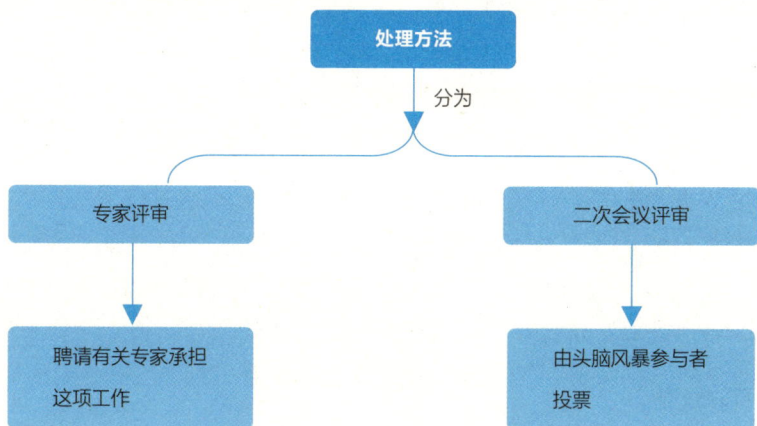

▲ 图 10-23　对头脑风暴结果的处理方法

247　头脑风暴的思维训练

头脑风暴的特点是让参会者开拓思维，让各种各样的想法在相互碰撞中激起火花。其可分为直接头脑风暴法和质疑头脑风暴法，前者是在专家群体决策基础上尽可能地激发创造性，产生尽可能多的设想的方法。

后者则是对前者提出的设想，逐一地进行质疑，在质疑的过程中发现现实可行的方法。在这个过程中，需要注意头脑风暴要掌握的 6 种思维训练方法，如图 10-24 所示。

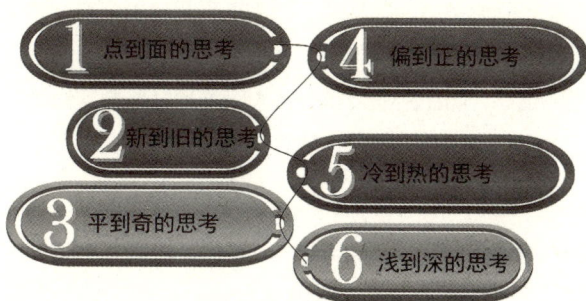

▲ 图 10-24　头脑风暴 6 种思维训练方法

1. 点到面的思考

在软文撰写之前，一般软文撰写者手头拥有的资料是某个产品。如果仅仅就事论事，最多只能写十篇以内的文章，然后江郎才尽。软文撰写者不能只围绕产品这一个点，应该从这一点上向外延伸。

头脑风暴亦是如此，要尽量将思维拓展，将议题中的一个点，想办法扩展到一个或者几个面。但是要注意的是，无论是软文撰写还是思维扩展，都不能偏题，由点拓展到面，必须和这个点息息相关、紧密联系。

2. 新到旧的思考

人们总是喜欢新东西，所以他们对于新东西的关心，总是多于旧东西。所以，软文撰写者需要将产品和前沿技术关联起来，以此为基础进行的头脑风暴的结果将会非常吸引人，会拥有强人的生命力。老生常谈的东西，很少有人会真正去关注，毕竟怀旧的手段不能经常用。

3. 平到奇的思考

软文的"平"指的是文章的平平常常，观点和立意没有什么关注价值。所谓的"奇"就是指有争议性。在进行头脑风暴的时候，主持人也要有意识地进行思维引导，尽量把一些原本平淡无奇的议题转化为具有争议性的话题。

想办法给某件产品或者某个企业增加一些能够被谈论的点，这些点的诞生，就是头脑风暴时需要思考的方向之一。

4. 偏到正的思考

在头脑风暴时引入当前的正面话题，而正面的话题包括官方话题、社会流行话题或者是娱乐性话题等。

- 如果议题是撰写房地产的软文，那就要将最新的房地产行业的相关政策和规定融合进去。
- 如果议题是撰写一篇旅游产品的软文，就需要提及旅游文明。
- 如果议题是撰写一篇关于加盟的软文，就得需要引导创业者，敢于追求创业梦。

以上就是正面的话题，而正面的文章是各大新闻网站所喜欢的，它们会大量转载，软文的宣传范围也会进一步扩大，同时也能给企业树立正面且积极的形象。

5. 冷到热的思考

如今还有一些行业属于冷门行业，即不被大众所熟悉、所看好的行业。这类行业的推广和营销工作运营起来有点难度，但无须苦恼。企业可以运用头脑风暴的方法，在会议中让与会人员各抒己见，将自己的想法说出来，挖出冷门行业的特点、需要注意的地方，再将之汇总，想出比较好的推广或营销的方法。

这个时候就需要找到行业的热门话题，列举如下。

- 如果是食品检测仪器产品，就可以谈及食品安全。
- 如果是重工业产品，就可以谈及成本上涨等。

6. 浅到深的思考

有一些行业，因为自身的服务内容或产品就很简单，能够写的话题不多。例如，一家搬运公司需要做软文营销，就只围绕"一家搬东西的"来诠释，这看似没有什么可说的；但是，如果软文撰写者不断地挖掘，同样能够找到深邃的话题。搬家公司可以谈及智能搬家、搬家行业自律的缺乏等。这就需要软文撰写者在写作之前，进行思维和观点的深入挖掘。

头脑风暴时，就需要让思维渗透进议题当中，而不仅仅只是浮于表面，要去挖掘现象后面的本质。

10.8 软文的"一句话"与"二八法则"营销

企业在进行软文营销时，还可以运用"一句话"与"二八法则"，来为营销法则增添成效性。

248 "一句话"营销

在不少人心目中，软文营销就应该是长篇大论，抑或是精简的小片段，而不是那些一句话、几个字的，与图片搭配在一起的广告语或者宣传语。其实这是一种错误的思维。这种一句话的文案或宣传语，仍旧是软文营销的一种，而且这些简短为一句话的软文营销，也是让消费者牢记在心的一种方式之一。

因为软文是品牌呈现的一个载体，一个核心的载体，它在营销中起到非常关键的作用。事实上，无论什么类型的软文，包括媒体软文、网络广告等，最重要的是必须符合品牌或企业的定位。

在定位的基础上进行创作、提炼，形成一句有效的传播口号，这就是"一句话"法则。

"怕上火，喝王老吉"这样短短的一句话，把它所要表达的"王老吉是预防上火的饮料"的理念说了出来。这就符合王老吉的品牌定位。在之前，王老吉的一句话软文是"健康家庭，永远相伴"，这同样也是王老吉的广告语。这种过于泛化的一句话软文是没有效果的，这与其原来的定位过于泛化有关。

在这方面，宝洁公司的几个洗发水品牌也做得非常好。比如海飞丝的一句话软文"头屑去无踪，秀发更出众""去头屑，让你靠得更近"就将其拥有的很好的去头屑的效果明确地传达了出来。

其次，一句话软文必须有冲击力、感染力。

优秀的一句话法则的软文是有销售力的。在市场竞争中能够有效地和竞争产品区分开来，从而脱颖而出。比如，TCL美之声无绳电话的广告语"方便谁都做得到，声音清晰更重要"从音质非常有效地打击了竞争对手。

当时，其竞争对手步步高等无绳电话所追求的是"方便"，主题还是"方便千万家"，因为它们把传统的固定电话机当作自己产品的竞争对手。而TCL美之声无绳电话的出场，是以"清晰"作为卖点的，一句"方便谁都做得到，声音清晰更重要"让TCL美之声无绳电话在众多产品中脱颖而出，从而开辟了广阔的市场。

249 "二八法则"营销

"二八法则"是存在时间最久的传统营销法则，也被称作"帕累托法则"。在20世纪，维尔弗雷多·帕累托注意到20%的意大利人口占有80%的土地，紧接着他就发现其他的国家也存在这个情况。

其实在商界，"二八法则"也是无处不在。在许多拥有稳定客户的企业中，会发现20%的客户创造了80%的销售额或利润。同样，20%的商品带来了80%的销售额。

网络营销也是如此。在社交媒体中，你发了一条微博，只有20%的好友看了，而80%的回复是来自于那20%的好友。不仅如此，邮件打开率的标准大概在25%！这意味着80%的邮件只有20%的人打开看了，这同样也适用于点击率。

运用这个法则可以理解和明白"少数决定多数"。所以企业就要注意培养客户，努力从80%的群体里发掘属于20%的客户。运用这个法则不断地提高网站推广的点击率、网络营销效率和产品销量。

如果试着打破这个"二八法则"，即使最后失败了，也能很大程度地提高企业的销售业绩。

第 11 章

软文的微信营销

学前提示

微信营销的基础是强大的关系网络，但如果不顾用户的感受，强行推送各种不吸引人的广告信息，会引来用户的反感。

凡事理性而为，善用微信这一时下最流行的社交工具，让商家与客户回归到最真诚的人际沟通状态，才是微信营销真正的王道。

软文的微信营销

- 了解微信营销
- 微信营销的优势
- 微信营销的策略
- 微信营销的实用技巧

11.1　了解微信营销

微信营销是网络经济时代企业或个人营销模式的一种，伴随着微信的兴起而出现，在微信公众平台推出之后更是达到了巅峰。

微信不存在距离的限制，用户注册微信后，可与周围同样注册的"朋友"形成一种联系，订阅自己所需的信息。商家则可以通过这种方式，发布商品或者企业的信息，将产品推广出去，从而实现点对点的营销。

下面就来了解微信营销，如图 11-1 所示。

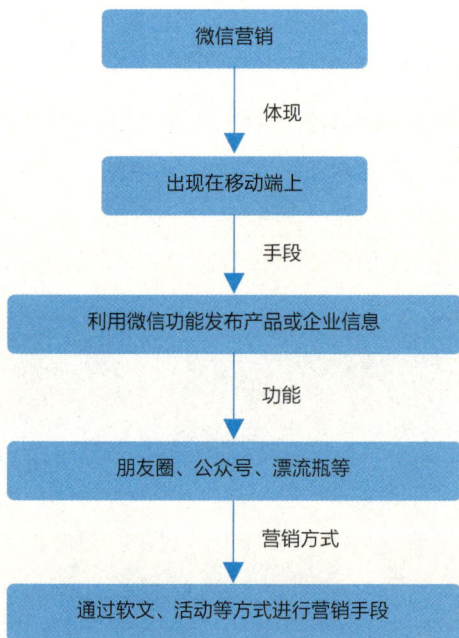

▲　图 11-1　微信营销

由于微信的用户人数非常多，很多企业都很重视这一渠道，几乎每家企业都有自己的微信公众平台。

11.2　微信营销的优势

微信的传播速度是相当快的，而且大多数都是有效传播，这都要得益于微信营销所具有的其他方式无法比拟的优势。

250　高传播率

微信传播效率非常高，只要用户关注了企业的微信公众号，其就能快速、准确地推送信息到用户的手机上，达到 100% 的高到达率。若软文写得好，还能随之被转载，大大地加大了传播效应。

251 方式多元化

微信营销的方式非常多，微信的很多功能都能为营销提供平台，如图 11-2 所示。

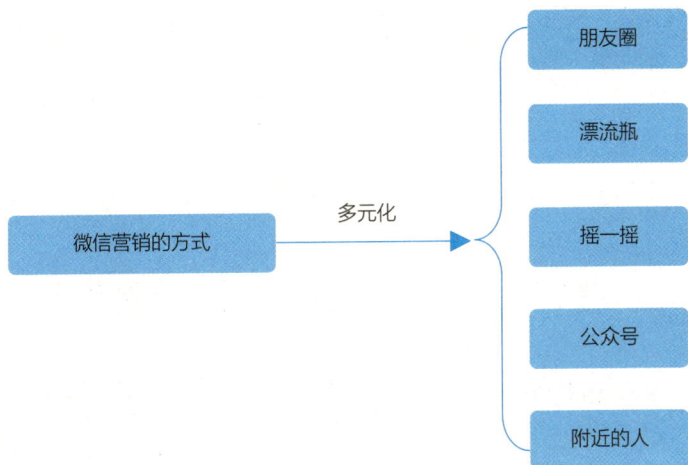

▲ 图 11-2 微信营销的方式

252 高关注率

微信如今已有上亿用户群体，已经成为人们联系、交友不可缺少的工具，其广泛与普及的特点，为微信营销带来了便利。并且企业的微信公众号是用户主动关注的，企业只管推送，感兴趣的用户自然会自动点击查看，由此微信营销能给企业带来比较高的关注率。

253 高准确率

正因为微信公众号是用户自己选择关注的，那么关注企业的用户绝大多数是企业的精准用户人群，且推送的软文定然很容易被微信用户点击查看。

11.3 微信营销的策略

微信一对一的交流方式具有良好的互动性，精准推送信息的同时更能形成一种朋友关系。基于微信的种种优势，借助微信平台开展客户服务营销也成为继微博之后的又一新兴营销渠道。

254 用领袖的力量来引导

所谓的领袖力量，是指一个在用户心中威望较高，在大众心里有一定影响力的人，并且他知识丰富，思想主见性强，能比常人快一步获取到信息，性格开朗，善于社交和分享自己的经验及知识，能获取用户的注意力，从而潜移默化地改变人们的消费观念，影响人们的消费行为。

若领袖在微信中发布了软文，定然会吸引那些欣赏领袖的微信用户的关注，并刺激用户需求，激发用户购买欲望，促进销售。

255 借助病毒营销策略

微信的 3 大特点决定了其特别适合病毒营销策略的运用，如图 11-3 所示。

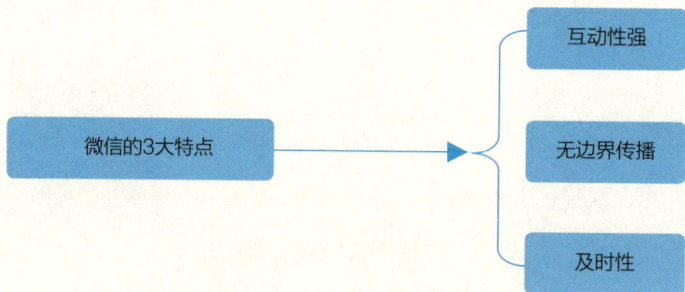

互动性强

微信的3大特点

无边界传播

及时性

▲ 图 11-3 微信的 3 大特点

企业可以在微信中，以病毒式营销的方式进行软文的传播。例如，在朋友圈中发布软文，并留言说邀请 10 个朋友转发即可获得奖品，这样的一个活动可鼓励用户进行主动传播。

256 动、静形象策略

所谓的动、静形象策略就是用生动、形象的视频或图片与文字进行配合，发布到微信朋友圈中，这样比较容易引起微信好友的注意。

11.4 微信营销的实用技巧

微信营销是目前最流行的营销方式，它包含许多的营销实用技巧，如朋友圈营销技巧、微信营销软件写作方法、微信公众平台营销技巧等，熟练掌握这些技巧可以帮助推广者对顾客进行精准营销。下面就来了解微信营销的相关实用技巧等内容。

257 微信营销的 3 个特点

微信营销的特点还是非常明显的，也正是因为这些特点，才让微信营销有了发展的潜力。那么微信营销都有哪些特点呢？

1. 点对点精准营销

微信拥有庞大的用户群，借助移动终端、天然的社交和位置定位等优势，每个信息都是可以推送的，能够让每个个体都有机会接收到这个信息，继而帮助商家实现点对点精准化营销。

2. 功能多且实用

漂流瓶：用户可以发布语音或者文字然后投入"大海"中，如果有其他用户"捞"到则可以展开对话。很多企业都经常使用这种方法，虽然效果不是特别好，但好在不需要什么费用。

位置签名：商家可以利用"用户签名档"这个免费的广告位为自己做宣传，搜索到的用户通过签名档就可以看到商家的信息。例如，饿的神、K5 便利店等就采用了微信签名档的营销方式。

二维码：用户可以通过扫描识别二维码身份来添加朋友、关注企业账号。不仅如此，企业的品牌也可以设置二维码，利用优惠或者折扣来吸引关注，从而开拓 O2O 的营销模式。

开放平台：通过微信开放平台，应用开发者可以接入第三方应用，还可以将应用的 LOGO 放入微信附件栏，使用户可以方便地在会话中调用第三方应用进行内容选择与分享。

公众平台：在微信公众平台上，每个人都可以用一个 QQ 号码，打造自己的微信公众账号，并在微信平台上实现和特定群体进行文字、图片、语音的全方位沟通和互动。微信公众平台在出现之后，凭借其强大的推广功能，已经迅速获得各大企业和商家的青睐。

3. 迅速和客户"交朋友"

微信的点对点产品形态注定了其能够通过互动的形式将普通关系发展成强关系，从而产生更大的价值。通过互动的形式与用户建立联系，可以为其解答疑惑，可以讲故事甚至可以"卖萌"，用所有的形式让企业与消费者成为朋友。客户对于陌生人很难相信，但是一定会相信"朋友"。

258 朋友圈营销的 4 个技巧

微信朋友圈指的是腾讯微信上的一个社交功能，于微信 4.0 版本在 2012 年 4 月 19 日更新时上线，用户可以通过朋友圈发表文字和图片，同时可通过其他软件进行信息分享。

一提起微信朋友圈，很多人第一个反应就是"评论"或者"赞"，当然，用户只能看到相同好友的"评论"或者"赞"。但是微信朋友圈的发布也有着一些技巧，运用得好，朋友圈也会带来巨大的商机。

1. 标题关键字的打造和组成

微信营销的高手会结合百度风云榜或者微博热门榜来写标题吸引粉丝。对于微信营销的新手而言，在撰写微信朋友圈软文时，最简单有效的方法就是在标题中加入关键字，在选择关键字的时候，可结合时下的热点和用户的需求，字数控制在 8 ~ 15 字内最佳。

2. 内容结合流行话题

有了好的软文标题，朋友圈软文只能算成功了一半，要让读者更多地吸纳朋友圈软文里传播的信息，软文的话题至关重要。

在朋友圈软文的写作过程中，要善于结合流行话题，来增强正文的可读性。所谓结合流行话题，就是一定要从时下热点话题着手，然后结合自己要推广的品牌或者网站，这样才能够保证自己的微商软文获得更多人的关注，也可以让朋友在了解这些热点事件的过程中，有了继续看下去的欲望。

3. 巧妙融合广告

朋友圈软文要巧妙融合广告，即把需要宣传的产品、服务或品牌等信息完美地嵌入微商软文的内容中，讲究"温柔陷阱"，做到"绵里藏针"。

但是，也不需要藏得太深，因为如果藏得神不知鬼不觉的，会令朋友圈软文失去广告的意义。所以在撰写朋友圈软文的时候，只要植入的广告不影响阅读效果，看起来不是特别的虚假，大多数用户还是能够宽容对待的。

4. 软文具备分享功能

在如今这样一个信息共享的社会，搜索引擎的出现和发展让信息共享得到了更大的发展。一篇好的朋友圈软文需要有极高的可分享性，而这些分享能够和大家产生共鸣，形成思想上的互动，而不是仅仅让用户看到企业的广告信息。软文与读者的需求相契合，在思想上有共鸣，他们才会去宣传，从而让朋友圈软文实现营销价值。

提高朋友圈软文的分享性，可以从以下几个方面着手。

（1）分享专业知识，解决客户困惑。多多益善的互动，是不能少了答疑解惑的过程的，没有人会接触一个连卖家自己都不愿意去了解的产品。所以对于用户不能解决的问题，企业给予帮助，分享企业在产品使用、保养等方面的专业知识。当然，对于那些能帮助企业解决问题的朋友，一定要给一些回馈，或者是红包，或者是有价值的资料等。

（2）分享产品的新闻和客户见证。归根结底，做微商的目的还是要卖出你的产品。对于自己的产品优势当然不能自卖自夸，你必须拿出些实际的东西。朋友圈中晒一晒自己的发货情况、订单量、产品动态；产品发给客户，待其使用之后，让他帮忙分享一下使用感受，或者要一些反馈图。这样的分享不仅会刺激你的潜在客户，更是展示产品的好机会。

（3）分享产品的实用价值。微信营销讲究的是精。针对企业的目标客户群，一定要把企业产品的实用价值分享给读者，也就是抓住客户们的共同所需点。产品的实用价值往往会超出客户的预期，这些实用价值即使不能带来客户，也可以为后面的销售活动或者转化潜在的客户奠定基础。

（4）分享企业的博客日志。在微信朋友圈中，企业若能适当地发布一些自己用心写的博客日记，且是一些有意义的日记，如能让人们学习某方面知识的内容等，这些内容对于朋友圈中的朋友来说，是具有阅读价值的；若内容足够吸引人，则能增加朋友与企业之间的关系，增强微信朋友对企业的信任感。

对于企业软文来说，一旦与微信朋友构建了巩固的信任感，那么推广产品绝对是不成问题的。

（5）分享社会热点和乐趣。利用人们对新鲜事物的关注度和好奇心，企业公众号可发布一些时下热门的话题和企业的新鲜事，吸引用户的点击，增加用户的关注度，培养用户黏性。

（6）创造话题与朋友互动讨论。在企业的朋友圈中发表一些互动性比较强的话题，让周围的朋友都参与讨论进来，创造的话题最好是比较新奇的那一种，这样可以调动大家的积极性。创造的话题要抓住热点，制造热点，强势宣传。基于价值，值得注意的是，要重视所有有参与讨论的人，他们都是平日里对企业非常关注的，所以就可以将其设为"星标好友"。

259 微信营销软文的 6 个方法

微信软文对于微信营销来说是一种有效的方式，微信软文是根据企业产品的功效、特色等方面的内容进行深度分析，进一步引导读者进行产品的购买。

优秀的微信营销软文，会最大限度提升企业形象和产品口碑，使企业的关注度提升。由此可以看出，现阶段在企业营销中，微信营销软文占据着举足轻重的地位。那么一篇好的微信营销软文是如何诞生的呢？

下面就来了解撰写微信营销软文的 6 个方法。

1. 思维扩展法

软文撰写者在进行微信软文撰写时，一个好的方式是围绕核心产品从 3 个方面入手，进行思维的扩展，如图 11-4 所示。

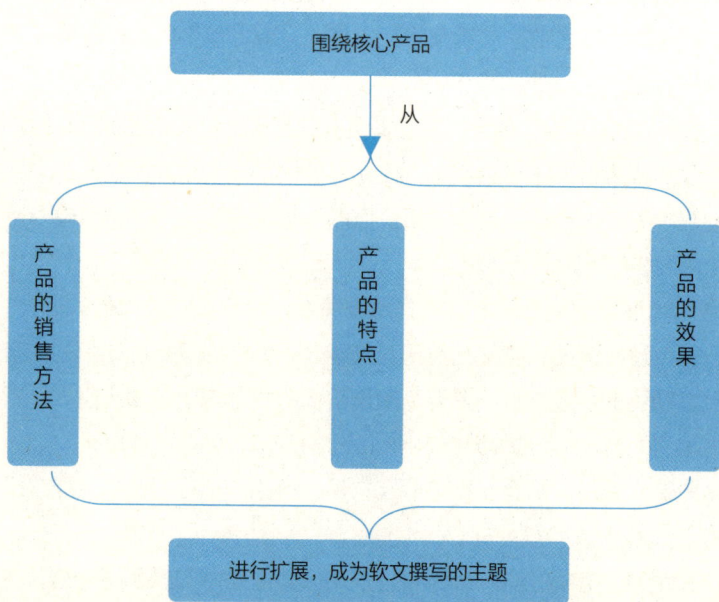

▲ 图 11-4　围绕核心产品进行思维拓展

2. 要点击破法

在微信营销软文中，要点击破法主要是指围绕产品的一个个卖点，并根据卖点的大小逐个进行阐述，让软文依靠产品卖点而变得精彩。

那么该如何在微信营销软文中运用要点击破法呢？在微信营销软文中，软文撰写者可以运用将故事、访谈等方法，作为全文的脉络，在脉络中运用较为轻松的语言将产品卖点逐个体现出来，最好以图文并茂的方式体现出来，这样更具有感染力。

例如，乡土乡亲就将要点击破法与访谈结合在了一起，在自己的微信公众号上发布了一篇名为"用户者 是她一手揭开了茶行业的黑幕"的软文，全文以一问一答的形式连接全文的脉络，并将产品"食物安全"的卖点凸显的淋漓尽致，如图 11-5 所示。

Q: 从哪个时刻起，你开始关心"粮食与蔬菜"？

▶ 我读研究生的时候，在国际环境法课上写了一篇转基因专题的论文。我从那时开始对食品议题产生兴趣，2011年4月，我加入绿色和平，做食品安全与农业这个项目。我们主要做的，是披露工业化农业或者化学密集型农业给环境和健康带来的影响。

因为了解化学和工业化农业的种种问题，所以已经几乎所有食材的选择都尽量选择来源透明，种植过程生态的。从大宗的米面油，到每周都会参与团购的CSA农场的蔬菜、水果，以及还会自己种香草。

挑选食材时，虽然有些外观的规律，但都不是100%的靠谱，还是要了解来源，所以我的选择都是从靠谱生产者处直接购买，比如北京的有机农夫市集，周边的CSA农场，讲究透明溯源的乡土乡亲……

会员中心　限时福利　普洱茶仓

Q: 谈一谈你和乡土乡亲的故事吧。

▶ 2012年，我和同事写了份中国的茶叶农残报告。（编者注：2012年，绿色和平发布《茶——2012年茶叶农药调查报告》。）报告结果让我震惊，原来茶叶的问题比食物的问题还要严重。

大概是2013年，有同事拿了乡土乡亲的产品给我看，还有附带的SGS检测报告。这是我第一次知道你们。我后来在各种平台上也会看到乡土乡亲的声音或者故事。SGS检测报告、它的故事都是很打动我的。它恰恰是针对那份报告里让我感到震惊的问题，在做出积极的影响和改变。

后来，我在微博上给赵翼发了私信。我们就在线上认识了。2014年年底，我还去参加了你们在政协礼堂举办的演唱会。

会员中心　限时福利　普洱茶仓

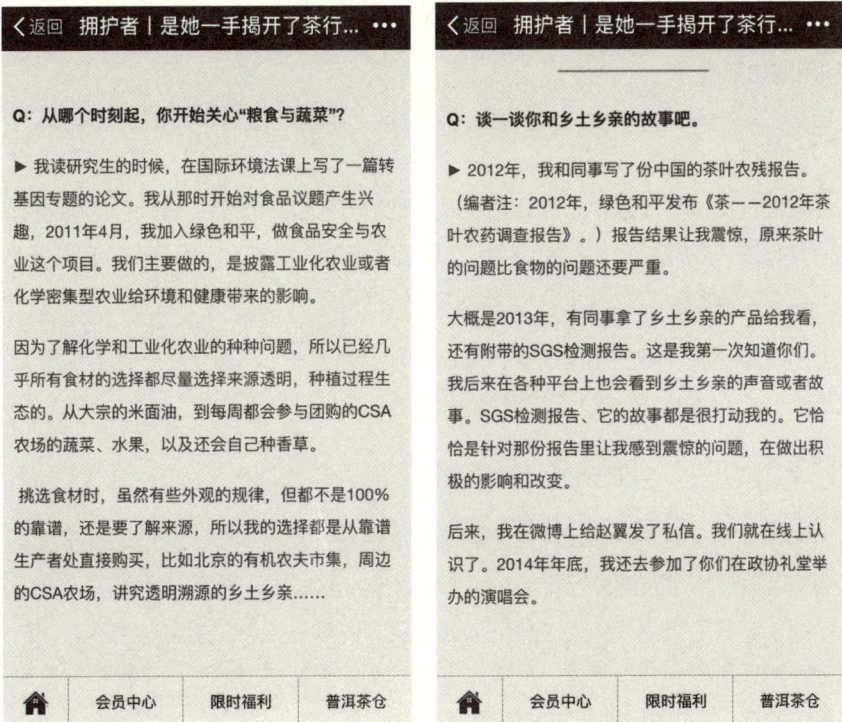

▲ 图 11-5　微信营销软文中的要点击破法

3. 倒三角法则

由于现阶段大多数的微信营销软文篇幅都较长，对于阅读者而言，其吸引力有限，而倒三角撰写法则的出现，就很大程度解决了这一困境。倒三角法则是指软文撰写者在编写微信营销软文的过程中，达到要点集合与重点浓缩的效果，同时尽量控制文章篇幅。

另外，撰写者还可以将重点和精华安排在文章首段和其他显眼的位置，吸引读者的注意，刺激其阅读欲望，同时在软文结尾处重点强调产品优势和成效，进一步发挥软文的效力。

4. 做好标题

不管是哪种类型的软文，标题都是重点撰写的对象。一个幽默风趣的标题，能吸引人们点击；一个平淡无奇的标题，只会被用户无情忽视。由此，微信软文的标题也非常重要，一定要根据软文内容进行标题的撰写。

对于微信营销软文而言，标题的撰写技巧很多，不同种类和特色的标题都将起到不同的效果。软文撰写者在提炼文章标题时，可以靠近产品特点和关键词来写，这也将进一步增强消费者和阅读者对其产品的好奇心。

5. 利用成功案例

若是在微信软文中，列出成功案例，并配上相应的图片，定能增加软文的可信程度。

在微信软文撰写过程中，需要最大限度地提升产品的优势，最大程度地迎合消费者的消费心理，多加入一些消费者评价，要知道如今消费者的评价是十分有说服力的。

6. 配图

若是发布在朋友圈的微信软文，篇幅最好不要太长，再配上一些精美的图片，既能提高读者的阅读感，又能为软文增添趣味性。

260　微信公众平台营销的 15 个技巧

微信公众平台是腾讯公司在微信的基础上新增的功能模块，通过这一平台，个人和企业都可以与特定人群进行文字、图片和语音的全方位沟通。

不同于微博的微信，作为纯粹的沟通工具，商家、媒体和明星与用户之间的对话是私密性的，不需要公之于众，所以私密性更高，因此在微信公众平台中完全可以做一些真正的满足需求和个性化的内容推送。

随着腾讯推出微信公众平台，微信营销又将会有怎样的变化呢？在具体说明之前，首先应该看看微信营销到底有怎样的逻辑基础。

如果用户对某一品牌的产品不够信任，那么他们对于企业的销售信息也不会关注。

因此不建议企业将微信作为销售平台，而是应该将微信作为品牌的根据地，要吸引更多人成为关注企业的普通粉丝，再通过内容和沟通将普通粉丝转化为忠实粉丝。当粉丝认可品牌、建立信任之后，自然而然地就会转化为顾客。下面来看看撰写微信公众平台营销软文时，需要注意和掌握的一些技巧吧！

1. 不用分散精力做多个号

服务号？企业号？个人号？当微信公众号刚刚出现的时候，很多企业因为不了解，就注册了好多个公众号，但都没有做好。如果是中等规模的企业，做一个服务号是最佳的选择。订阅号的难度比服务号要大，不是所有的企业都适合做自媒体，要根据自己的业务和自身实力来选择。

2. 不要做复杂的数据报表

复杂的数据报表意义不大，因而不建议在这方面投入过多精力，而是应该关注互动和粉丝数，前期粉丝数更重要。没有粉丝，一切活动都无从谈起。要注意的是，企业要时刻想办法把老客户转化成微信好友；当然，转化成关注的粉丝更好。

3. 如何突破人数限制

微信公众平台最重要的就是粉丝的积累。在如何突破人数限制方面，有个简单的办法，每个号增加到 4000 人左右，然后开通第二个号，复制头像和昵称，然后同步朋友圈内容。这样可以形成矩阵。每次发朋友圈，可以多个号一起同步。

4. 引起注意力

只有关注了企业订阅号的粉丝才能看到企业发布的软文和各类信息，怎么办？这时候就要在微信中做一些引导粉丝转发的内容，但是不要过于明显，不然会被粉丝看穿或心生反感。

5. 自我回复

如果公众平台推送的软文没人评论，就显得太过冷清，这时候就可以自己留几条评论。例如就算一条回复也没有，你也可以如此回复："感谢大家这么热情的支持，泪流满面啊！"让别人误以为真的有很多回复，说不定也会留言。

6. 统一回复

与上一条的方法类似，统一回复的手法，还可以用来给自己做广告。例如，企业发布了一个新产品，企业肯定希望让大家知道购买的方法和渠道。可是经常会出现这样的情况，很多人点赞，但是没人询问。

但是企业不能直接自说自夸，这时候就可以进行统一回复，说询问购买方式的人太多了，统一做出回复。这样回复的好处很明显：既提醒消费者要及时购买，又不会显得唐突。

7. 注意标题字数

微信软文的标题要注意前 13 个字，这 13 个字会直接影响软文的点击率，尽量写得有吸引力。为什么是前 13 个字？因为微信提醒的时候只能看见 13 个字（部分手机更多一些）。

8. 文章摘要

软文的标题决定微信软文的点击率，其次是软文的摘要，再者是首图。其中标题占 50%，其他两者占 50%，如果这三者没有配合好，软文的内容再好，也很难有好的效果。

9. 内文配图

软文的配图很重要，软文太长就要多增加一些图，图文并茂才更能吸引读者阅读。尽量选择与软文内容有联系的图，对读者理解文字有促进作用。如果实在无相关图可配，也要选择一些有趣或有深意的图，增加软文的可读性。

10. 朋友圈发布链接

众所周知，朋友圈中是可以发布链接的，这对企业来说是一件好事，能提高企业微信营销软文的曝光率。可是有时链接会比较长，发布到朋友圈会在一定程度上影响美观，难以让朋友圈的朋友们产生点击的冲动。由此，短链接的存在为部分企业解决了长链接的"尴尬"，那么该如何生成短链接呢？企业可以将链接放到新浪微博上发布一次，届时就会自动生成短链接，然后直接复制到朋友圈即可。

11. 发布原创内容

微信公众号中，如果发布系列性的原创软文，对于吸引粉丝有很好的效果，也会增加互动。看过的粉丝会等着看下一篇，看了下一篇的粉丝会回到企业账号中看前几篇，很多企业都会使用这种手段，事实证明也很有效。

12. 有技巧地提醒分享

企业最好不要在公众号文章底部太过苍白地提示分享、关注公众号，可以有技巧性的进行，如用"讨巧"的话语："如果您喜欢，就请您高抬贵手将我们分享出去呗"，或者是运用一些奖励机制，来推动人们分享、关注公众号。

13. 内容不要太单一

微信公众号的内容，要避免太单一。例如，教育行业中，如果每天都是教育方面的文章，那么这个账号也就没有存在的必要了；企业类的账号，每天都跟企业相关，也会让关注者觉得很枯燥。

微信公众号推送的软文，首先要有一个主题，然后去增加适当的内容，内容只要不偏离主题就可以。

14. 塑造小编形象

企业微信公众号的维护，要注意塑造小编的形象，可以让企业显现出鲜明的性格特点。小编在撰写软文的时候，偶尔可以撒个娇。例如，"昨天的活动中奖率设置太高了，公司要开除我，老板说除非有 100 个人回复支持小编……"这样的手法，都会收到不错的效果。

15. 发布的时间

微信公众平台推送软文的时间最好不要固定，太有规律就不够生活化。但是可以固定区间，例如早上 8 ~ 10 点，发的内容也不能太有规律。同一时间发多条朋友圈会增加被屏蔽或被取消关注的风险。

第 12 章

软文的 QQ 营销

学前提示

腾讯 QQ 庞大的用户群，使得 QQ 营销自从诞生之日起就被各大企业和商家所青睐。无论是 QQ 群还是 QQ 空间又或者 QQ 邮件，都给企业带来了相当大的传播效益和实际的销售利润。

因此，QQ 营销在各大营销手段中，虽然不是最重要的，但却是不可或缺的。

QQ营销须知

QQ邮件软文营销

软文的QQ营销

QQ邮件营销中的六不要

QQ空间软文营销

QQ群软文营销

12.1　QQ 营销须知

QQ 营销是在腾讯 QQ 即时通信平台的基础上，专为企业用户量身定制的在线客服与营销平台。它基于腾讯 QQ 海量用户平台，一直致力于建立客户和企业之间的桥梁，更加地方便了客户和企业之间的交流沟通，为企业实现客户服务和客户关系管理提供解决方案。

QQ 营销可按企业需求定制在线客服与网络营销工具，通过庞大的 QQ 用户群体帮助企业拓展并沉淀新客户，帮助企业提高在线沟通效率、拓展更多商机。

QQ 营销自诞生起，就迅速成为各大企业非常重视的一种营销手段，为企业带来了可观的收益。当然，QQ 营销也是有很多的技巧和方法的，下面就一起来看看吧！

261　一对一的推广法

一对一推广最好的方法是，如果有人在群里提问相关话题的时候，QQ 营销人员可以在群里先解答一段，然后提出私聊的请求，耐心地解答群友的问题，建立在不欺骗的基础上适当地向群友推荐产品。若群友没有兴趣，则可立马回到需要解决的问题上，绝不强求群友接受所推荐的产品。这样的技巧可以避免别人对营销人员产生反感。

在推广的过程中，不能直接对群友进行推广，应该通过一个话题作为切入点，这就需要营销人员在交流中掌握一些技巧。

262　QQ 社群推广法

QQ 社群推广法，是针对 QQ 兴趣部落而言的。QQ 兴趣部落是一种基于兴趣的公开主题社区，它与拥有共同兴趣标签的 QQ 群实现了打通和关联，形成以兴趣聚合的社交生态系统，也是 QQ 第一个聚合起来的社群产品。

在这样的一个社群产品中，企业能快速精确用户，让自己的软文以较快的速度，实现它的价值，这也是为什么 QQ 社群推广能成为企业软文推广的"助攻工具"。

届时定然会有人问，什么是社群，其实社群就是一群人基于兴趣爱好，集中在一个地方，具有自我发言的特权，相互进行交流讨论，传递彼此的经验，使信息沉淀，拓宽社群成员的交友圈。

因此，对于企业推广软文来说，QQ 社群是个重要的根据地，毕竟社群里的人员有共同的爱好和秉性，若一部分人能接受企业的软文和产品，必定能带动一群人同样接受企业软文和产品，这样一个天然聚集用户的黏合剂，无疑是软文推广不可缺少的一环。

263　病毒式营销法

病毒式营销法就是营销人员如果寻找到一些比较好的资源，可以上传到 QQ 群或者中转站，然后在资料中打包自己的广告。这样的话，别人可以下载回去或者保存到他们自己的中转站中给别人下载，就会无意中给企业做了宣传。

前提是文件中必须有真正的资料，而不是只有资料的名字，其他的全是广告，这就是欺骗了，同时也要考虑到别人为了方便只想直接保存，以后再下载，也方便大家转载资源，这样资料包就不能太大。这个只是免费营销推广中的一种方法，也就是所谓的病毒式营销策略。

264　QQ 群图片推广法

在 QQ 群里面大家都知道有个群图片相册库，自己去设计几个可以吸引人点击的图片，图片大小在 300*300 左右为最好，要让别人在群里就能看到图片上面的文字，这就是隐形的广告。

这种方法很简单，稍微测试一下就知道了，只要在相册里面上传照片马上就能够在群里提示显示照片。

12.2　QQ 邮件软文营销

QQ 邮件软文营销对于企业来说，是一种节省营销成本的可行方法，它也比较有针对性，一般邮件所针对的人，都是企业的潜在用户和忠实用户。下面就来进一步了解 QQ 邮件软文营销的相关内容。

265　QQ 邮件营销打造现金数据库

企业可以运用 QQ 邮件营销为自己打造一个数据库，而这个数据库对于企业销量来说有很重要的作用，那么该如何打造呢？其实非常简单，需要企业进行以下 3 个步骤，如图 12-1 所示。

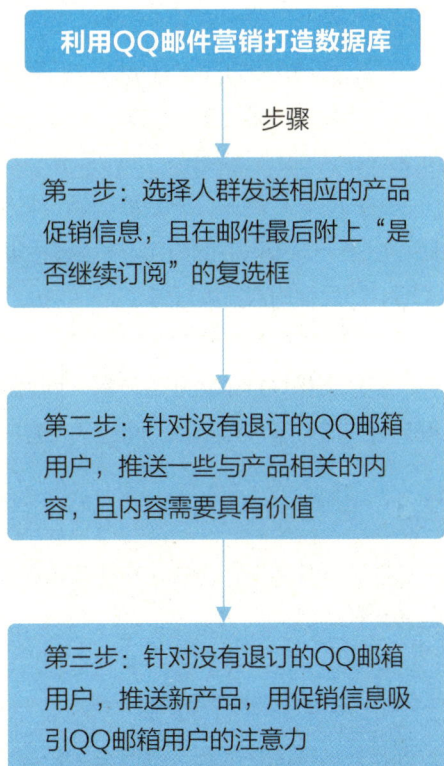

利用QQ邮件营销打造数据库

步骤

第一步：选择人群发送相应的产品促销信息，且在邮件最后附上"是否继续订阅"的复选框

第二步：针对没有退订的QQ邮箱用户，推送一些与产品相关的内容，且内容需要具有价值

第三步：针对没有退订的QQ邮箱用户，推送新产品，用促销信息吸引QQ邮箱用户的注意力

▲　图 12-1　企业进行 QQ 邮件营销的 3 个步骤

266 QQ邮件营销要做得精准

企业在进行QQ邮件软文营销之前，需要做一个市场调查，才能做好准备实现精准用户。毕竟成功是给做好准备的人的，只有准备足够充足，就不怕没有回报。

那么企业该如何准备，才能让QQ邮箱的软文营销具有精准的特性呢？其实很简单，只需要在市场调查中，向消费者询问以下3个问题即可。

- 如何挑选产品？
- 需要哪种产品？
- 对产品有何看法？

市场调查后，企业需要筛选出已经或可能对企业产品有想法的消费者，并针对这些消费者，投放相应的软文，切记，软文投放次数不宜太多，一个星期一次即可，一定要给予消费者选择是否愿意订阅的权利，这样的QQ邮件软文营销才能做到精准与人性化。

267 邮件不能直接营销

做QQ邮件营销的目的，就是为了销售，可是如果QQ营销中的推广太过于直接明显，那肯定是不合适的。太直白的营销邮件肯定会被当作垃圾邮件，起不到任何营销效果，那么要怎么办呢？

网站的站长们的眼光一定要长远，其实发邮件有很多的方式。例如，群发的邮件主题可以是一些知识性的内容，然后吸引顾客加企业客服的QQ号码，只要加了企业的QQ，那后续的营销就好做了。

虽然说有的时候加QQ的客户不一定就会进行消费，但是最起码有机会了；有了客户，就能慢慢地推销企业的产品。而且这个客户的潜力比较大，通过邮箱或客户的空间对客户进行潜移默化，时间长了，客户自己就找上门了。

12.3 QQ邮件营销中的六不要

QQ邮件营销中，也有一些注意事项，了解这些注意事项，才能让QQ邮件营销的效果更加明显。

268 不要狂轰滥炸发送邮件

在正式群发邮件之前，可以先测试一下每隔多长时间发送一次效果最好。例如，网店可以测试不同的时间段（一周、两周、三周等）给用户发送邮件，试验哪个时间段间隔用户的点击率最高，这样在真正需要做邮件营销的时候，就有了根据，效果比随便发布的邮件好很多。

269　不要眉毛胡子一把抓

通过以往发送邮件的经验，测试哪些用户对哪种促销方式最感兴趣，再适当地调整邮件的营销策略。比如，发送的对象是喜欢物美价廉商品的消费者，结果给他们发送的却是奢侈品的广告，这肯定是会失败的。

同时，也可以给阅读邮件的用户群进行分类：狂热支持的和一般喜欢的。对于几乎阅读了大部分邮件的受众，可以给他们发送最有利润的产品广告；对稍感兴趣的用户可以发送利润稍低一点的产品和服务；对于几乎不感兴趣的受众还是要定期发送邮件，争取拉拢一些客户过来。

只有经过分类整理，才能让发送的邮件作用最大化，也能将资源浪费降到最低，要注意的一点就是在发送测试邮件时，可以放入不同档次的产品并附上跟踪链接以追踪点击用户。

270　不要过于复杂

虽然理论上对用户群分得越细，邮件营销的效果越好。但分类越多，付出的精力也就越大，还得为每种用户设计不同的登录页和欢迎邮件，实在是让人崩溃，而且付出太多，也不划算了。

其实，经过长时间的分析，邮件营销也有"二八定律"，大部分的收件人对不同的广告其实反应都差不多，只有一小部分的网友才会对为用户定制的邮件反应敏感。因此不用将太多的精力放在邮件的设计上面。

271　不要发没经过严格测试的邮件

邮件的设计最好简洁明了、开门见山，另外邮件的内容需要编辑进行仔细的检查。如果有图片，需要保证图片可以正常的显示；如果有链接，也要确保增加了超链接的格式。

272　不要浪费消费者的时间

发送的邮件，一定要有价值，让用户阅读之后不会后悔，所以标题、段首和正文中的内容都要再三斟酌，这样做是很有必要的。有价值的邮件用户也喜欢看，而且还有二次传播的可能性。

273 不要丢弃实践中获得的经验

邮件发得越多，营销人员也就会积累越丰富的经验，每一封发出去的邮件都值得进行总结，只有在实践中不断完善、修改和微调邮件营销的策略，才会越做越好。

12.4 QQ 空间软文营销

不管是微信营销也好，还是 QQ 营销也罢，好友肯定是其中比较重要的因素，所以很多人都无目的地疯狂加好友，然后聊不上两句就开始发广告，空间、朋友圈也都是广告，其实这种赤裸裸的广告已经很难产生什么效果了，换来的只是被拉黑。

所以在做 QQ 空间营销之前，首先考虑的是通过营销能给好友带来什么，能让他们学到一些什么东西，然后再考虑怎样做广告。

274 关于 QQ 日志软文

企业做空间营销，其实就是在打造一个自媒体，每天都是分享自己的原创文章，并且内容还要有可取之处，下面来看看 QQ 日志营销的一些小技巧。

1. 内容要有价值

做 QQ 日志营销时，每天上午 10 点到下午 2 点是最好的时间，然后将软文发布到 QQ 空间日志里面，事前要经过多次的检查和修改。日志的内容最好是有价值的，不论是娱乐价值还是行业价值，只要有价值就行。

另外，每篇日志的底部都加上 SEO 诊断业务的链接，不过这不是重点。如果用户点击了链接那自然最好，但是用户阅读之后不点链接也不要失望，只要是阅读了，那就会有一些印象。

2. 多次发布

有些企业每次都是写完日志软文发布上去就完事了，没有什么后续的工作，这是非常不好的习惯。其实 QQ 空间的信息量还是非常巨大的，企业的文章可能很快就会被沉淀下去，所以需要每天多次发送，增加文章的曝光率，吸引更多的人关注，如此一来日志底部的链接才有可能被更多人点击。

275 关于评论和点赞

任何事情都是相互的，特别是在做 QQ 空间营销的时候，这个道理就更加的明显了。QQ 空间中，最多的就是好友们发布的说说或者动态，这时候就需要多去参与和评论或者点赞。

只有多和 QQ 好友互动，在自己进行动态更新的时候，才会有更多的好友评论自己，这样也就让自己的广告能够被更多人看到。

276 关于相册和说说

QQ 空间营销中，最重要的就是先把自己营销出去，所以工作 QQ 不应该有什么秘密，相册是肯定要有照片的，可以分享一些企业的内部照片，也可以把企业和客户的合影或是成功案例发上去，这样不仅能加深别人对企业的信任度，对于业务的拓展也很有好处。

至于说说，不要去发自己的感慨，因为工作 QQ 中好友的熟悉程度都是很低的，没有人喜欢看这种东西，可以把企业对营销的一些感悟或是技巧缩短成几句话发上去，这样可能会引来一些回复，然后产生互动，加深感情，对以后针对性的营销很有帮助。

277 关于推广

很多企业都认为空间营销就是要批量地添加好友，用分类信息平台营销的方式发海量的信息占领好友空间，其实没有必要。最有效的做法是把每天写的软文拿去投稿和发论坛，最后留下自己的 QQ，让一些喜欢企业软文的读者主动加好友。

这种方法和做外链是一个道理，单向的链接才是好的链接，并且主动添加的人才是对企业产品感兴趣的。

在一篇软文发表之后，最好把空间的链接发给 50 ~ 100 个好友，让好友们注意到企业的软文。如果好友们感觉还不错，可能会评论、会转载，这样企业软文所带的链接点击频率肯定会大大的增加，这样总比一条赤裸裸的广告效果会好得多。

278 关于病毒营销

病毒营销，它是指通过用户的社会人际网络，使信息像病毒一样传播和扩散，利用快速复制的方式传向无数名受众，即企业软文可以通过网民的宣传，不断发散传播，从而实现营销目的。病毒式营销已经成为软文营销中最为常见的手段，被越来越多的企业和网站成功利用，当然这归功于病毒营销的 3 大特点，如图 12-2 所示。

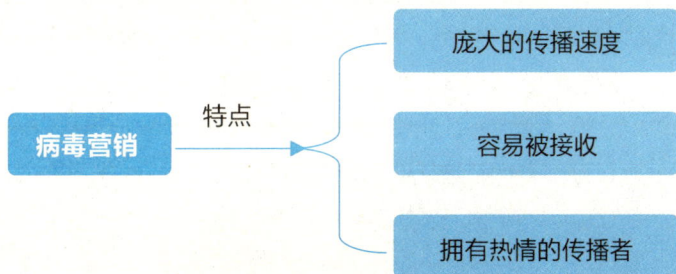

病毒营销 —— 特点 → 庞大的传播速度 / 容易被接收 / 拥有热情的传播者

▲ 图 12-2 病毒营销的 3 大特点

而病毒营销比较合适的推广阵地就是 QQ 空间，即便如今微信当道，但还是会有一部分的人群经常在 QQ 空间中发布动态和文章。

QQ 空间之所以能存在这么久，就是因为它以分享为核心，为 QQ 用户塑造出一个分享生活、留住感动的平台。若企业在 QQ 空间发布一些比较实用的、有阅读价值的文章，是很容易引起 QQ 好友的注意的，等到企业有一批固定的愿意每天观看自己空间文章的 QQ 好友时，就可以慢慢的在空间上发布软文，也可以在自己的空间日志上附上软文链接，这样能大大地提高企业软文的曝光率。

12.5　QQ 群软文营销

中国互联网存在着三大巨头：百度占据信息搜索入口、阿里巴巴占据电子商务入口、腾讯占据社交和通信入口。但用户量最多的无疑是腾讯 QQ。目前 QQ 每天同时在线人数超过了 2 亿，用户量高达 10 亿，用户数量非常大。

QQ 群通过关键词，将有共同需求、爱好的用户聚集起来，这为推广人员提供了绝佳的便利。因此，腾讯 QQ 就成为了营销推广的首选。但是利用 QQ 群推广也是有技巧的，掌握好这些技巧，才能让营销长期有效地继续下去。QQ 群推广到底应该怎么样做才更有效果呢？

279　确定企业的目标客户，找到他们所在的群

传统的市场营销存在着一个很难解决的问题，那就是目标客户定位不准。而对于网络营销，企业首先要想清楚，企业的产品是卖给谁的？哪些人会关注企业的产品？这些人同时在关注其他什么产品？把这些想清楚了，再去加群。

举个简单的例子，有一家企业是专门做孕妇装的，企业的产品当然是卖给准备生孩子的或正怀着孩子的年轻妈妈。如果要加群，就一定是一些怀孕交流的群。

280　在 QQ 群中通过及时与成员互动进行推广

加进了群里，一定不要直接上广告，不然很快就会被踢出去。如果条件允许，给大家问好后，混个脸熟，等到 2 ～ 3 天之后再开始着手进行相关营销活动。

手边应该有个 TXT 文档，其中内容包括以下几条。

（1）"大家好，我是 XXX，很高兴认识大家。"

（2）"群里都是从事 XXXX 吗？"

（3）"有一些问题想请教！"

（4）"我也碰到一个什么麻烦问题。"

（5）"这个 XXX（企业的产品）可以解决吗？"

类似这样的词条，准备在手边随时发，但要注意发送的节奏，即使营销人员不一定有时间关注每个群的反馈以及进行有效的回馈，也不要连续发，给大家一定的讨论时间。

关于广告的方案，一定要软，越软越好。软到看不出来是广告，也就是好的软文了。但 QQ 群不允许长篇大论，20 ~ 50 个字为好。用最简单的话，表达出想表达的东西和企业产品的诉求点。

如果软文的内容太长，就会出现很明显的缺点，一是明显像事先准备好的广告；二是会影响大家的阅读，有的 QQ 群聊天内容的刷新是很快的。

不过这种进行即时沟通方式的缺点是需要花费大量的时间和精力，因为群信息流动太快，很快就会被其他信息覆盖掉。

另外，群中真正活跃的用户大约在三分之一，其他的要么屏蔽信息，要么不在线，等到他们看的时候，企业的信息已经完全被覆盖掉了。所以这种互动方式的效果是很有限的，要想有更好的效果就需要采用其他的方式。

281 掌握主动性，进行精准 QQ 群营销

QQ 群营销的时候，发布的软文广告需要较高的创意，但是最困难的就是群信息流动太快，就算有再多的好的软文，也很快就会被覆盖，必须不断发送，但发送得太频繁又要面临被踢的风险。

所以加群以后不要发任何广告，先把群成员的 QQ 号码收集起来，大家都知道 QQ 群里有个群空间，进入群空间，并找到群成员下的通讯录，把这里所有的成员列表全部复制下来，然后在 QQ 号后面加个 @qq.com 变成邮件。

做好邮件列表，这样每加入一个群就收集并整理成邮件列表，这样一来，就算被踢出 QQ 群也没关系，这些网友的邮箱已经被收集到了，这样以后做营销的时候，也就方便很多了。

第 13 章

软文口碑、事件、病毒、新闻营销

学前提示

软文营销并不是光依靠软文就能成功的，它还需要与各种营销手段相互搭配，才能发挥出巨大作用。本章就来简述软文与口碑、事件、病毒、新闻这 4 种营销手段的"化学作用"。

软文口碑、事件、病毒、新闻营销

什么是口碑营销

事件营销的策略

软文口碑营销的四大法则

病毒式营销

软文口碑营销的策略和误区

新闻营销新玩法

什么是事件营销

13.1　什么是口碑营销

口碑营销又被称作病毒式营销，其核心内容就是能"感染"目标受众的"病毒体"——事件，病毒体威力的强弱直接影响营销传播的效果，简单地说就是用来做营销的事件的火热程度决定着营销的效果。

在今天这个信息爆炸、泛滥的时代，消费者对广告，甚至新闻，都具有极强的免疫能力，只有制造新颖的口碑传播内容才能吸引大众的关注与议论。值得注意的是，大家只对新奇、偶发、第一次发生的事情感兴趣。

所以，口碑营销的内容要新颖奇特，而且不能进行模仿和抄袭，那样做几乎是没什么效果的。

282　网络口碑营销

网络口碑营销，是口碑营销与网络营销的有机结合。

口碑营销实际上早已有之，地方特产、老字号厂家商铺及企业经常使用口碑营销来提升自己的品牌效应。网络营销则是互联网兴起以后才有的一种网上商务活动，它逐步由门户广告营销、搜索广告营销发展到网络口碑营销。

口碑营销分为线下、线上两种模式。线下营销投入较大，效果很难控制。而线上营销，也就是网络口碑营销，通过网络的快速转播、精准定位等优势，已经被越来越多的企业所重视。

一般网络口碑营销又分为新闻营销与口碑营销。

新闻营销以官方媒体、一线门户同步垂直地方媒体，三维式、全方位为企业实现全新的营销价值，以官方的姿态及时释放最广泛的声音，达到口碑传播效果，经常使用的媒体分为权威官方媒体和一线门户媒体。

- 部分权威官方媒体：新华网、中华网等。
- 一线门户媒体：新浪网、腾讯网、搜狐网、网易 163、凤凰网等。

口碑营销，包括策划话题，通过百度营销、互动营销、博客营销、论坛营销、信息平台营销、B2B 电商平台营销、邮件营销、QQ 群营销、微博营销和微信营销等口碑营销模式，把企业品牌信息的传播效果做到最大化、精准化。

网络口碑营销所探寻的也正是 Web 2.0 时代网络中最有效的传播模式。网络口碑在国际上已经盛行了很久，美国甚至有专门的协会来对此领域进行专门的、权威的探讨，由此也可以看出网络口碑营销的力量。

但是网络口碑目前还只是传统广告媒体传播的有效补充，其模式和传播信息形式的特定性，还不足以使其成为完成品牌塑造的主导传播方式，但是毋庸置疑，网络口碑有着传统广告不可比拟的优势。

283　口碑营销的特征

口碑营销的特征还是很明显的，在做口碑营销的时候要始终记得：口碑是目标，营销是手段，产品是基石。

但事实上，口碑营销一词来源于网络，其产生背景是博客、论坛这类互动型网络应用的普及，并逐渐成为各大网站流量最大的频道，最后的发展更是势不可当，一度超过了新闻频道的流量。

企业通过不断循环口碑营销的过程，将产品或者品牌的口碑进行优化。口碑营销的过程，无非就是以下3点。

（1）产品定位：很多营销人员希望口碑营销能够超越传统营销方式，但是却忽略了一个很重要的因素，那就是消费者是否喜欢营销的产品。如果不喜欢，很容易产生负面的口碑，不但没有起到促进作用，甚至导致产品提前退出市场。

（2）传播因子：良性的传播因子具有很强的持续性、故事性，能够吸引消费者持续关注，并且容易延伸和扩散。

（3）传播渠道：营销模型决定着传播渠道，传播渠道的选择主要由产品的目标用户群的特征决定。除了传统媒体和网络媒体，最具有影响力和最适合口碑营销的渠道是博客、论坛和微信。

13.2　软文口碑营销的四大法则

口碑营销作为一种很有效的营销手段，是企业非常喜欢使用的。口碑营销，简单来讲，主要是企业努力使消费者通过亲朋好友之间的交流将自己的产品信息、企业品牌传播开来。

这种成功率高、可信度高，以口碑传播为途径的营销方式，称为口碑营销。通过很多企业实践得到的数据分析，口碑营销是企业运用各种有效的手段，引发企业的顾客对其产品、服务以及企业整体形象的谈论和交流，并激励顾客向其周边人群进行介绍和推荐的市场营销方式和过程。

但是口碑营销也不是一蹴而就的，在操作过程中，还是要注意一下口碑营销的四大原则。

284　生动有趣

人们不会浪费时间去谈论一个平庸的公司、一件平庸的产品、一段平庸的广告。

所以希望别人谈论自己或者关注自己的企业，就必须出奇制胜，可以多多散发思维。

无聊乏味的东西，根本不会出现在人们的视野中。因此在做广告之前、在推出新产品之前、在菜单上添加新菜式之前，首先需要回答一个很重要的问题：有人会将这件事转告给朋友吗？

在芝加哥有一个百吉饼餐厅，它推出了 56 种名称稀奇古怪的三明治，如胡希尔老爹三明治、门斯特碎干酪三明治等，这都是为了给自己创造一些有趣的东西，来增加人们的谈资。

还有纽约著名的卡内基熟食店，高达 17.78 厘米的咸牛肉三明治。如果改为正常尺寸的话，当然它依旧是世界上最好吃的咸牛肉三明治。但是，它的超大体积，才是每天吸引数以百计的旅游者前来品尝的重点。

有了噱头，就有了可以被人谈论的内容，然后才能传出口碑，这也是卡内基熟食店能成为纽约的一道风景线的原因。

在纽约市街头，还有一家店也把这种有趣的口碑营销发挥到极致。在纽约，擦鞋的地方数以百计，但是大家都要去中央车站的艾迪擦鞋店，而且还建议朋友专门去那儿看看。为什么？

因为在艾迪擦鞋店，有一把硕大、舒适的老式红色皮制安乐椅。下班之后，坐在那靠着椅背，享受片刻安宁，感觉像国王似的，这也是人们津津乐道的有趣的东西。

所以要记得的就是，在花钱投放广告之前，请停下来等一小会儿，想一想，这要花多少钱；想一想，当自己一眼扫过成百个广告，全不在意，那这个广告就一定会有人在意吗？如果答案是否定的，那就别再做广告了。

与其花大把的时间和金钱做效果不明显的广告，还不如想想怎么提升自己的口碑。在软文写作中，这一点也要充分重视，在软文中树立正面的口碑，是一种很有效的手段。

285 便于扩散

软文中的口碑营销有一个很大的特点，那就是懒惰。所以必须一路推动，软文才能传播开来，这就是说口碑营销并不是一劳永逸的营销方法。

口碑营销的推动需要做的事情有两件：一是找出简明的信息；二是帮助人们扩散它。这就需要在软文中增加一个有讨论性的话题。

例如，"我们的软件没有崩溃""他们有巧克力冰激凌奶酪！""等待餐位时餐厅奉送小吃""名字很蠢但确实管用"。但是记住，任何长于一句话的话题都太长了，很容易被人忘掉或搞混。

人们都认为乔布斯是史上伟大的营销者。那么，当1996年乔布斯肩负着重振状态低迷、徘徊不前的苹果公司的使命归来时，是怎么做的呢？谈论伟大的软件？关注稳定的操作系统？都不是！乔布斯的伟大营销高见，原来是玫瑰色和紫色外壳的计算机。

这引来纷纷的议论，对公司的口碑重新转为正面。大家都在转告明友，因为这是一个谁都愿意分享的简单交谈主题。当人们听说会有这么漂亮的计算机的时候，都会很有兴致地询问一番。

在软文写作中，一旦找到了非凡的口碑点子，那就要设计出种种办法，使之易于扩散。有无数的方法使好的口碑点子便于实施，常见的做法是在一家网站上发布公告，或散发传单。但是，不要忘了互联网才是现在最好的传播载体。

286　让人满意

一位得到了满足的客户，是最好的广告商。

在软文中，要让读者激动，让读者觉得产品是优秀的、提供的服务是完善的、提供的体验是完美的、提出的办法是切实可行的。要通过软文告诉所有人，企业所做的工作是使人们受到鼓舞，感到兴奋，急于告诉朋友。

让客户喜欢，客户就会向朋友传达企业或者产品的情况。在遇到困难的时候，客户也会愿意提供帮助。令客户满意，就是一个和客户做朋友的过程，这种方法体现在软文中，就是妥善的言辞与和蔼的态度。不一定要把客户当作上帝，但是一定要当成朋友。

例如，美国某州每年一度的土星厢式车回家游的活动，就是一个绝妙的口碑营销策略。但是如果人们不信任或不夸赞土星车，那也就全无口碑可言了。

人们确实喜欢这家公司，喜欢公司的服务态度，觉得销售人员和蔼可亲，赞赏公司的不与客户争论的政策。客户们对每年两次收到公司关于夏时制时钟调整的提示，感到亲切。

287　赢得尊敬

没有尊敬，就没有好口碑，这是口碑营销当中至关重要的一点。

对自己不信任或不喜欢的公司，没人会说好话。所以永远要做一家对行业发展，对用户有益的公司。要将职业道德贯穿于一切业务活动之中，要善待顾客，将满足顾客需求放到首位。

　　口碑营销最成功的标志就是要让人们在向熟人谈起企业和企业故事时感到骄傲。

　　例如，美国西南航空公司是世界上最受信任的服务品牌之一，它善待自己的顾客，与顾客纠纷极少，服务态度真诚热情。这家公司也善待自己的员工，工作岗位稳定，从无临时解雇这一说，薪水高福利好。

　　人们特别喜欢这家公司，所以在"9·11"事件后特别支持这家公司，助其渡过了难关。当然，这是从公司的管理和经营上来谈的，那如何体现在软文中呢？一个很有效的办法就是举例。

　　如果公司或者企业有这样的行为，那就大肆宣传吧，既然做了这样的事，那就让更多的人知道，口碑营销，就是使一件事通过有效的渠道和方法让更多的人知道。

13.3　软文口碑营销的策略和误区

　　掌握好软文口碑营销的策略和误区，可以帮助企业更好地进行口碑营销，下面将进行详细的介绍。

288　软文口碑营销的策略

　　软文口碑营销是企业有意识或无意识地生成、制作、发布口碑题材，并借助一定的渠道和途径进行口碑传播，以满足顾客需求、实现商品交易、赢得顾客满意和忠诚而进行的计划组织和执行的过程。

　　这是一种让用户告诉用户的营销过程，和传统营销手段相比，口碑营销拥有成本小、产出大、效率高和风险低的特点。

　　不过软文口碑营销也并不是那么容易就可以做出效果的，还需要掌握一定的策略才可以达到企业所需要的效果，如图 13-1 所示。

> 💡 **专家提醒**
>
> 　　口碑营销的另外一个称呼就是"病毒式"营销，主要武器就是能"感染"目标受众的"病毒体"——事件，"病毒体"威力的强弱对营销效果会产生直接的影响。
> 　　近几年来，信息量快速发展，在媒体泛滥的时代里，广告、新闻等对消费者已经慢慢失去吸引力，企业只有通过策划事件、撰写软件来制造新颖的口碑传播内容，才能吸引大众的关注与议论。

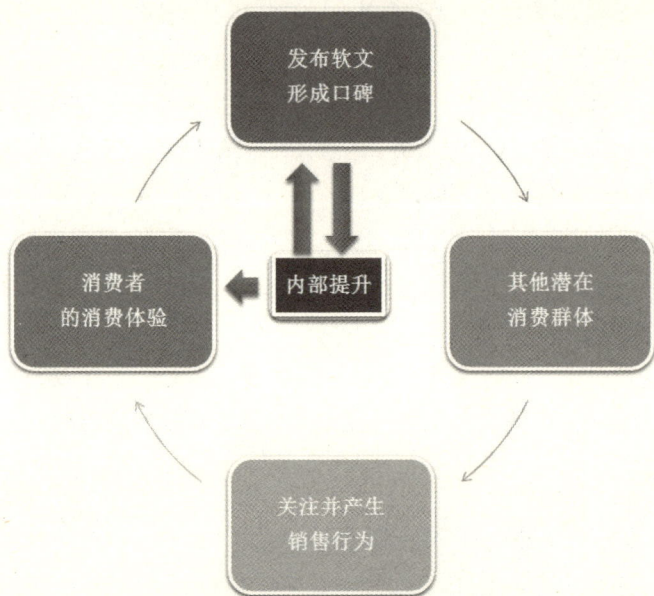

▲ 图 13-1　软文口碑营销的策略

软文口碑营销的流程如图 13-2 所示。

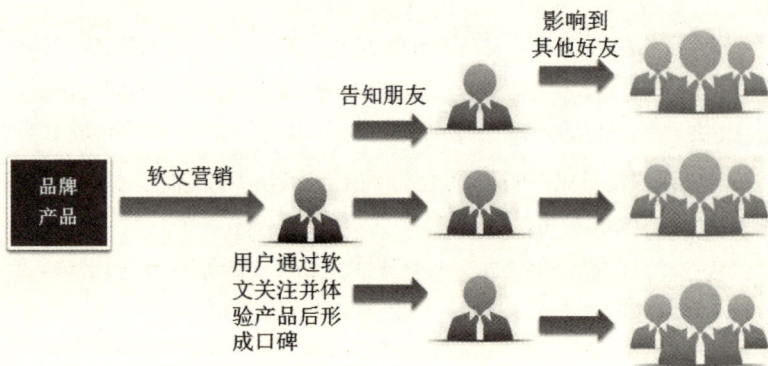

▲ 图 13-2　软文口碑营销的流程

在现实生活中，消费者更容易接受朋友推荐的产品，企业可以在产品营销过程中巧妙地利用软文口碑的作用，实现病毒式传播，降低市场运营费用。

289　口碑营销的误区

企业或品牌在通过软文进行口碑营销的过程中，还需要特别注意一些误区，下面进行具体的介绍。

1. 口碑营销就是删帖

很多企业错误地认为要打造好的口碑，就需要删除那些不良的口碑，因此花费大量资金进行公关，删掉那些对自己不利的言论。

其实，这种行为很大程度上也会让消费者对其产生反感，太多的表扬有时还会引起顾客的怀疑。因此，企业应该学会利用那些不利的言论，借力打力，做到"化腐朽为神奇"。

2. 口碑营销只做微博和微信

对于口碑营销，企业的总投入是有限的。正所谓好钢要用在刀刃上，所以，营销者往往把大量的资源都放在微博和微信上。

不过"双微"虽然宣传效果很好，但是针对性却依然略显不足，覆盖面也未必有想象的那么好。如果在一个入口营销，就能够覆盖到众多平台，这才是口碑营销理想化的模式。

3. 口碑营销不需要硬性广告

很多人都认为，口碑营销的形式仅限于伪装成网友评论的软性广告，而不应该有硬性广告的加入。但是，回想一下微信朋友圈里的那些原生广告，每一条都会获得多少评论和点赞，就能明白这是怎样的一种错误认识。

所以，有一个道理一定要明白，那就是人们讨厌的不是广告，而是不好看的广告。只要做得足够优秀，就算是硬广也会有市场。

13.4　什么是事件营销

事件营销分为两种：一种是企业实际中的事件营销；另一种则是网络事件营销，是企业利用网络发起的营销事件。

事件营销，是指企业通过策划、组织和利用具有新闻价值、社会影响以及名人效应的人物或事件，以网络为传播载体，吸引媒体、社会团体和消费者的兴趣与关注，用来建立和提高企业的知名度以及美誉度，从而树立良好的品牌形象，最终促成产品或者服务成交的手段和方式。

290　软文事件营销的价值

软文事件营销是近年来，国内外十分流行的一种公关传播与市场推广手段，集新闻效应、广告效应、公共关系、形象传播、客户关系于一体，从而为新产品做推荐，创造品牌展示的机会，建立品牌识别与品牌的定位，从而形成一种快速提升品牌知名度的营销手段。

29.1　软文事件营销的特性

软文事件营销也有着自己的特点，掌握软文事件营销的特点，才能在营销的过程中无往不利，下面来看看软文事件营销都有哪些特点。

1. 无成本

所谓的软文事件营销就是利用现有的新闻事件，进行改造并与自己的产品相结合形成一篇软文。其中所有的新闻事件都是免费的，无须付任何费用，可以在网络、新闻报纸等载体上获取。

2. 目的非常明确

软文事件营销的目的是非常明确的。在进行软文事件营销时，第一件事情就是要明确自己的目的，这样才能准确展开营销活动，接着就需要明确哪些新闻事件是当下备受用户关注的，再拿这些新闻撰写营销软文。

3. 新颖性

软文事件营销基本上都是用热点事件来展开的一种网络营销方式，而热点事件一般是指那种对大众来说比较新颖、反常的事件，能够引起大众的关注与讨论。

只要营销事件够新颖，就能很容易地引起大众的注意，从而不用花费过多的宣传广告费，还不会让大众感到反感，只要把握好事件营销，就能收到一举多得的好效果。

4. 真实为善

企业在进行软文事件营销时需要以求真务实的态度运行，只有这样才会避免破坏声誉、拉低品牌美誉度、失去忠实用户的情况发生，且在事件的策划和网络传播的过程中一定要做到 4 点，如图 13-3 所示。

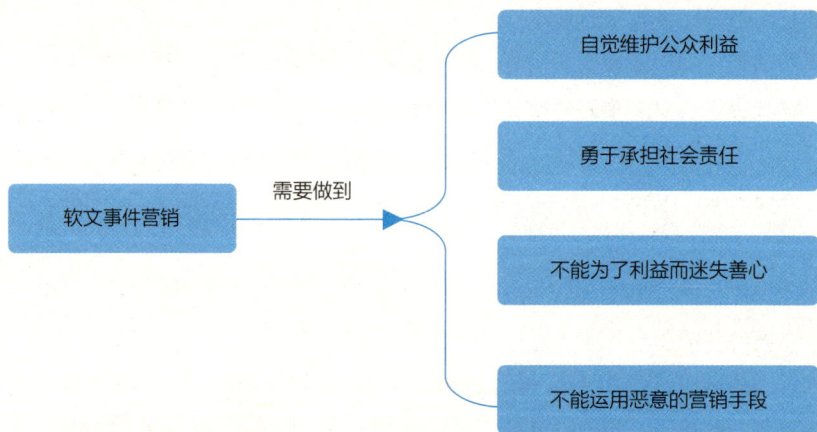

软文事件营销 —需要做到→ 自觉维护公众利益 / 勇于承担社会责任 / 不能为了利益而迷失善心 / 不能运用恶意的营销手段

▲ 图 13-3　软文事件营销的注意事项

5. 多样性

软文事件营销可以集合 5 种力量进行营销策划，多样性的事件营销已成为营销传播过程中的一把利器，如图 13-4 所示。

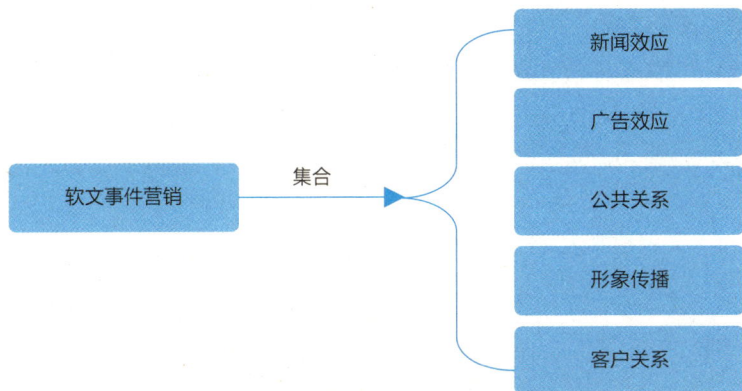

▲ 图 13-4　软文事件营销的多样性

292　软文事件营销的操作要点

虽然事件营销是一种很不错的营销手段，但营销人员在为网站做事件营销的时候也要注意一些操作要点，下面一起来看一看。

1. 拒绝随波逐流

企业千万不要做出随波逐流的举动，不能因为其他企业运营了某种营销方式获取了红利，就盲目地进行复制，这样是非常不可取的。企业一定要考虑好 3 个问题，再选择是否进行跟风，如图 13-5 所示。

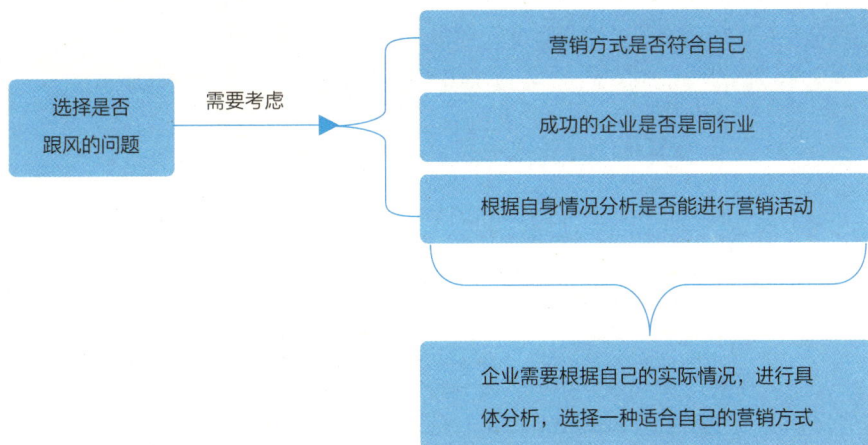

▲ 图 13-5　企业在选择营销方式时应考虑的问题

2. 符合新闻的内部规定

企业所进行的软文事件营销，是与新闻挂钩的，所以在进行营销的过程中，需要企业遵守新闻的内部规定，决不能越位，这样才会给消费者一种权威和可信赖感。

3. 必须具有关联效应

企业进行软文事件的营销策划时，需要选择能与企业自身品牌或产品关联起来的事件，若硬联系在一起，并不能得到促进营销的效果，反而会降低企业品牌或产品在用户内心中的形象。

13.5 事件营销的策略

只有从消费者关心的事情入手，营销策略才能打动消费者，实现营销目标。这同样是事件营销的前提条件。下面来介绍事件营销运作的策略。

293 借助势气策略

所谓借助势气，是指企业及时抓住消费者所关注的人物、新闻、事件，与产品结合在一起，从而展开的一系列相关活动。例如 2015 年 10 月 8 日娱乐圈中的大事件，也就是演员黄某和杨某的婚礼，借着这股势，无数企业都开始大做文章。

细心的观众可以看到，在这场世纪豪华婚礼上，从头到尾都可看到不少赞助商的身影。不要忘了，演员黄某、杨某代言的品牌数不胜数，随便举几个例子吧，比如记者收到的婚礼喜糖，就是杨某代言的某品牌的定制版。

婚礼现场满满的鲜花全部是由国内某花艺品牌全程赞助。而黄某、杨某曝出的婚纱照则是时尚芭莎全程拍摄赞助，独家版权归芭莎。杨某手上那颗 5.53 克拉、价值千万元的订制款钻石戒指则来自珠宝老品牌 Chaumet（法国著名珠宝品牌尚美巴黎），如此种种，不一一列举了。不仅如此，很多企业也以祝福的方式大大地借了一回势，可以说这不仅仅是娱乐圈的大事件，更是商业圈的大事件，如图 13-6 所示。

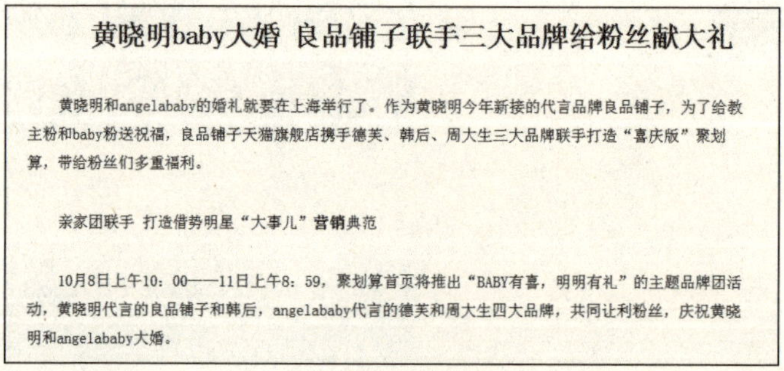

黄晓明baby大婚 良品铺子联手三大品牌给粉丝献大礼

黄晓明和angelababy的婚礼就要在上海举行了。作为黄晓明今年新接的代言品牌良品铺子，为了给教主粉和baby粉送祝福，良品铺子天猫旗舰店携手德芙、韩后、周大生三大品牌联手打造"喜庆版"聚划算，带给粉丝们多重福利。

亲家团联手 打造借势明星"大事儿"营销典范

10月8日上午10：00——11日上午8：59，聚划算首页将推出"BABY有喜，明明有礼"的主题品牌团活动，黄晓明代言的良品铺子和韩后，angelababy代言的德芙和周大生四大品牌，共同让利粉丝，庆祝黄晓明和angelababy大婚。

▲ 图 13-6 借势策略

294　借助明星策略

如今明星是最能引起大众关注的一类人群，并且他们粉丝非常多。企业借助明星的名气，能吸引到他们的粉丝，也能为企业的产品或品牌造就声势。

比如一篇借助明星 Angelababy 的名气，来吸引读者注意力的游戏行业软文，就运用了借助明星策略，文章以"直播 Angelababy 在酒店套房内玩《大战神》的情形""和 Angelababy 一起打游戏""在这次直播活动玩游戏时会放送大礼""Angelababy 会帮助玩家获得礼物"这些亮点，来催动读者在活动期间进入《大战神》打游戏，大大调动了人们的参与性，如图 13-7 所示。

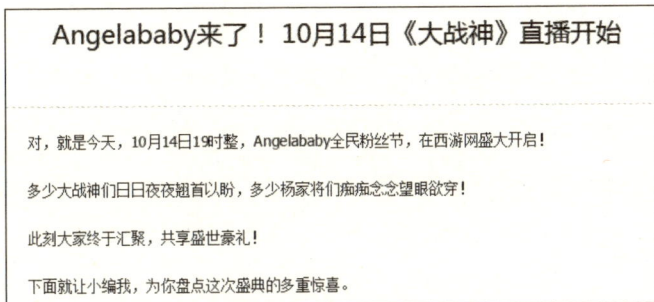

Angelababy来了！10月14日《大战神》直播开始

对，就是今天，10月14日19时整，Angelababy全民粉丝节，在西游网盛大开启！

多少大战神们日日夜夜翘首以盼，多少杨家将们痴痴念念望眼欲穿！

此刻大家终于汇聚，共享盛世豪礼！

下面就让小编我，为你盘点这次盛典的多重惊喜。

▲ 图 13-7　明星策略

295　赞助体育活动策略

企业还可以选择对体育活动进行赞助、冠名等手段，通过赞助的体育活动来推广自己的品牌。毕竟体育行业是被大众所关心的行业，且体育赛事也是最好的进行广告宣传的载体，能大大地为企业带来很多的曝光率。

例如在 2014 年，一汽大众和中国男篮正式签约，成为了中国男篮的赞助商，如图 13-8 所示。

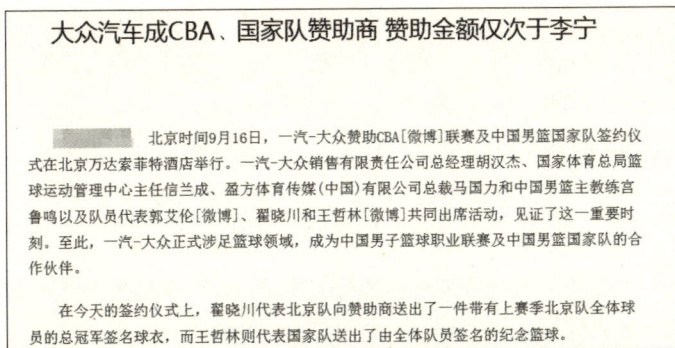

大众汽车成CBA、国家队赞助商 赞助金额仅次于李宁

北京时间9月16日，一汽-大众赞助CBA[微博]联赛及中国男篮国家队签约仪式在北京万达索菲特酒店举行。一汽-大众销售有限责任公司总经理胡汉杰、国家体育总局篮球运动管理中心主任信兰成、盈方体育传媒(中国)有限公司总裁马国力和中国男篮主教练宫鲁鸣以及队员代表郭艾伦[微博]、翟晓川和王哲林[微博]共同出席活动，见证了这一重要时刻。至此，一汽-大众正式涉足篮球领域，成为中国男子篮球职业联赛及中国男篮国家队的合作伙伴。

在今天的签约仪式上，翟晓川代表北京队向赞助商送出了一件带有上赛季北京队全体球员的总冠军签名球衣，而王哲林则代表国家队送出了由全体队员签名的纪念篮球。

▲ 图 13-8　体育策略

296 制造声势策略

所谓制造声势，是指企业通过自身策划制造有价值的新闻事件，来吸引媒体或大众的注意力，比如被炒得沸沸扬扬的京东与天猫之战，运用了拿竞争对手造势，将矛头指向竞争对手的方法，从中凸显出自己的优点，那可谓是真正的互呛。京东用了两则富有情感的创意式软文，把矛头直指天猫，然后在网络上出现了"回扇"版，当时风靡了整个网络。

297 舆论策略

利用舆论来宣传自己，很多企业都已关注到了它的威力，此类软性宣传软文现如今已经大范围，甚至大版面地出现在各种媒体上。奥林匹克花园就是通过不断地在全国各大报刊媒体撰文来宣传其"运动就在家门口"的消费主张的，效果非常显著，如图13-9所示。

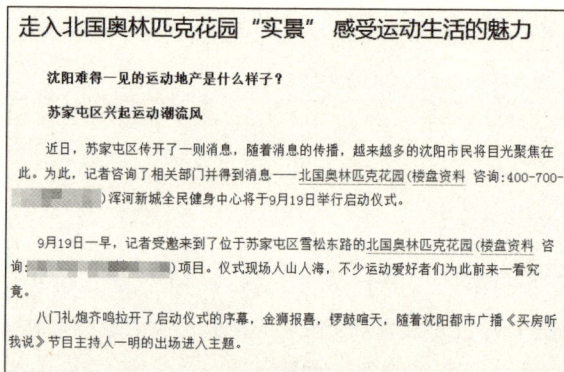

走入北国奥林匹克花园"实景"感受运动生活的魅力

沈阳难得一见的运动地产是什么样子？

苏家屯区兴起运动潮流风

近日，苏家屯区传开了一则消息，随着消息的传播，越来越多的沈阳市民将目光聚焦在此。为此，记者咨询了相关部门并得到消息——北国奥林匹克花园(楼盘资料 咨询:400-700-▨▨▨▨)浑河新城全民健身中心将于9月19日举行启动仪式。

9月19日一早，记者受邀来到了位于苏家屯区雪松东路的北国奥林匹克花园(楼盘资料 咨询:▨▨▨▨▨▨▨▨)项目。仪式现场人山人海，不少运动爱好者们为此前来一看究竟。

八门礼炮齐鸣拉开了启动仪式的序幕，金狮报喜，锣鼓喧天，随着沈阳都市广播《买房听我说》节目主持人一明的出场进入主题。

▲ 图 13-9　舆论策略

13.6　病毒式营销

病毒营销，又称病毒式营销、病毒性营销、基因行销或核爆式行销，是一种常用的网络营销方法，常用于进行网站推广、品牌推广等。

病毒营销是指通过用户的社会人际网络，让信息像病毒一样传播和扩散，利用复制的方法一传十、十传百地扩散出去。也就是说，通过提供有价值的产品或服务，"让大家告诉其他人"，通过别人为企业宣传，实现"营销杠杆"的作用。

病毒式营销已经成为网络营销最为独特的手段，被越来越多的商家和网站成功利用，并且效果也非常好。

298 病毒式营销的特点

病毒式营销是通过利用公众的积极性和人际网络，让营销信息像病毒一样传播和扩散的方式，营销信息被快速复制传向数以万计、数以百万计的受众。它存在一些区别于其他营销方式的特点。

1. 利用热情的"病源体"

病毒式营销是利用目标受众参与的热情而发展壮大的，是几乎不需要成本的。当然渠道使用的推广成本还是需要的，只不过网民们受企业信息的刺激自愿参与到后续的传播过程中，企业的推广成本相比其他营销手段要少一些。

网民们为什么会傻傻地帮企业打广告呢？原因是第一传播者传递给网民群的信息是经过加工的、具有很大吸引力的产品和品牌信息，而不是赤裸裸的广告信息。正是这一披在广告信息外面的漂亮外衣，突破了消费者戒备心理的防备，从而实现了"病毒"的肆虐。还有最重要的是网民可以利用这些有趣的广告复制，分享到网络平台上增加自己的人气和粉丝。

2. 几何倍数的传播速度

大众媒体发布广告的营销方式是"一点对多点"的辐射状传播，实际上无法确定广告信息是否真正到达了目标受众。

病毒式营销是自发的、扩张性的信息推广，它并非均衡地、同时地、无区别地传给社会上每一个人，而是通过类似于人际传播和群体传播的渠道，消费者将产品和品牌信息传递给与他们有联系的个体。

例如，目标受众读到一则有趣的 Flash，他的第一反应或许就是将这则 Flash 转发给好友、同事，无数个参与的"转发大军"就构成了成几何倍数传播的主力。

3. 高效率的接收

大众媒体投放广告有一些难以克服的缺陷，如信息干扰强烈、接收环境复杂、受众戒备抵触心理严重。就如电视广告，在同一时段的电视有很多的广告同时投放，其中也有一些和同类产品类似的，这就在很大程度上降低了受众的接收效率。

而对于那些容易让人接受的"病毒"，受众从熟悉的人那里获得或者自己搜索得来的时候，不会产生抗拒的心理，在接收过程中自然会有积极的心态。接收渠道也比较私人化，如手机短信、电子邮件、封闭论坛等。

4. 波荡起伏的传播状态

病毒式营销它刚开始的传播效应比较慢，但是它在传播的过程中，会快速增加传播的效率，速度非常快，但达到饱和点时，又会衰退。针对病毒式营销传播力的衰减，需要在受众对内容产生免疫力之前，勾起受众的购买欲望，才能达到最佳的销售效果。

299 病毒式营销软文的分类

试想一下，每天每个人至少浏览几万字的信息，可是这其中能被记住的有多少？又有多少内容会被网友传播出去？哪些内容或者哪些字眼可以吸引网友的注意力？

"病毒式网络营销"最核心的就是"病毒"的制造。如何有效地实施"病毒式网络营销"，关键在于找到"病毒制造"的引爆点，以最快速度吸引目标受众的关注，最终达到广泛传播的目的。下面来了解病毒式营销软文的分类。

1. 免费电子书

对于人们来说，免费的资源是非常容易引人注意的，并会自主地进行分享和自发传播，如图 13-10 所示。

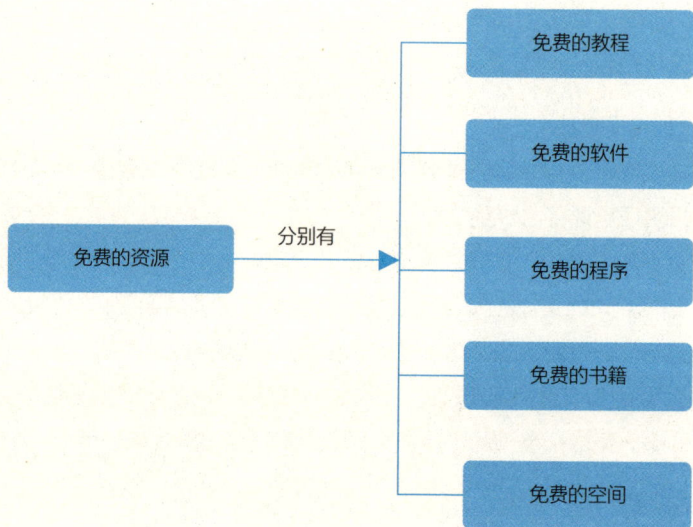

▲ 图 13-10 免费的资源

如今，免费的电子书是比较普遍的病毒营销方法，很多企业都会将自己的产品信息植入到电子书中，从而出现在网民的眼前，得到较高的曝光率。

2. 日常工具类

企业还可以将软文植入到日常生活中人们需要运用的工具或软文中，这样非常容易形成病毒式营销效应。企业常将自己的商业广告信息植入到 4 种日常工具中，如图 13-11 所示。

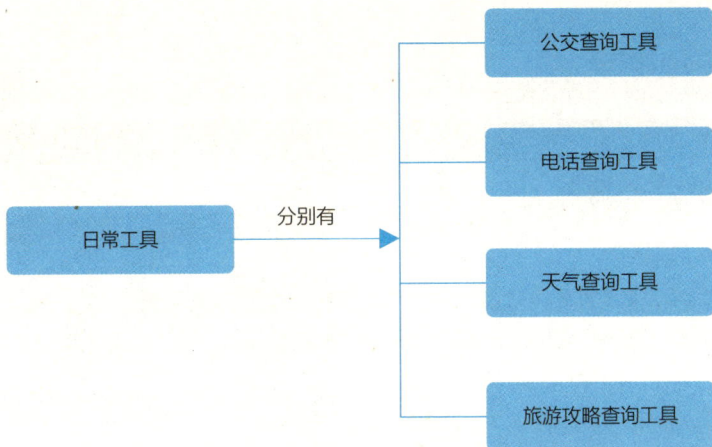

▲ 图 13-11　病毒营销常用工具

3. 娱乐话题类

如今人们的生活节奏非常快，他们在闲暇时就会寻找一些具有娱乐价值的活动、事情，打发自己的无聊时光。

并且娱乐方面的内容，比较容易引起人们的注意。若将商业信息融入到娱乐中来，必然能引起人们的关注，可以多制造一些话题、事件，这样就能具有足够的吸引力和趣味性，定能将病毒式营销运行起来。

13.7　新闻营销新玩法

时代在变，玩法也在变。常规的新闻营销方法已经很难再起到显著的效果，这时候就要寻求新的出路。

300　寻找热点

新闻营销软文其实与事件营销有异曲同工之妙，那就是围绕社会热点，结合自身产品进行推广。

那么该如何寻找合适的热点呢？企业可以运用以下 3 种新闻热点搜索工具，及时找到实时的热点新闻。

1. 百度搜索风云榜

企业在百度搜索风云榜中可以找到七日内关注度较高的内容、实时热点、当天上榜的新闻等方面的热点信息，如图 13-12 所示。

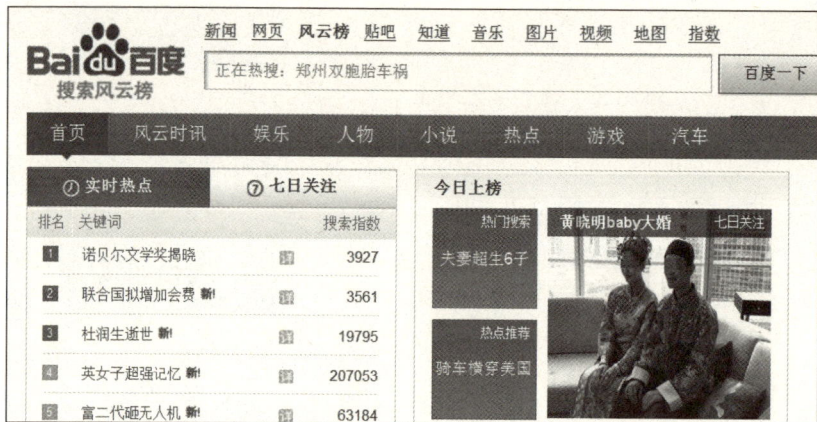

▲ 图 13-12　百度搜索风云榜

2. 新浪新闻中心

　　企业在新浪新闻中心中可以找到独家新闻、热点新闻、要闻、社会等方面的内容，如图 13-13 所示。

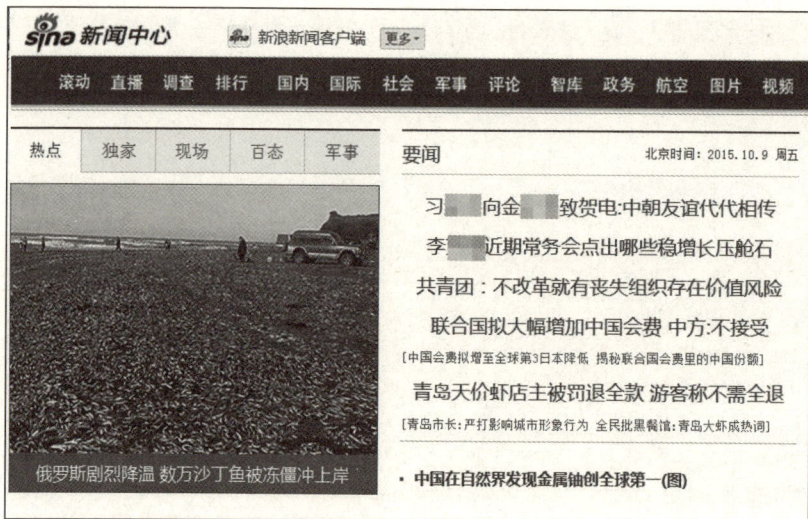

▲ 图 13-13　新浪新闻中心

3. 微博热门话题

　　企业在微博热门话题中可以找到热门微博、热门话题、综合热搜榜等方面的内容，如图 13-14 所示。

▲ 图 13-14　微博热门话题

301　选择合适的平台

　　企业进行新闻营销时，千万不要随意挑选平台进行软文新闻的发布，这样既费时又毫无效果，更重要的是很容易浪费钱。

　　所以笔者认为，企业只选择 2 种类型的平台即可，如图 13-15 所示。

▲ 图 13-15　软文的 2 个重要发布平台

302　进行互动

　　以前新闻营销的做法就是一次性在很多平台上发布软文，然后又不进行事后维护，这样的做法成效并不大。如今，新闻营销所看重的是企业与用户的交流互动，与人们多多接触，在沟通的过程中，了解人们对发布事件的看法，找出他们的需求，从而为营销活动进行新的部署。

例如，海尔集团为了给多年来一直赤裸亮相的"海尔兄弟"置办新的"行头"，特意在网上开展了一场别开生面的新形象征集活动。不过，海尔兄弟被喜欢奇思妙想的网友们"玩坏"了，在网络上出现了许多另类版本的海尔兄弟，如 Q 版、肌肉美男版、土豪版等，从而成为当时的热议话题。作品在微博上疯传，同时创造了品牌亲近消费者的机会，对海尔品牌传播非常有益。

第14章

软文的论坛、微博、百度营销

学前提示　互联网时代下的软文，必然需要跟人气较旺的平台接轨，这样才能擦出盈利火花。

本章节将讲述软文与论坛、微博、百度这 3 大平台的营销秘诀。

软文的论坛、微博、百度营销

软文论坛营销

软文微博营销

软文百度营销

14.1 软文论坛营销

企业利用论坛这种网络交流的平台，通过文字、图片、视频等方式发布企业产品和服务的信息，从而让更多的潜在客户深刻地了解企业的产品和服务，最终达到宣传企业的品牌、加深市场认知度的目标，这就是论坛推广。

303 论坛推广的定义

论坛又叫电子公告板，简称 BBS（全称为 Bulletin Board System 或者 Bulletin Board Service），是因特网上的一种电子信息服务系统。它提供一块公共的电子白板，每个用户都可以在上面书写，可发布信息或发表看法，用户在 BBS 站点上可以发布信息、进行讨论、聊天等。

论坛推广以文字、图片、视频等表现形式，在论坛、社区、贴吧等网络交流平台上发布帖子来进行推广，以提升品牌口碑、美誉度、用户数量等，它也被称为发帖推广。

304 论坛推广的流程

随着微信和微信公众平台的出现，软文营销中论坛营销所占据的比例相对于以前小了很多，不过仍旧不要小看论坛的力量，下面来看看论坛推广的流程。

1. 选择人气论坛

论坛的人气是决定帖子能不能火起来的首要因素。无论软文写得多精彩，如果放在一个网友少的论坛上，就算是最显眼的位置也没有多少人去看。

那么如何来筛选人气论坛？企业可以通过网上的一些数据来侧面了解哪些论坛比较好，或者可以通过百度、搜狗等搜索引擎进行了解。不同的文章主题选择的论坛或论坛版块是不一样的。例如，卖衣服的把软文发到豆瓣论坛，这就没人看了，而百度贴吧里的卖衣服吧版块就很合适了。

2. 首先要注册论坛账号

现在很多论坛都采用 QQ、微信、微博一键登录，当然也有原始的注册登录方法。企业在做论坛推广之前，首要任务是多注册几个账号，这些账号可以为以后暖贴、顶贴做基础。

笔者就拿注册新浪论坛为例，一步步带领大家实际操作。首先，在百度搜索关键词"新浪论坛"，找到新浪论坛官网并点击进去，如图 14-1 所示。

▲ 图 14-1 搜索新浪论坛官网

其次，找到新浪首页上的"登录"，然后点击，就会弹出一个框，找到"立即注册"并点击。除此之外还可以利用扫二维码、新浪微博、博客、邮箱账号直接登录。

然后，点击邮箱注册，按照新浪给的资料，一步步填写注册信息。如果邮箱不够，可以在 163 邮箱、126 邮箱、新浪邮箱等网站多注册几个。它们的注册门槛不高，利用注册字母邮箱连续注册好几个都没有问题。

笔者不建议用手机注册，因为太局限了，手机注册的账号的多少是凭借你手机号码的多少来决定的，不太方便。

最后，就到填写注册邮箱去验证账号信息了。进入自己的邮箱后点击猫扑发的链接。点击链接之后，页面就会跳转到新浪通行证，这时就证明注册完成，接下来就靠自己完善资料了。

3. 设置自己的个性签名

论坛个性签名，是指在某个论坛里，用户在帖子底部显示的文字、图像、链接，签名可以发挥自己的想象力，可在签名处放置自己喜欢的文字、图片。论坛个性签名可以用来彰显个性，吸引其他用户的注意，也可以放置外链，链接到自己的网站，用来免费地推广自己的网站和产品。

论坛签名一般有文本签名档、图片签名档、链接签名档3种模式。

• 文本签名档

文本签名档是指直接用文字写成的签名，你可以把它写得幽默风趣、浪漫文艺、情感丰富、恶搞、诗情画意等，如"我只是静默的在冒泡""两情若是久长时，又岂在朝朝暮暮""八戒，别以为你站在路灯下就是夜明猪了"。

这些带有个性的文本，会或多或少地增加用户的关注度。

- 图片签名档

图片签名档，顾名思义，就是用图片做个性签名，还可以加文字标题。如今是个快节奏的时代，很多人都不愿意花费时间到一堆文字上，而图片更容易被接受，图片做得特别一些，可以更容易抓住别人的眼球。

如宣传一个起司蛋糕，"起司蛋糕甜蜜在心口难开"就单单用文字描述一下，肯定不会有很多人注意，而用图片签名档就不一样了，用图片把蛋糕拍得很有食欲，再放到网上，喜欢美食的网民们，绝不会放过看上去感觉要口水直流的美味蛋糕，从而达到吸引网民注意的目的。

- 链接签名档

链接签名档，顾名思义，就是在签名档处放置链接。这种签名档要注意描述的措辞，用一些幽默的辞藻描述一下链接的去处，指引网民点击，注意广告味不要太浓，不然容易适得其反。

对于链接签名档，每一个论坛的不同级别是有功能限制的，有的论坛的等级和积分不够是暂时无法设置的。如出现"代码禁用"这样的提示，则说明账号等级比较低，不能设置链接签名，那就只能放弃做链接签名档，等到了级别够了再设置。

当账号达到了一定的等级时，你就可以在签名中使用编辑器放置链接了。有些论坛的签名处没有使用超链接的那个符号，可以直接添加锚文本或者是超链接，这个时候，就需要了解一些基本的签名代码。

4. 论坛中的新人报道

新注册的账号先到新人区发一个帖子报道一下，不同论坛对新人的发帖是有限制的，有的一天内限发一篇，有的积分不够需要赚取积分才能发帖，具体看该论坛操作提示。

例如，企业可以去"百度贴吧"里面的"新人吧"，是专门给刚注册的新人发帖子的地方，新人们可以互粉、互相学习，就算广告意图非常明显，也不会被人"鄙视"或被删帖。

305　论坛软文帖子写作方法

发帖是论坛推广的重中之重，帖子是维持论坛活力不可缺少的部分，逛论坛、看帖子已成了网上浏览的重要组成部分，因此只要帖子写得好，才能吸引网民阅读、回帖，甚至是转发。

该如何才能把软文帖子写得有吸引力呢？笔者总结了以下 4 种方法。

1. 用标题吸引眼球

如今，大部分网民上网的初衷就是在互联网上寻求一些放松，又怎么可能花费大量的时间，在互联网这个海量资讯媒体上把所有的文章都看完，那是不现实的。网民们在互联网这个信息海洋中对信息新奇度的要求非常高，只有能足够吸引眼球的标题才能换来网民的高点击率。

如在某品牌的面膜产品活动的营销过程中，帖子标题由"史上最有效的面膜"改为"面膜使用方法，你知道吗？""你还在用面膜杀手吗？"后，点击率由原来的每天 400 多飚升至每天 8000 多。可见，标题措辞很重要。

在选择标题的时候，忘记你推广产品人的身份，站在网上逗留的网民的角度来选择标题。笔者总结了以下几个写标题的注意事项。

- 标题要紧扣文章内容。
- 抓住浏览者的心理。
- 注意标题中所含的数字和字母最好使用半角字符。
- 标题中尽可能不使用英文。
- 新闻标题中尽可能地省略标点符号。
- 不做标题党，切忌文不对题。
- 标题中不得出现敏感的词汇。

2. 软文帖子中加入关键词

很多人写软文时，只注重软文如何吸引人，一气呵成，往往忽略了关键词的密度分布。就算软文写得很好，没有几个关键词是很难被搜索引擎收录的，就算收录了，也只会与靠前位置无缘，发帖者不能只守着论坛里面的网民，应该要扩大网民的阅读人数，而这一情况可以利用搜索引擎来实现，只要关键词被搜索引擎抓取，软文的阅读人数就会越来越多。

有人说过，一篇好的软文，不仅仅是那种用华丽的辞藻堆积而成的，应该是关键词贯穿于整篇软文，却不让网民在阅读时很明显地发现。

3. 注意企业广告的嵌入

如果发布的软文是为企业宣传专用的广告贴，一定要写得有技术含量，先满足大众再满足自己，无痕巧妙地植入广告才是最高明的手法。

306 发帖时间中的技巧

一篇帖子能否被关注，这和发帖的时间也有很大的关系。如果软文选择在午夜过后发表，那么软文推广效果就会大打折扣，因为该时间段论坛的在线人数相比白天来说少之又少。

笔者总结了一些网民的上网习惯，拿一个星期为稳定期来说，周一到周四网民人数比较稳定，周五到周日网民人数逐渐增加，自然对于论坛的反馈积极性有明显的提高。此时网民处于对周末的期待中，更乐意进行简单的转发。

工作日下班后的时段（18：00～23：00）营销价值大，周末午饭后（13：00～14：00）和晚饭前后（17：00～20：00）的用户互动更加积极，这两个时段用户转发和评论都比较积极。周末的23点之后仍是用户积极互动的时间，企业可以利用以上时间点更新软文，与网民互动。

14.2　软文微博营销

微博营销是微博催生的新兴营销方式，利用更新的140字内容跟大家交流，传播企业、产品的信息，树立良好的企业形象和产品形象，达到营销的目的。随着微博的火热化，越来越多的人注意到微博营销背后巨大的商业价值。

307　微博营销的定义

微博营销是指通过微博平台为商家、个人等创造价值而执行的一种营销方式，也是指商家或个人通过微博平台发现并满足用户的各类需求的商业行为方式。微博相对于强调版面布置的博客来说，其内容由简单的语言组成，对用户的技术要求门槛很低，而且在语言组织编辑的要求上也没有博客高。

在微博平台，用户只需要用很短的文字就能实现表达自己的心情或者发布信息的目的，这样便捷、快速的信息分享方式使得大多数企业与商家开始抢占微博营销平台，利用微博"微营销"开启网络营销市场的新天地。

💡 专家提醒

现在，用户基数最多、流量占比最庞大的微博平台是新浪。新浪微博凭借着其强大的用户量，成为了微营销的最佳选择。

新浪微博是相当大的一家门户网站——新浪网于2009年8月推出的微博服务类网站。新浪微博的测试版推出后，便以极快的速度进入中文主流上网人群的视野。

微博是从一个单纯的社交和信息分享平台转化而来的。在网络营销时代，微博凭借其巨大的商业价值属性成为了企业重要的网络营销推广工具。微博营销的特点主要体现在以下几个方面。

- 微博营销可以借助先进多媒体技术手段，通过文字、图片、视频等形式对产品进行描述，从而使潜在消费者更立体地接受信息。
- 微博营销发布信息主题，无须经过反复的行政审批，从而节约了大量的时间和成本。
- 一条关注度较高的微博在互联网及与之相关的手机平台上发出后，短时间内通过互动性转发就可以抵达微博的每一个角落，达到短时间内的目标人数。
- 通过粉丝关注的形式进行病毒式的传播，影响面非常广泛，同时，名人效应能使时间的传播呈几何级放大。

308 微博营销的流程

1. 设置一个个性的昵称

昵称是基本信息中和微博定位关系密切的一个内容，只要把握好其设置原则和技巧，就能随意设置适合微博营销的昵称。

首先，在设置昵称前，企业要搞清楚4大原则。

- 设置昵称时，字数不要超过7个字，最好压缩到4个字。
- 让消费者知道你是做什么的。
- 让消费者知道从你这能买到什么。
- 让消费者在看到你的名字以后就能知道你们公司到底有什么。

然后，要注意以下2点技巧。

- 昵称一定要突出所在行业的关键词，同时兼顾目标群体的搜索习惯，并尽量增加关键词的密度，以便获取更多被检索的机会。
- 在设置昵称时，可按照"姓名＋行业＋产品"来取名。

总之，微博的昵称设置首先要考虑到搜索的需要，设置起来就要注意用户的搜索习惯，这样能保证你被其他消费者尽早地发现。因为用户搜索一般是搜行业或者产品，不会直接搜你的名字的。

2. 让头像与众不同

如果是企业品牌微博，可以用品牌标识做头像；如果是店面微博，可以用店面或商品照片做微博头像；如果是连锁品牌，就可以用连锁品牌的名称或标识。

3. 让人印象深刻的简介

简介是微博账号设置基本信息里的最后一项内容。企业可以根据自己的产品准备很多词组，去掉个人标签用掉的几个，剩下的就写到这里来。注意，不要真写成一句话，更不要写成浪漫的诗情画意的一句话，励志的东西写在这里也是没用的。

简介的内容还需要根据搜索概率来写，需要注意的是词语之间要用空格隔开，不要用任何标点符号。其次写完后要加一个自己的电话号码、微信号或者 QQ 号，但最好不要写网址，因为对于手机用户来讲写在简介中的网址是无法直达的。

4. 要记得完善基本资料

个人微博的基本信息里面，个人标签、个人介绍、头像这几项内容一定要填写完善，工作信息、职业信息也要完善，这样用户才能根据里面的关键词搜索到你，而且还会给人一种真实的感觉，从而增加用户的信任感。另外，最好要绑定手机，这样能充分利用微博的高级功能，否则有些功能是用不了的。

5. 活用微博里的广告牌

微博广告牌类似于 QQ 空间的背景设计，充分利用这个位置来做宣传，但前提是开通会员，这样才可以设置自定义背景。然后利用这个广告牌把二维码、电话号码、网店地址、QQ 号等写在这里，在别人打开微博主页的第一眼吸引住他。

微博最好申请认证，增加可信度，让用户消除戒备心理。

309 微博营销的技巧

一个合格的微博，只做前期的工作是不够的，更重要的是后期的内容更新以及推广技巧，不要注册好了一个微博，却放在那当摆设，不去更新它，或者是一天发一百条，这样都是没必要的。保持每天平均发三四条也就行了，但是内容一定要吸引人。

一个微博，如果内容来来去去都是那些无趣的东西，用户也就会慢慢地对这个微博失去兴趣。相反，如果微博每天都有一些用户感兴趣的创意新颖的内容更新，那么用户对于微博的忠诚度也会提升，并且主动转发微博让更多的人来关注。就如一组简单、搞笑的动态图，就能引起广大网友的转发、评论和点赞。

下面介绍一些微博内容的推广技巧。

- 坚持原创内容建设，制定适合的转发热门内容的比例。
- 适当利用时光机可以降低工作量，增加发布频率，增进微博活跃度。
- 图文并茂的内容更受人欢迎；在图片上打上水印，有利于微博的推广。
- 重视突发事件的直播报道和现场直播，更容易受到网友关注。
- 内容要贴近生活和现实、新闻热点、事件；热门排行里的内容更受用户关注，可以适当转发和参与。

1. 微博标签的设置技巧

微博个人标签能让用户搜索的时候快速找到你，还能增加在搜索结果中排名靠前的概率。

个人标签的设定很讲究，可以通过以下 10 大关键词的设置来体现。

- 设置 6 个完整的关键词，如美容类的标签，站在消费者的角度可写下"美白""养颜""祛斑""祛痘""瘦身""祛疤"等。

- 设置 4 个拆分的关键词，例如美、白、痘、祛痘等，这样做的目的是让一个字能匹配到自己，两个字也能匹配到自己，三个词也能匹配到自己。

总之，微博标签词的匹配度越高，被用户搜索并曝光的概率就越高。当然微博个人标签设置还是有一定规则的，不能盲目地去设置，不然是没有什么好的效果的。下面笔者总结了设置微博个人标签的 5 个规则。

- 定期调整标签词汇：企业需要提前准备十几组标签词汇，定期去看用户的搜索习惯，根据搜索量最多的词汇来调整自己的标签。

- 注意概率问题：微博作为一个平台，不可能所有搜索到的人都去关注自己，有百分之一的关注就已经很不错了。

- 根据节假日更换标签词：标签词最好一个月换一次，如果遇到节假日就更换与之相关的标签词，如"情人节"，就把"情人节"写进标签里，当人们搜索关于情人节的词汇时，就会搜索到自己的微博了。

- 为标签进行合理排序：选好了标签词，就要合理地排序，进行优化，前面的 6 组词都用 4 个字的词语，从第 7 个词开始，按照 4、3、2、1 个字的顺序来写，如"美容瘦身""美容瘦""美容""美"。

- 重视 4 字词语的作用：在产品比较多的时候，标签能写出 4 个字的就尽量写 4 个字的词语，如买衣服就可以用"服装女装""服装裤子""服装男裤"等，这样的好处是可以写更多的词，在用户搜索的时候会自动匹配到自己的关键词。

2. 微博增粉的技巧

微博营销是一种基于信任的用户自主传播的营销手段。企业在发布微博营销信息时，只有取得用户的信任和兴趣，用户才可能帮企业转发、评论信息，使信息产生较大的传播效果与营销效果。

企业想要提高粉丝量，首先得要知道自身微博的状况，自己微博的粉丝量决定了营销的效果。每个微博账号最多只能加 2000 个关注，因此，对企业来说，当粉丝还没到 1000 的时候就诚信互粉，到了 1000 的时候就开始清理关注的人了，把那些粉丝量少的清理掉。

随后，企业可开始进行微博定位，同时每天要有计划地发布内容，不要发布一些没用的，应该发一些原创的、有趣的高质量内容。长此下去，粉丝量将迅速增长。当然想要提高粉丝量还需要掌握以下几点技巧。

- 坚持原创，吸引志同道合的人关注。

- 多更新微博，不要半途而废。
- 多组织活动，吸引粉丝加入，提升微博的传播力，并在实践中不断提升自己的话题策划能力。
- 多与粉丝互动，积极 @ 别人并回复、转发、评论、点赞。
- 积极向知名微博投稿，推荐自己，引起活跃粉丝的关注与支持。

3. 微博品牌营销的技巧

在微博的平台里，企业可以对用户进行实时跟踪，从而快速地了解到用户对企业产品或服务的评价或请求帮助等信息。企业还可以通过微博来回复用户的信息，以解决用户的问题，避免用户因为不满而大规模地在网络上传播对企业不利的信息。微博这个服务平台能快速解决用户的问题，有效地提高客户的满意度，并实现品牌真诚度的累积。

企业对微博的关注反映了新媒体在"消费者对品牌进行公开讨论"方面的力量，对品牌的真正话语权已经转移到消费者手中，这是技术使然。

4. 与粉丝互动的技巧

进行微博互动营销，最主要的一点就是要主动与别人进行互动。当别人点评企业或者个人的微博后，博主就可以和他们进行对话，还可以去创办一些热闹的活动，让用户去参与。这样才会增加用户的关注度和参与度，才会使这个微博的内容得到传播。

抽奖活动或者是促销互动，都能吸引用户的眼球，使企业达到比较不错的营销效果。只要规定用户按照一定的格式对营销信息进行转发和评论，就有机会中奖，用户就会积极参与。

如果是促销活动，就一定要有足够大的折扣和优惠，这样才能够引发粉丝的病毒式传播。

促销信息的文字要有一定的诱惑性，并且要配合精美的宣传图片。此外，企业与商家如果能够请到拥有大量粉丝的人气博主帮自己转发微博消息，就能够使活动的效果得到最大化的发挥。

总之，获得用户信任的最重要的方法就是不断保持与粉丝之间的互动，让粉丝感觉到企业的真诚与热情。企业要经常转发、评论粉丝的信息，在粉丝遇到问题时，还要及时地帮助其解决问题。只有凡事都站在粉丝的角度来考虑问题，才能与粉丝结成比较紧密的关系；如此一来，在企业发布营销信息时，粉丝也会积极帮企业转发。

14.3　软文百度营销

百度推广是国内首创的搜索引擎的网络营销推广方式，简单便捷的网页操作可以给企业带来大量的潜在客户，有效提升企业的知名度。

百度已经与人们的生活密不可分了，遇到什么难题，人们都会随口来一句"有问题，上百度"。每天都有很多人在百度上查找信息，只要企业在百度注册与产品相关的关键词后，就会被主动查找这些产品的潜在客户找到。

310 百度推广的定义

百度推广，由百度公司推出，企业在购买该项服务后，通过注册提交一定数量的关键词，其推广信息就会提前出现在网民相应的搜索结果中。简单来说，就是当用户利用某一关键词进行检索，在检索结果页面会出现与该关键词相关的广告内容。

关键词广告只有在进行特定关键词的检索时才出现在搜索结果页面的显著位置。如企业主在百度注册提交"家纺"这个关键词，当消费者或网民寻找"家纺"的信息时，企业就会优先被找到，百度按照实际点击量（潜在客户访问数）收费。

311 百度推广的3种方式

互联网的时代，很多传统企业都开始注重网络营销。在网络营销中越来越多的企业把目光转向了百度，百度不仅仅只为普通网民服务，它还为企业提供推广方式。为此，笔者总结了以下3种百度推广方式。

1. 百度竞价

在网络营销中越来越多的企业开始做百度竞价。百度竞价是指企业的产品、服务等通过关键词的形式在百度搜索引擎平台上做推广，它是一种按效果付费的新型而成熟的搜索引擎服务。企业在搜索引擎排名的高低取决于企业对百度竞价出的价格，百度竞价是一个很高效的推广方式，客户精准，见效快。

但是，如果盲目跟风做百度竞价，估计企业只赔不赚。如果企业把关键词设为广泛匹配，成交率大大降低不说，在推广方面所花费的费用就特别得多；长久下去，企业很有可能垮掉。那么怎样才能做好百度竞价呢？

- 结构要清晰。

企业在进行百度推广时，应根据不同的目标建立不同的推广计划和推广单元。把推广计划和推广单元分门别类管理起来，可以方便企业高效地管理账户。一个结构清晰的推广计划、推广单元可以提高关键词的质量，做过百度竞价的人都知道质量的重要性。

- 区域不同价格也就不同。

企业在做百度竞价推广时，不同地区的关键词，竞争程度不一样，关键词排名也不一样，不要把所有关键词的价格设置为一个价格，比如说"网络营销"这个词在北京要二十几元才能排名前三，而在其他边远城市这个词几块钱就能排名前三。

如果全部都设为二十几元，企业不亏才怪！企业可以建立一线城市、二线城市、三线城市推广计划，分别给同一个关键词设置不同的价格，再设置不同的区域。

- 搜索页面位置。

一般企业在做网络营销的时候都会觉得不管做什么推广，自己产品排在靠前位置是最好的，百度竞价排名也是如此，排在第一，点击率肯定是要比下面的要好，但是这样误点击量就会比较多，至少与下面的排名相比误点击率多了30%。由此可见，排名第一虽然效果比较好，但也要考虑自身实力和性价比。

所以，笔者认为百度竞价推广的排名在第三、第四位就很好了，网民几乎都有货比三家的心理，会习惯性地多点击几个网站作对比，而与排在下面的误点击量相比还少一点，符合常人的购买心理，还能节约不少成本，何乐而不为呢？

- 创意标题。

企业在网络营销中做百度竞价推广，不管关键词选择多么合适，推广计划和推广单元规划得多么完美，百度竞价推广链接没有人点击，那一切都是"无用功"。企业应该设置比较有创意的标题，吸引客户点击，企业只要掌握了设立百度竞价推广的广告标题的技巧，那么创意标题就可以信手拈来了。

2. 百度优化

百度优化推广也可以称为百度 SEO，它讲究的是搜索引擎中的自然排名，是一种利用长期总结出的搜索引擎收录和排名规则，对网站进行关键词、内容、版块、布局等的调整，使网站容易被搜索引擎收录且不需要花费很多成本。为了更好地认识到百度优化推广，笔者总结了以下 4 点百度优化推广的优点。

- 覆盖面广。企业针对百度进行优化排名，在其他搜索引擎上的排名也会受到影响，会在无形中给企业带来更多的有效访问者。
- 稳定性强。网站只要是用正规手段做的百度优化，并且维护得当，排名的稳定性非常强，所在位置数年时间也许都不会变动。
- 认知度高。随着网络营销的趋势发展，琳琅满目的广告充斥着互联网，大部分的网民看到"推广"字样的广告几乎是无动于衷的，而对于自然排名出现的广告，网民们就没有那么的排斥，对其认知度反而会有很大的提升，无形中可以提高企业品牌形象。
- 价格低廉。百度优化推广几乎不需要花费成本，除非新手实在不知道怎么操作，可以找网站优化服务商帮忙代理优化。

3. 免费的百度推广

以网络营销来说，百度不仅提供企业有效的付费推广，还提供了很多可以免费做推广的平台，充分给企业创造出了零基础的推广舞台。

- 百度百科。百度百科是百度公司推出的一个内容开放、自由的网络百科全书平台，它可以满足大部分网民迅速获取知识的需求，而且向所有人开放了一个免费获取知识的途径，其强大的内容生产力，可以为网民提供权威、可信的知识。企业可以通过百度百科，介绍企业品牌、产品等信息，让广告打得理所当然。

- 百度知道。百度知道是一个基于搜索的互动式知识问答分享平台，用户可以针对性地提出问题，通过积分奖励机制发动其他用户来帮助解决问题。对于企业来说，百度知道是一个非常好做网络营销推广的平台，很多人遇到问题都会在百度知道里搜索或提问，从而得到帮助。那么企业可以采取自问自答式，用不同的账号和IP 地址提问并回答，只要回答的内容对用户来说是有用的，就会被用户点击。

- 百度图片。互联网是个丰富多彩的大家庭，网民们喜欢在互联网上吸收图文并茂的知识。百度图片的数量多，种类丰富，能满足用户的需求。企业可以把一些图片加上水印并上传到一些大型的网站、论坛及相册中，等待百度的收录。

- 百度贴吧。百度贴吧是网民空闲时喜欢聚集的地方，很多企业都选择在百度贴吧里做网络营销推广，利用发布"软文"的方式与网民互动、交友，达到一种广告宣传的效果。百度贴吧里设有广告发布专用贴，输入需要发布的广告内容，直接提交上去，不过这种帖存在时间不长，一般就两周的时间。

第 15 章

案例：电商软文

学前提示

除了传统企业进入电子商务应用了软文之外，各大中小卖家也开始重视软文，软文营销在电商行业占的比重也就越来越大。

随着微博、微信等营销手段的出现，卖家在进行各种形式的营销推广之后，发现软文始终占据主流。但要注意，电商软文也需要进行策划，才能做到事半功倍。

软文对电子商务的影响

电商软文撰写方法

淘宝店的软文营销应用

15.1 软文对电子商务的影响

互联网是一个全球普及的网络平台，它不再局限于某一地区或某一国家，而是将其宣传推广力度发展到全世界的范围中来，让企业的品牌效应超越了空间的限制。

选择软文营销手段，则可以有效地打破具有局限性的传统营销方式，将产品面向全世界。软文的出现，让电子商务寻找到了一种新的营销手段。

312 电子商务离不开软文

通过门户网站发布软文，合理有效地向网民定向传播品牌信息，以门户网站的权威性和门户网站的公信力作为支撑点，逐渐提高企业品牌的知名度、用户的好感度、用户的忠诚度，从而给企业带来意想不到的收获。

用较少的投入，吸引潜在消费者，增强产品的销售力和美誉度，提升网站的品牌度，在软文潜移默化的作用下，达到产品的策略性战术目的，引导消费群购买。一篇软文只有核心价值明确，才可以引起更多读者的共鸣，从而让读者成为企业的潜在客户。

软文营销效果虽然不比电视广告形象，但是它具有低成本、推广范围广等优点，对于电子商务来说，是一种非常合适的营销方式。

313 软文营销带动电商发展

随着电子商务的发展，不少企业都涉足其间，可极高的推广成本，让很多小型企业吃不消，于是就出现了大型企业风生水起，小型企业步履维艰的现状。

软文营销低成本、高效率的特点，完全符合小型企业的需求，于是，无论是阿里巴巴、慧聪网等大型企业，还是中国制造网、广新交易会这些 B2B 电子商务平台以及小型企业，都一直注重软文推广，由此可以看出软文营销已经成为了电子商务中尤为重要的一环。

15.2 电商软文撰写方法

撰写电子商务软文的时候，需要掌握一些方法，这样才能事半功倍。下面我们就来了解电商软文撰写方法，如图 15-1 所示。

314 切入行业趋势

在电商软文中切入行业趋势，能提高企业或产品在市场上的地位，不仅能吸引消费者的关注，还能引起竞争者的注意，在行业内塑造好的口碑。

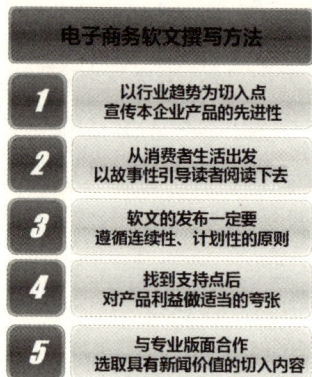

▲ 图 15-1　电商软文撰写方法

　　切记电商软文的重点不是为了宣传行业的趋势，而是利用行业趋势来突出自身产品的优势、性能、特点，是借宣传行业趋势之口，造就软性广告的生成。

315　带入生活故事

　　所谓的带入生活故事，是指在软文中利用客观现象，来组织一个故事，巧妙地突出产品的功效，这样的做法能大大地提高读者对产品的信赖感，并且更容易吸引读者的注意力。

　　例如，索芙特香皂，用故事的方式讲述了木瓜美白香皂的真实事例，从而吸引了大批年轻女性消费者，让索芙特香皂在当时获得了不少的红利。

　　那么就会有人问为什么"索芙特木瓜美白香皂的真实事例"能引起女性消费者的关注呢？那是因为它很巧妙地抓住了女性消费者的美白需求，大大地突出了索芙特木瓜美白香皂的功效，由此，女性消费者才会愿意购买。

316　留下伏笔

　　在撰写电商软文的过程中，最好留下伏笔，而这个伏笔的作用，是为下一篇软文做铺垫，这样连续下来，就会像一个连载短篇故事一样，为读者制造可想象的空间以及期待感。这样软文撰写者就不怕软文没有曝光率了。

　　需要注意的是，下篇软文的故事要与留伏笔的软文相衔接，且下篇软文还要有其他的故事，不能与上篇重复，要多制造一些新鲜感。

317　利用事实做渲染

　　软文撰写者写软文时千万不要胡编乱造，一定要真实，不要对企业或产品的声誉有所影响，届时就得不偿失了。

但是，软文撰写者可以稍微对事实进行适当渲染，用幽默的口吻突出产品的功效，以及给读者一个购买产品的理由。

例如，推广油漆，则可以利用甲醛来做文章："在装修的过程中，很容易产生甲醛，而甲醛的危害大家也是有目共睹的，特别是对免疫力稍差的小孩和老人来说，很有可能成为致命伤害。由此，某某油漆，为了给人们制造一个健康的环境，努力研究出绿色环保的油漆，成为人们的骑士，保护我们免受甲醛的伤害。"

318 掌握消费者心理

电商优秀文案往往都是"心理专家"，这些优秀文案通过文字＋图片＋色彩的组合来满足消费者的心理需求或心理期望，才能轻而易举地让人们关注产品并进行购买。

所以，文案要走心，并不是一味地追求文字优美，也不是简简单单地解释产品信息，更不是堆积无数个促销信息，它是以消费者心理、消费者需求、消费者期望为前提，或幽默、或富有诗意、或创意无限地进行产品信息的诠释、促销信息的展现、活动的开展等。

15.3 淘宝店的软文营销应用

很多人以为淘宝网和软文的联系并不大，其实这种观点是不正确的。在淘宝网上，软文是无处不在的，只不过并不是太明显。下面我们就来了解淘宝店中的软文营销。

319 了解淘宝

淘宝网由阿里巴巴集团在2003年5月创立。淘宝网一直提倡诚信、活跃、快速的网络交易文化，坚持"宝可不淘，信不能弃"的企业文化，也正因为如此，才使得淘宝网各大版块都受到消费者的热烈追捧。下面我们就来了解淘宝网中的版块。

1. 阿里旺旺

阿里旺旺，一种即时通信软件，供注册用户之间交流沟通，是淘宝网官方推荐的沟通工具。在淘宝网交易过程中，官方认可的是淘宝旺旺交易时的聊天记录，聊天记录会被保存为电子证据。

2. 淘宝店铺

淘宝店铺是指所有淘宝卖家在淘宝所使用的旺铺或者店铺，淘宝旺铺是相对普通店铺而言的。不过每个淘宝店铺开业时，拥有的都是系统默认的店铺界面，这也就是常说的普通店铺。

而淘宝旺铺，也就是个性化店铺服务，是由淘宝提供给淘宝卖家，允许卖家使用淘宝提供的计算机和网络技术，实现区别于淘宝一般店铺展现形式的个性化店铺页面展现功能的服务。

3. 淘宝指数

淘宝指数是一款基于淘宝的免费数据查询平台。用户可通过输入关键词搜索的方式，查看淘宝市场搜索热点、成交走势以及定位消费人群在市场中的变化趋势。

4. 快乐淘宝

2009 年 12 月，淘宝和湖南卫视合作组建"快乐淘宝"公司，联手拓展电视网购新市场。2010 年 4 月湖南卫视推出"快乐淘宝"节目，淘宝网上则开辟"快乐淘宝"子频道专区和外部独立网站，创建了电子商务结合电视传媒的全新商业模式。

5. 淘宝基金

2013 年 11 月 1 日中午，淘宝基金理财频道上线，泰达瑞利、国泰、鹏华、富国等多只基金也将成为首批上线的基金淘宝店。淘宝基金刚一上线，就得到了很多企业和淘宝卖家的喜爱。

6. 淘点点

淘宝推出"淘点点"，为的就是重新定义"吃"。淘点点是淘宝推出的移动快餐服务平台。

用手机下载"淘点点"，进入外卖频道，用户就可以方便地搜索到附近的盒饭、水果、饮料、蛋糕等外卖信息。通过淘点点，消费者可以随时随地自助下单、付款，留下送货地址和电话即可，而且淘点点中外卖商户的服务和送货速度是很快的。

320 宝贝描述中的软文

在淘宝店铺中，一款产品很有可能在同一秒钟内被上万的买家同时点击浏览。一个好的宝贝描述胜过一名优秀的销售专员，店主们要让买家从看到自己的产品介绍到被吸引，最终形成购买行为。因此，做好宝贝描述，是决定淘宝店转化率的重要因素之一。

如果关联一些其他商品或者类似商品在宝贝详情页前面，没准用户就会产生兴趣，这样就增加了其购买其他商品的可能性，从而让其有更多的选择机会，增加用户黏性。

321 取个有吸引力的标题

在淘宝上开店，要想让宝贝被顾客搜索到，应该重点优化宝贝的标题，具体应该怎么做呢？

之所以强调淘宝店商品标题的优化，是因为在影响淘宝站内搜索结果排名的诸多要素中，宝贝标题描述绝对是最重要的一个。建议将标题设置得生动、可爱一些，从而吸引买家的注意。那么，有哪些技巧可以供店主们学习呢？

（1）利用宝贝中心词提升搜索权重。什么是宝贝的中心词？就是店主发布宝贝时的类目词，也可以是名称词。例如，店主发布的商品是一款鞋子，那么中心词就是鞋子，并且中心词前最好加一个热搜的关键词。

（2）留出必要的空格。标题到底要不要空格呢？当然要留出空格，例如搜索"女装Ｔ恤"和"女装　Ｔ恤"，留出空格便将一个关键词变成了两个标题关键词，更易于消费者搜索店铺商品，这对于提高宝贝的被搜索率是很有必要的。

（3）宝贝标题绝对不允许有特殊的符号。笔者看过很多的女装、鞋店、减肥店铺宝贝描述里有"★""＝"等符号。殊不知，这些符号添加上去过后，宝贝的访问量会变得极少。而可使用的符号有"/""|""空格"或者"＋"等。

322　注意宝贝关键词

淘宝店宝贝标题的核心就是关键词，那么究竟什么是宝贝关键词呢？

宝贝关键词，是买家根据自己所需而搜索的产品名称，这个产品名称可能是一个单字，也可能是一个词汇，更有可能是一个短语。例如，"长裙""长棉裙"，就是2个不同的关键词，搜索的结果也就不同。

一个优秀的宝贝标题的关键词，既要靠点击率，也要由成交量来支撑。在店铺商品上架时，店主就应该考虑如何找准宝贝的关键词，最好的办法就是参考同行的做法，看看其他人是怎么做的。

商品关键词的设定，会直接影响商品的浏览量，进而影响商品的销售量。商品的关键词设定有以下几种方式。

- 促销、特性、形容词＋关键词。
- 地域特点＋品牌＋商品关键词。
- 品牌、型号＋促销、特性、形容词＋商品关键词。
- 店名＋地域特点＋商品关键词。
- 品牌＋促销、特性、形容词＋商品关键词。
- 信用级别、好评率＋店铺名称＋促销、特性、形容词＋商品关键词。

323　宝贝描述软文要图文结合

在进行宝贝描述时，我们可以采用图文结合的方式来展示宝贝详情。具体应该怎样做呢?

对于淘宝店来说,网购者大多会利用自己的第一印象来确定消费目标,购买欲望往往是在看到宝贝的第一眼产生的,但大量的文字说明,会让买家看得很累,不愿意阅读。买家更想看到的是图片,图片和文字相结合,让人看起来很轻松,同时也可以将宝贝细节展示出来。

因此在宝贝描述时,最好采用"文字+图像+表格"的形式,这样看起来更加直观,能够第一时间抓住顾客的心。

324 软文中展示买家好评

在淘宝、京东等网络购物平台,"羊群效应"是最常见的现象,就是购物者跟风购买评价最多的商品。那么,淘宝店店主应该如何利用这种现象来增加店铺销量呢?

淘宝店与实体店不同,买家无法直接看到商品,因此需要参考其他购买者的评价,来决定是否购买。所以,信用评价良好是交易成功的重要因素。

已经购买了商品的买家的评价,可能会对正在犹豫是否购买商品的顾客起到决定性作用。因为卖家提供的商品信息可能宣传性太强,而买家留下的评价却是真实的。

好评率在网店运营中显得尤其重要,许多店家会推出不少优惠活动,希望购买者给予五星好评,目的就是避免中差评影响其他顾客;同时,不少店家会在商品详情页展示买家好评,吸引其他买家购买。

325 软文中展示售后与质量保证

在网购过程中,消费者难免会对产品质量以及售后服务等有所疑问,店主应该如何打消买家的顾虑呢?

一般除了商品的详细情况以外,买家还会关心商品的售后服务以及质量保证,如什么情况下可以退货、什么情况下可以换货,以及退货产生的邮费由谁承担等。如果宝贝有厂家质量保证,卖家允许买家在规定时间内退换货等,无疑会对商品销售起到积极的推动作用。

第 16 章

案例：房地产行业软文

学前提示

伴随着互联网的风生水起，网络营销以其快捷、低成本、高覆盖面的特点与优势迎合了时代进步与科技发展的潮流。

房地产企业忽然发现，在网络时代传统的营销不再那么灵验了，软文营销成为了强力而且灵活的营销手段，房地产软文应运而生。

案例：房地产行业软文

房地产软文类型

房地产软文篇章结构

房地产软文发布平台及方法

房地产软文写作技巧——3种方法

房地产软文写作注意事项

16.1　房地产软文类型

房地产软文营销与传统软文营销相比，最大的特点在于其本质上是一种互动营销，即楼盘的开发商利用互联网，通过对不少平台的架设，如采购平台、广告平台、销售平台、信息平台、交流平台以及管理平台等，分别与供应商、目标消费群、业主等群体发生的信息交流的过程。其信息流向是双方或者多方相互进行的，而非一种单方面进行的。

下面进一步来了解房地产软文的一些类型和写作方法，以便在软文写作中事半功倍。当然，方法也不是一成不变的，遇到具体问题还要具体分析，活学活用。

326　常规类

常规类软文，也就是在开发商没有任何活动，没有任何节点，也没有什么特殊事情的时候，做出常规的软文发布。软文营销最重要的一点就是持续，虽然并不提倡以量取胜，但是必要的持续性还是需要的。

这类型软文是最基础的，只需要在文章里面将项目信息适当地结合进去，而标题和正文内容也可以适当发挥。

下面就来欣赏一篇常规类房地产软文。

上层生活 尚品人生

——新城金郡的格调生活

不一样的追求不一样的建筑

当对手表的需要不再满足于看时间，FlorentineA·Jones 设计了 I-WC；当对房子的需要不再满足于居住时，新城房产推出了新城金郡。

在素有"山水苏州，人文吴中"美誉的苏州吴中区，新城纵观城市、建筑、历史等人文范畴内容，融合自然环境、地域文脉、城市肌理等要素，推出了南苏州首创纯英伦领域生活空间，让生活换个风景，让人生换个高度。

英伦风情上层生活

上层生活，尚品人生，新城金郡整个社区西侧规划了错落排布的高层与小高层精装格调公寓，建筑遵从舒适人性要求，将高贵的庄园风格贯注于建筑的核心之中，结合现代施工工艺和审美潮流，提炼出既有原汁原味英伦风情，又适合现代人居住需要的建筑视觉场景的造型语言，流露出自然温馨、含蓄内敛的尊贵气质。建筑以新古典主义的设计手法，造型注重多维立体效果，使各个立面均拥有一流的景观、采光等物理条件。

通过建筑平面、造型的错落，打造出一条风格各异、空间变化丰富的天际线，结合自然风格的园林、山水诸多景观，营造出具有人性化、舒适感、自由度、英伦气质的建筑。

上层寓所享受尚品人生

新城房产认为，人居的根本在于"人"。"建筑生活，从了解客户的生活开始"，时刻聆听居住者对房子的建议与要求，深入及时地了解他们的期望，是新城房产始终秉承并坚定执行的服务原则；为客户持续提供超越期望的产品与服务，是新城房产永恒的追求。

在当今社会，追求速度和高度已经是一种社会认可，而生活，也更多地向上层发展，用上层的视野和心境，俯瞰人生全景。

上层生活，是一种时尚，一种流行，出挑地立于各楼盘之间，用高度彰显身份；尚品生活，是一种格调，一种态度，闲看云卷云舒花开花落，用淡定彰显气质。

新城金郡推出的高层和小高层寓所，正是用接近尚品人生的角度，打造出的完美英伦上层生活，用傲踞石湖板块的眼界，献给懂得生活格调、追寻人生境界的高端人士。

新城金郡位于苏州城南市郊，越湖板块东面，紧邻石湖风景区，人民路延长线段与永新路高架就在近旁，交通便捷，项目占地面积 300000 ㎡，建筑面积 460000 ㎡。承袭经典英伦建筑风格，75 ~ 140 ㎡精品公寓与 120 ~ 220 ㎡花园洋房，及少量臻稀别墅错落排布，成就了城南首席英伦风情生活领域。

【分析】这就是一篇中规中矩的房地产软文。

- 以一个可以吸引眼球的标题和首段来开篇。
- 叙述出对于英伦生活的感悟和向往。
- 软文将新城金郡的生活格调与英伦的上层生活格调相结合，从而引出现代人对于生活格调的追求。

这样写不会将显得太过于突兀，同时也有一定的艺术性，使读者可以很自然地接受。这类型的软文就非常适合作为持久性的常规软文进行发布。

常规类软文的最大特点就是拥有长时间持续发布的能力，所以除了上面的这种写法，还有一种系列类型的写法，就是将一段时期内的软文写成一个彼此相连的系列，这样就可以让读者产生期待，从而增强常规类软文的持续性。

需要注意的是，无论是何种类型的软文，撰写与发布的最终目的是给房地产项目带来广告的效用，所以在撰写的时候一定要记得将项目的信息融合进软文当中，并且不能太过于生硬，不然软文就会变成硬广，这就违背了软文营销的初衷。

特别是常规类的房地产软文，如何将项目信息不着痕迹地融合进软文当中就成为了常规类软文写作的重中之重。

327 节点类

想要熟练运用此类型软文，首先需要知道什么是节点。节点是指项目销售控制过程中的各个时间点。销售节点还可以根据季节、节日、消费习惯等区分。根据项目不同，各节点的注重点也会有所区别。

说得通俗一些，节点也就是时间节点，比如什么时候开盘、什么时候发 VIP 卡、什么时间做网上推广、什么时候完成多少数额的资金回笼等。

节点类软文，就是只有在房地产重大营销节点的时候才会使用的一种软文类型。这类软文需要通篇结构明确、内容简洁，不需要长篇大论，只需要把所有需要表达的事情按顺序罗列出来即可，即条理清晰，逻辑通顺，主次明确。

下面就来欣赏一篇节点类房地产软文。

万科燕南园典藏精品别墅 3 月盛情发售

以精品别墅匹配精英生活

万科燕南园三期典藏精品别墅将于 2008 年 3 月正式发售。不同于 1 月的别墅风格与形式，此次推出的房源将附赠更多空间价值，包括阳光地下室、精装花院子等。在空间之外，让住户享受生活的超值与情趣。

自然、透天，有阳光的地下室

地下室空间开阔，绝无狭隘之感，营造出了静谧私密的居室使用空间。人性化的设计，加之南北采光天窗设置，摒弃了以往地下室黑暗气闷的感觉，令整体空间通风明亮，居住使用更为舒心畅快。

同时又经防水处理，完全不用担心地下的潮湿带来的麻烦，尽可放心使用。错层的结构设计，令地下室功能区隔分明，或是影音工作室，或是储物空间，休憩、娱乐、学习皆宜。

大开间的地下室、下沉式庭院设计，为居住带来更丰富的享乐空间。

芬芳、别致，精装后的花院子

花院，历来是别墅人居不可或缺的自然要素，万科燕南园"精装花院解决方案"为花院建设提供了一项全新创想。樱桃或者石榴、桂花或者灌木，菜单式的花草植被选择，可为不同家庭度身订造不同特色的花院。

而木质平台、珊瑚栏廊、石材汀步等则在原有的自然野趣上加入了丰富的景观资源，更强调细节的精美、生活的精装。花草阡陌间，品味建筑的芬芳。

"精装花院情景示范区"现已开放，欢迎阁下亲临体验。

详情请垂询销售中心：021-649****

【分析】这就是宣传万科燕南园 3 月正式发售的软文，在标题里就可以清楚明确地知道这篇软文的内容是什么，对象、时间、地点、事件都非常清晰，一目了然。正文的内容也将项目的一些价值点和卖点以一个很有诱惑力的方式表达了出来。这就是节点类软文，目的就是明确接下来将要做什么。

想要写好一篇节点类软文，首先自己需要将一段时期内开发商的营销节点理清楚。在这里分享一个比较好的方法，就是把所有的营销节点列成一个数轴，在数轴上将时间节点和营销节点清晰地标记出来，这样在撰写软文的时候思路就会很清晰。

节点类软文撰写的过程中最怕的就是条理不清，前面在讲 5 月的事情后面又说几句 3 月的，这是节点类软文的大忌。

328　通知类

通知类软文，顾名思义，就是一种通知公告，其文章布局更加的简单明确，不需要华丽的辞藻渲染，只为将通知的内容准确无误地表达出来。

这类型软文只有在上级下达了一些有关于房地产行业的通知的时候，或者开发商有什么重要事情需要通知业主或者客户的时候才使用。虽然是通知，但是也一定要和项目本身相结合。

下面就来欣赏一篇通知类房地产软文。

移动购房季再发力 激情一下过七夕

热情似火的 8 月，让你尖叫的不只是高温，还有裂变红包的连番轰炸。激情四射的七夕，让你激动的不只是牛郎织女那一相逢，还有乐居移动购房季为你送上的惊喜。

激情七夕三要素 现金酒店和某杜

如何浪漫地度过这个中国 Style 的情人节想必正成为众男神女神心中的困扰。巧克力、玫瑰花，每年都一样，搓衣板、遥控器，已经 out 啦！选什么样的别样礼物能让另一半既惊喜又感动？还是让小编来拯救你吧。

8 月 19 日至 20 日，乐居君为你准备了丰厚的七夕特别大礼：杜蕾斯优惠券、去哪网酒店红包、小麻包提货券、码上专车 100 元优惠券，还有大量现金红包秒杀活动等着你哦，每天的 11 点、14 点、17 点整点秒杀，准时开抢！

哎呀妈呀！这礼品，实在是既贴心又实用，真是让人好害羞的呢，不过也很让人喜欢呦。

持久的激情才更爽，现金红包继续抢

什么？没抽中心仪的奖品"某杜"？没关系，参与后分享到朋友圈，小伙伴还有机会获奖，你也有继续抽取心仪奖品的机会。持久的激情才更爽，现金红包继续抢！

这么好的福利怎能不与朋友分享呢？边抢边发，越发越多，此等好事，一年才一遇。参与乐居移动购房第二季，100% 机会中奖，你还在等什么，还不快快来参加。

活动时间：8月19日至8月20日

参与方式：

（1）关注长沙乐居买房；

（2）回复"裂变红包"或在菜单栏中"滴滴红包"中【裂变红包】，即可获得活动链接。参与活动，可派发与好友分享丰厚大礼。

摇一摇：

回复"摇一摇"或点击菜单栏中"滴滴红包"中【摇一摇】即可获得活动链接。参与活动，每天多个时间段参与。抓住开奖时机进入微信活动页面，抢先参与摇一摇即可抢好礼，现金、实物礼品任意拿。

如此简单地动动手指头，就有机会获得七夕礼品包。赶紧加入微信购房季活动，这个七夕之夜，亲手为她献上真心，和心爱的她牵手，体验浪漫的情怀，让爱情甜蜜升温。

此外，单身没有对象的，看房买房无人陪的，打开微信扫二维码，专车来接你去看房！用最好的体验及完备的服务体系，完美解决案场最棘手的看房到访问题。炎炎夏日专车接送看房免单！

【解析】由于这篇软文写在七夕前，所以行文并没有常规的通知类软文那么严谨，不过所包含的信息还是十分的齐全。房地产软文的类型并没有规定的那么严格，只要不是严重的偏题都可以适当地进行软文类型间的互相融合。

这篇软文里面，时间、地点、事件都写得清清楚楚，还用一些幽默性语言使文章更加软化，可以说是通知类型软文当中比较优秀的案例。

活动类软文中，如果是进行活动报道，就一定要注意活动顺序与逻辑顺序，并且注意活动中的重点，最忌讳活动报道的时候拿不准重点，将大部分的笔墨放在了一些不重要的部分。

如果软文写的是活动总结，就需要注意将软文的重点放在项目的身上，不要通篇都在讲活动如何精彩，虽然活动内容以及人气很重要，不过最重要的还是活动所达到的效果。

329 活动类

活动类软文是房地产软文当中比较常用的一种类型，一般在开发商举行活动的时候，以跟踪报道或者事后总结方式将活动内容报道出来。其文体颇为灵活，幽默的、严谨的语言都可以适当地融合在软文里面。

但是软文撰写者需要记住一点，要按照一定的顺序进行活动说明。要么按照时间顺序，要么按照活动流程。这类软文在写作的时候，挑选图片很关键，现场活动肯定有很多照片，但是软文里面最好有不超过 3 张的图片，因此一定要选择有代表性的图片并配以详细的说明。

在文章的结尾，一定要有总结性或者评价性的文字，不然这就不是软文而是流水账了。

下面就来欣赏一篇活动类房地产软文。

新地国际公寓上演梦幻圣诞

12 月 25 日晚，新地国际公寓在香格里拉大酒店举办了一场名为"拉斯维加斯之旅"的狂欢派对，它以圣诞祝福、幸运抽奖、精彩演艺、趣味游戏、自助晚宴，盛情款待六百余名业主及亲友，与他们分享了一个不一样的圣诞节。

晚上六点钟，璀璨的灯光亮起来，曼妙的音乐响起来，预示着活动的开始……梦幻般的现场氛围为客户插上了一双美妙的双翅，带他们徜徉在欢乐的海洋中。

美酒、美食、炫亮的彩灯、穿梭的圣诞老人、神态可爱的玩偶、欢笑跳跃的天真孩童、品尝美食与浅笑交谈的宾客、异域风情的爵士演奏与兔女郎表演……组成了新地国际公寓的特别圣诞夜。

这个晚上，最激动人心的部分，莫过于"拉斯维加斯赌城轮盘"了！它以美国拉斯维加斯的风情为蓝图，将西洋和中式、美食与音乐融合在一起。当晚，在博彩区，业主们围在轮盘边，真有种置身赌城之感。

当晚新地国际社区宣布其最新力作——御玺产品即将推出，这一个好消息让在场客户欣喜万分。据悉，御玺产品仅 75 席，均为 90 ㎡ 的精筑空间，实用功能布局，底层配送花园，顶层配送露台，可选配装修，无论投资、自住，均相得益彰。

当晚，主办方在现场特别推出"御玺——户型平面布局"征询活动，诸多客户难掩对御玺产品的喜爱之情，纷纷流露购买意向，同时，也感受到了苏州新地公司想客户所想的良苦用心。

【分析】这篇软文就是一篇经典的活动总结性的软文，通过对活动项目的介绍，一步步地吸引读者的眼球，在最后点出重点，新地国际社区将要推出最新力作，"御玺产品"。始终记得，房地产商无论举办什么活动，为的都是可以提高人气，聚集客户，从而提升品牌形象或者是宣布一些重要事情。

本文正文在第一段就明确活动的时间、地点和内容，很明确地表达出了软文的主题。活动类软文就是要这样，在最短的时间里用最便捷的方法让读者知道你想说的是什么，要知道读者不会把时间浪费在一大堆毫无意义的文字上面。本篇软文中间部分为活动内容介绍，通过详略得当的手法突出"拉斯维加斯赌城轮盘"活动的重点，条理清晰，重点清楚。结尾处同样做了活动总结，这样就使得整篇文章布局紧凑，有头有尾。

并且最后一段将活动的本意指明：本次活动不仅仅是为了宣布"御玺产品"的即将推出，还有御玺户型平面布局征询活动的开始。撰写活动类的房地产软文要始终以房地产开发商为本，一切都是为了房地产项目服务的。

330 说明类

这一类的软文，在对楼盘的价值点说明时会经常用到，再细分的话，可以分为整体价值点说明和局部价值点说明。

1. 整体价值点说明

从整体对项目进行说明，包括项目的地段、交通、户型、学位、价格、配套等大的方面说明。

2. 局部价值点说明

将整体的优势分开，单独对某一个方面说明。例如，说交通就只说交通，说配套就只说配套。

写这一类的软文的技巧就是多进行对比，和周边楼盘和知名楼盘进行对比。只有进行比较，从而体现出优点，才会让读者有一个明确的判断。

下面来欣赏一篇经典的说明类软文。

广济·上上城户型解析攻略第一篇

2008年的苏州，是谁创新了户型设计，带动了中小户型 "设计革命"？又是谁因为极富人性光辉的空间设计从而赢得了市场的一致好评和市民的不断追捧，成为热销之王？荣膺"中小户型教科书"美誉的广济·上上城将呈现给你最完美的答案！

——B户型建筑面积约83㎡三房

实用性比较

我们不如先从同类小高层产品的一些通病和弊端说起：采光、通风"先天不足"；得房率低；空间布局的不合理性导致了功能的不完整性……市面上有很多产品便忽略了房子的多功能区分，户型谈不上方正，拐角、死角多，面积浪费现象很非常严重。

上上城的经典B户型则摒弃了这一切的不足与劣势，户型功能设计样样考虑得当，样样一步到位：空间格局南北通透，双面采光，通风好；主卧凸台飘窗的全面积赠送、空中合院约3.4㎡使用面积的赠送，使得这一户型的实际使用面积竟高达约90%，这在小高层、小户型的设计史上也是屈指可数的。

空间布局合理，方正户型，紧凑实用，动线流畅动静分区，更有干湿分区的卫生间设计，如此功能强大的实用性，谁与争锋？

实用指数：★★★★★

舒适性比较

已经购房或正在关注买房的人群都知道，购买小面积户型最大原因是什么？总价低！因为鱼和熊掌往往不能兼得。想要便宜，只能牺牲舒适的居家享受；局促的空间，不完备的功能，房间少的尴尬……只能让购房者对着舒适的大房子望洋兴叹。

上上城的异军突起让我们看见了小户型也能有大享受的希望：空中合院大面积的赠送，让房子惊喜多出一个房间来，书房、阳光房、客房，80 多平米做三房实属罕见；有人以为多一房就要理所当然地牺牲其他功能分区的面积，上上城在一点上的确是个例外，大面宽客厅、大开间卧室，从容享受阔绰空间；宽景阳台，面积多达约 7m²，绿色植物、洗衣机、拖把池全部容纳……真正意义上的观景多功能大阳台。

舒适指数：★★★★☆

未来性比较

买房子就是买户型，户型好，未来性就好！很多人看中小户型，上面也有所提及，大部分原因是出于价格便宜，很多人也是抱着"暂时过渡"的心态来购买，从而忽略了空间的合理性与功能性，等小两口有了孩子又来了老人，房间不够，换房又是钱不够！户型设计的诸多缺陷，也导致了日后的出售困难！

上上城，远见卓识，一早就考虑到房子的未来性和价值性，多房间的设计，保证了未来一家多口的居住，不换房也一样舒适；空间设计多为人称道，产品的稀缺性也为投资奠定了最有实力的基础，户型设计也因此成为了除交通便捷以外又一重要的投资增值砝码！

未来指数：★★★★★

【分析】从标题上就可以很清楚地知道，这是一篇对上上城户型说明的软文，以悬念式的开篇吸引目光，并且迅速给出答案，广济·上上城 B 户型建筑面积约 83 ㎡ 三房。这种自问自答的方式可以抓住客户的心，拥有很好的吸引力。

同时，正文通过户型的实用性、舒适性以及未来性等方面的比较，体现广济·上上城 B 户型的诸多优点，有理有据，又避免了自卖自夸的嫌疑，不失为说明类软文的上上品。

331　新闻类

新闻式软文是指软文通常模仿新闻媒体的口吻进行文章的撰写，比如一些大事、公益事业，都可以通过软文形式写出来进行发布。这类软文显得很权威，可以让读者对文章中提到的广告内容信服。新闻类软文有可看性、即时性、传媒性等方面的优势，受欢迎的概率比较高。

作为房地产软文中最重要的软文类型，撰写时一定需要注意以下几点。

1. 简明扼要

标题要求简明扼要。"要"，是指文章要点，一句话足以将事件交代清楚，而一篇新闻一般只有一个信息重点，如新闻标题"剧场域名 juchang.com 易主'卖身'酷6网"，清楚地告诉读者发生了什么事情。

另外，如果是评述类的，如"酷6裁员折射盛大之困：创业者难成'圈内人'"，在标题中就要确定立场，直截了当地表达观点。

2. 语气正规

新闻资讯类软文都是时下热点的传达，但不要为了吸引眼球，标题就搞什么幽默滑稽、娱乐搞笑，甚至偏离文章主旨以花边绯闻来获取点击率。软文标题常用的一些修辞手法在写新闻资讯类文章时都要慎用，这是和其他的软文不一样的地方。新闻类文章语气比较正规，娱乐性不能太强，语气尽量严谨。

3. 句式要求

新闻类的软文标题一般采用主＋谓结构，如"Android 不是 Ophone 的唯一选择"，这个标题就是典型的主谓结构，带上一点动感，最好是能够引起大家思考或共鸣的。不是专业的新闻写手，疑问式的标题要尽量避免，因为疑问句式难以表达观点，不好掌握。当然如果后期觉得自己游刃有余，可以驾驭了，也是可以写的。

4. 标题字数

新闻资讯类的文章标题往往比其他类型的软文字数要多点，这个没有特别严格的规定，关键还是要表达完整的意思，交代清楚一件完整的事情。

下面就来欣赏一篇新闻类房地产软文。

朗诗地产再获国家大奖

近日，朗诗再夺建设领域最权威的国家级技术奖项——"华夏奖"。

据悉，这是继前不久刚刚荣获精瑞绿色生态奖后，朗诗第二次获得国家大奖。华夏建设科技奖是建设领域内最权威的国家级技术奖项，设立这一奖项的最终目的是为了实施"科教兴国"战略，加快建设科技创新并提升我国建设行业的综合技术水平。获奖项目不仅要求技术含量高，还须拥有自主知识产权并符合行业发展方向。

朗诗在行业内盛誉鹊起的同时，也一直受到建设部及大奖评审机构的重点关注。如今获此殊荣，充分鉴证了朗诗在绿色科技方向上的技术研究和技术成果得到的最权威认可。

借着这股东风，朗诗·国际街区近日推出"首付10万元起，限量版精装准现房科技住宅"，奏响了牛年姑苏楼市的又一乐章。

中高端市场定位和无与伦比的生活品质让科技住宅一度成为众人景仰而不可企及的神话，也令一些长期关注朗诗、期冀改变生活现状的客户怀有美好憧憬，却迟迟未敢步入科技之家。正因如此，此次朗诗推行的"首付仅 10 万元起"，针对购房者的经济承受力将科技住宅的门槛无限放宽。

与此同时，朗诗还将科技住宅固有的住宅不动产属性赋予"稳妥投资品"的附加概念，反将利润价值让渡于客户，以使客户在居住之外可通过房屋获取价值增长空间。

据悉，朗诗售后返租除了使首付尽可能降至最低底限，为客户提供了一个较长的缓冲期外，还可谓是时下最具"保护性"的投资方式，两年利润提前返还无形中将前期风险从客户自身转移至企业层面，由朗诗为客户全权承担投资风险及承租压力。在目前的投资环境现况下，这无疑为更加稳妥的投资渠道。

最关键之处在于，朗诗在售后返租的先期阶段，将推出部分今年夏天即可交付使用的精装修准现房。

朗诗科技住宅从开发、建成至最终入住的整个过程之中，交付是一个尤为重要的里程碑。当业主陆续迁入新居，亲身体会到恒温恒湿恒氧生活的舒适时，其对住房的好感和依赖将会与日俱增，精装修准现房的投资及承租价值也将随之水涨船高。

【分析】首先标题就简单直接，不过在简单之中却也用了一些小手段。标题只说了朗诗地产获得国家大奖，但是并没有说是什么奖；如果想知道，那么你就需要点开文章看一看，从而提高了文章的阅读率。

正文部分，通过对朗诗地产获得的"华夏奖"的说明引出了"首付 10 万元起"的活动，以新闻引出营销节点，这就是新闻类软文最常用的手段。新闻类软文并不是真的只进行新闻报道，这一点要牢记。

新闻类软文的最大特点就是既可以用作网站平台的软文发布，也可以在报刊杂志等纸质媒体上发布。很多时候房地产开发商是需要在报刊媒体做一些推广的，这时候新闻性的软文就可以直接使用，而其他类型的软文则不可以。

在撰写新闻类软文的时候，要注意语气措辞。虽然这不是真正的新闻，但因为其新闻性的内容，所以措辞还是需要斟酌的；同时标题必须是完整的新闻性的标题，这一点需要特别注意。

332 答谢类

这一类的软文实际应用得并不是特别广泛，一般用于开发商在答谢新老业主或者是特殊节日的时候才会使用。当然，在年底总结的时候一般也会用到，以诚恳的语气来感谢新老业主的支持，公司员工的勤奋等。撰写这类软文一定要注意措辞，无论说的是什么内容，首先态度一定要诚恳，要让读者在其中感受到真切的感激或者感谢。

下面就来欣赏一篇新闻类房地产软文。

苏宁睿城四期收官在即 2000 句致谢感动全城

致谢睿城人！

客户高度认可度铸造 3 小时热销定律

仔细回顾苏宁睿城今年的两次开盘后，颇具洞察力的人士惊奇地发现了暗藏其中的 3 小时热销定律。

以 7 月 15 日当晚为例，开盘仅仅 1 个多小时，3 栋楼销控表上开始大片飘红，9 号楼除了顶层两套外全部卖光，11 栋也只有 1 ~ 4 层房源仅存。这其中，尤以 140 平方米的户型最受追捧。2 小时过去，销控表上 9 栋、11 栋几乎全部贴上红色标签，但仍不断有客户涌进来。3 小时后，销控表全线飘红，所推房源已认购超 9 成。

11 月 5 日的四期开盘，同样只用了 3 小时的时间，被认购的房源已经超过 7 成。

在 3 小时热销定律的背后，其实还是源于现场客户高度的认可和可观的购买力。苏宁睿城相关负责人表示，苏宁睿城的消费人群多是年龄在 30 ~ 50 岁的成功人士、私营企业主、社会名流和有海外留学背景的高端消费人士。

他们大多是企业、公司的决策管理者或所有者，经济基础雄厚，商务交往频繁。这一群体个性稳重、不愿张扬，选择苏宁睿城，源于他们自身独到的眼光和独特品位，更源于他们享受生活、追求品质的要求。

致谢新江东！

"千人抢房"在板块制高点反复上演

自正式入市以来，位于新江东的苏宁睿城似乎就没与热销分开过。

2009 年底，苏宁睿城刚开盘，房源就一售而空。

2010 年 4 月 17 日，该项目二期开盘更是爆出 300 多购房者争抢 125 套房的火爆场景；当年 9 月，该项目在一周内去化 90% 的新推房源。

2011 年南京楼市情势极为严峻，而苏宁睿城却能在河西独自掀起热销势头，许久未见的千人抢房盛况两次在苏宁睿城上演：7 月 15 日晚三期开盘前，在室外的等候区内，近千把椅子早就坐满，稍微晚到的客户只能站着耐心等待；11 月 5 日四期开盘当天，场面依旧火爆，虽然开盘时间定为 10 点 18 分，上午 8 点接待中心外已经人头攒动，马路两边停满了私家车。

一位长期关注河西市场的业内人士坦言，苏宁睿城人气所向，显现出新江东板块制高点的出现。苏宁睿城拥有城市规划双核心优势和上百万平方米的周边商业配套优势，加上自身就规划了苏宁广场、五星级酒店、购物中心、主题会所等 60 余万平方米的完善配套。

而从更广泛的范围来看，作为连接奥体商圈和龙江商圈的枢纽，新江东板块还将在河西整体的发展中起到更加重要的作用。

致谢全南京！

理性定价外以专注产品主义享誉全城

在业内人士看来，苏宁睿城三年四期的完美收官固然令人艳美，但其成功真正的原因还是应该回归到其理性定价和突出品质上。

2010年，苏宁睿城二期以16300元/㎡的"亲民价"开盘，业内无不哗然，但在苏宁置业，这样的决定其实早就经过深思熟虑。作为南京本土大型地产企业，苏宁置业并不是把利益价值最大化作为企业的最终目标，而是始终坚持在"亲民价"基础上优化自身项目的产品品质，将实惠回馈于民。

而最让业内称道的是，在理性定价的同时，苏宁睿城在品质上也在做加法。就在三期开盘前夕，苏宁睿城公开一期实景和三期样板间，细心制造的小区立面和核心景观直面承受客户的检验，让客户能够真实体验将来的寓居感受。

在40万平方米建筑领域中，苏宁睿城缔造了生态园林景观，上百株珍稀原木与绿植覆盖全区，植被丰茂确保空气清新，回归自然的生活方式在此梦想成真。

独到的户型设计是项目突破传统、特色独具的亮点，135～216㎡三居至四居户型中，加入花园阳台与超大开敞阳台设计，空间与视野拓展性和别墅不相伯仲；分区布局极为注重家庭生活的互动性和私密性，从南向双卧、阳光主卫到步入式衣帽间，极具宜居性和舒适性。

业内人士剖析，如今很多楼盘都在喊降价，但要么是先涨后降，要么是卖不出去的"尾房"，能真正做到高品质、理性定价的楼盘可以说是凤毛麟角，苏宁睿城能够以这样的气魄和实力，专心专注产品晋级，率先指导楼市进入理性的市场，热销也是必然的。

【最新动态】

500万元年度感恩大礼

限时放送95～216㎡珍稀房源分秒递减

限时放送95～216㎡

珍稀房源分秒递减

岁末，为答谢市民的倾情推荐，即日起至2012年1月21日，凡推荐客户成功购房，即可获得8000～20000元的苏宁电器卡奖励。此次活动，针对的是95～216㎡热销房源，户型涵盖小两口到三代居，这也是苏宁睿城住宅组团银河国际社区最后一批房源。苏宁睿城相关负责人则表示，这个活动在苏宁睿城尚属首次，500万元实力投入，堪称最给力的感恩活动。

【分析】标准的答谢类软文，目的清晰，过程明确，而且由"小"到"大"，层次分明。这样的答谢文最容易引起客户的共鸣，也可以获得客户的好感。毕竟懂得感恩的企业肯定更让人放心。

房地产商特地推出 500 万元的年度感恩大礼，精神上和物质上双管齐下，效果最佳。苏宁睿城的这一次答谢活动是一个大规模的活动，因此软文的整体行文必须要大气，这时候就需要站在宏观的角度进行全文的把握。

答谢类软文最重要的就是需要站在客户的角度思考：客户想看的是什么，而不能站在一个类似于"上位者"的角度，这样撰写的软文会给读者一种居高临下的感觉，似乎开发商的感谢是一种施舍，这是最大的忌讳。

撰写的时候，可以使用一些亲切的称呼，真挚诚恳的话，避免说空话，要知道客户的眼睛是雪亮的；还可以在文中引用"某先生"的"某些话"来贴近客户，这个"某先生"不一定真的存在，但他的话必须客观。

16.2 房地产软文篇章结构

房地产软文撰写中，不仅需要注意软文的整体类型，同时也要注意软文的篇章结构。合适的篇章结构会和消费者产生共鸣，吸引他们，引导他们。下面就分享几种房地产软文篇章结构的行文方式。

333 开门见山式

直截了当地提出软文主题，分几个引人注目的小标题，把所要讲述的内容，一步步安置到适当的位置，再进行提炼。开门见山式的结构，直接明了，让读者一眼看去就知道软文在说什么。

在使用这一类的结构时，软文的表达角度，可以是开头直叙事件，也可以起笔点题。例如，活动类软文可以开头就点明活动，可以开宗明义揭示主旨，也可以单刀直入点明观点等。由于这种写法干脆利落，入题快捷，不蔓不枝，所以较为常用。

334 避实务虚式

避实务虚式是指提出隐喻、夸张、拟人等形式的问题，诱发读者或者购房者的兴趣，再把要传播的信息和内容有机结合在一起，在逻辑关系上层层递进软文结构。

房地产软文中，这一类的篇章结构最受欢迎，因为房地产软文最重要的就是可以在软文的开头就吸引到读者，这样后续的内容才有价值。

335 惊雷细雨式

设计一个主标题和一个副标题相复合，主标题通常是"雷声阵阵"，也就是必须要吸引人的眼球，可以进行适当的夸张。副标题通常是细雨绵绵，也就是要凸显软文的大致内容。

"雷声"是为了引起所有人的注意，绵绵细雨总会引导人们渐入佳境。撰写者根据房地产项目目前的实际和计划，再把细化和补充的内容撰写出来。

336 突兀悬念式

提出一个核心问题，然后围绕核心问题自问自答。引起话题和关注是这种方式的优势，而且自问自答时，问题可以适当自由化，但是必须掌握火候。首先提出的问题要有吸引力，答案要符合常理，不能作茧自缚，漏洞百出。

337 故事引导式

讲一个完整的有吸引力的故事，在故事中带出房地产项目，房地产项目给消费者心理造成强烈暗示，使销售成为必然。要注意的是，讲故事不是目的，故事背后的房地产项目线索才是文章的关键。

听故事是最传统的知识接受方式，所以故事的知识性、趣味性、合理性是房地产软文成功的关键。

338 情感沟通式

情感一直是信息传播的一个重要媒介，房地产软文的情感表达由于信息传达量大、针对性强，更会让人感同身受。房子，本就已经成为了现代生活中必不可少的一环，以此为切入点，使得情感最大化，就更容易打动人，容易走进消费者的内心。

16.3 房地产软文发布平台及方法

房产软文发布分为免费发布和付费发布2种模式。免费发布主要包括业主论坛、房产企业的博客、微博和QQ业主群，这类可以体现个人媒体价值的互联网平台。付费发布主要是各种报纸杂志、门户网站（当然高质量的软文也能免费发布）或者由个人经营的具有较高媒体价值的个人博客、微博等。

最常用的发布平台除了报刊杂志之外，就是各种房地产门户网站了。下面就来介绍一些常用的门户网站。

339 门户网站发布流程

房地产行业对于门户网站的依赖性很大，不论是楼盘详情页还是房地产项目的业主论坛，全都在各大门户网站的房产网站中可以看到。软文的发布自然也会优先考虑这一类的门户网站。

1. 什么是门户网站

所谓的门户网站，广义上来说这是一个 Web 应用框架，它将各种应用系统、数据资源和互联网资源集成到一个信息管理平台之上，并以统一的用户界面提供给用户，并建立企业对客户、企业对内部员工和企业对企业的信息通道，使企业能够释放存储在企业内部和外部的各种信息。

狭义上来说，所谓门户网站，是指提供某类综合性互联网信息资源并提供有关信息服务的应用系统。门户网站最初提供搜索引擎、目录服务。

2. 软文发布流程

房地产门户网站软文发布流程与其他平台的发布流程不一样，其他平台是需要自行发布，也就是发布软文这一程序需要自己完成。而门户网站则是需要将软文交给要发布的门户网站软文版块的管理员，由管理员进行审核发布。

3. 如何与网站管理员沟通

一般情况下，房产开发商会与一些中意的房地产门户网站进行合作，就是付出一定的费用从而获得在该网站进行广告宣传的机会。与开发商有合作关系的门户网站，发布软文时与网站管理员沟通的时候就方便很多，只要有需要对方就会优先进行软文发布。

由于房地产门户网站是一个投放房地产软文的高发地，所以，在房地产门户网站发布软文的房产开发商会比较多。届时，自己的软文若毫无新意，且没经过网站管理员的同意，就一意孤行地在房地产门户网站发布软文，是很容易被网站管理员删去的，且难以被人们发现。由此，房产软文不仅要有创意，还需要房产开发商多多与网站管理员沟通、协商，才能在房地产门户网站投放成功。

340 门户网站的分类

门户网站也有着不同的类型，不同类型的网站拥有不同的受众群，拥有不同的功能和效果，合理利用不同的门户网站进行软文发布，会给企业带来更好的推广与宣传效果。

1. 搜索引擎式门户网站

该类网站的主要功能是提供强大的搜索引擎和其他各种网络服务，这类网站在我国比较少。

2. 综合性门户网站

该类网站是以新闻、供求、产品、展会、行业导航、招聘为主的集成式网站。

3. 地方生活门户

该类网站是时下最流行的，以本地资讯为主，一般包括：同城网购、分类信息、征婚交友、求职招聘、团购集采、口碑商家、上网导航、生活社区等频道，网内还包含电子图册、万年历、地图频道、音乐盒、在线影视、优惠券、打折、旅游、酒店等非常实用的信息。

341　0731房产网

0731房产网，是一个专业的房地产网站，提供最新的楼盘资料、最全面的楼盘数据、最权威的市场分析及预测、最火爆的房产论坛、最及时的市场资讯、最具公信力的网络信息。其中"大熊看楼"版块更是一度引起了房地产行业的风潮，一时间各大网站"某某看楼"等类似内容如同雨后春笋一般迅速占据人们的视线。

1. 新房专区

新房专区拥有3个主要功能版块，其中包括"房产团""大熊看楼"和"0731看房车"。

- "房产团"版块就是0731房产网之中所有的拥有团购活动的楼盘。
- "大熊看楼"就是之前提到过的，一个专门站在购房者角度的专业看房以及对于楼盘解析的版块。2015年8月28日已经更新到了第626期，可见这一版块的火爆程度。
- "0731看房车"是0731出资出车，定期组织的专门带着有意向的购房者上门看房的活动。参加者需要到规定地点集合，届时会有专车往返于目标楼盘，极大地方便了看房者，如图16-1所示。

▲ 图16-1　新房中心

2. 资讯专区

0731 房产网的软文发布之后，就会出现在资讯专区版块，如图 16-2 所示。

▲ 图 16-2　资讯专区

根据软文类型的不同，软文会被发布在不同的版块当中。例如，活动类软文会被发布在"楼盘·活动"版块，新闻类软文就会发布在"导购·专题"版块。

3. 业主论坛

0731 网楼市论坛，是 0731 房产网比较重要的一块，分为"今日焦点""业主活动""24 小时热帖"等内容。在 0731 网楼市论坛中，用户通过搜索可以查到长沙本土大多数的房地产论坛。所有的论坛帖，都会发布在该项目的业主论坛之内。

4. 其他版块

除了上述三大版块之外，0731 房产网还有很多版块，使得 0731 房产网包含的内容更加丰富，提供的服务更加全面。

（1）"精品楼盘"版块会定期更新网站推荐楼盘，只要和 0731 房产网拥有正式合作，也就是付费合作，就可以被网站提名，使得项目出现在"精品楼盘"版块。这对房产商来说是很重要的宣传机会，如图 16-3 所示。

▲ 图 16-3　精品楼盘

（2）"户型推荐"栏目中会在首页显示6个当下最热销的楼盘中性价比最高、舒适度最好的6种户型。能在"户型推荐"中出现，就等于说这个楼盘的这个户型，已经是同类型户型中的代表。同样的面积或者同样的价格，"户型推荐"中的户型肯定是最好的，如图16-4所示。

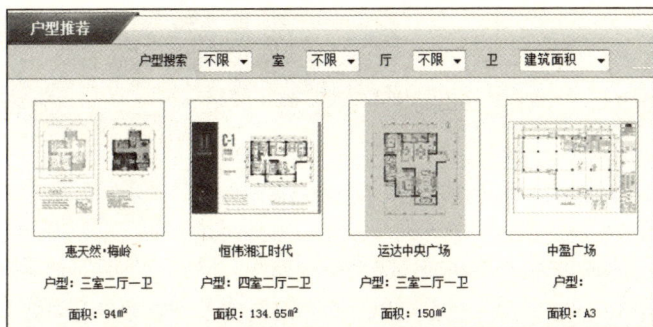

▲ 图16-4 户型推荐

（3）"新房选购指南"是0731房产网特别设立的版块，属于特别提醒类型。从专业的角度说明购房者从购房前交款后以及购房后的一系列流程的注意事项。栏目的下方还有一些购房时候需要用到的购房工具，非常周到，如图16-5所示。

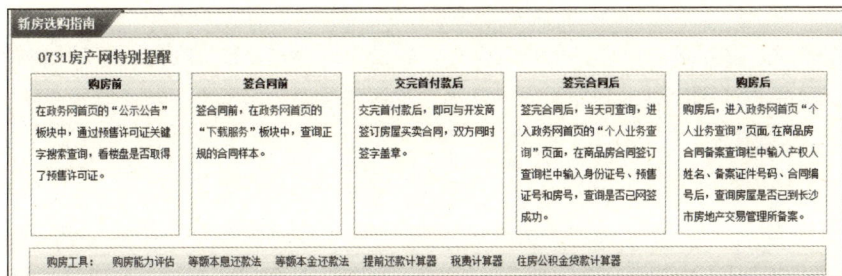

▲ 图16-5 新房选购指南

（4）"楼盘排行"分为月度楼盘人气排行与楼盘团购排名，分别按照月度楼盘点击量和团购人数进行排名。如果排名在前十就会显示在网站首页，这同样是对楼盘很大的宣传，如图16-6所示。

342 搜房网

搜房网是我国一个相当完善的房地产家居网络平台，一直引领新房、二手房、租房、家居、房地产研究等领域的互联网创新，在PC及移动领域均处于领先的地位。根据DCCI（互联网数据中心）第三方数据显示，2014年搜房网PC平台用户浏览量和独立访客数始终以较大优势领先。

▲ 图 16-6 楼盘排行

搜房网新房集团拥有海量新房楼盘房源数据库，拥有齐全的房源基础信息、健全的楼盘点评系统、便捷安全的线上交易平台，成为房地产媒体及业内外网友公认的受欢迎的专业媒体网站和房地产电商服务平台。

下面就来介绍搜房网的网站功能以及本网站版块与软文之间的相关内容。

1. 网站功能

搜房网中包含了"买房""租房""金融""卖房""装修"五大环节，还有"新房""优惠团购""二手房""家居装修""房地产排行榜"五大版块，包含了房地产行业的大多数信息。而这些版块对房地产企业来说，是软文发布比较好的根据地，不同版块发布不同类型的软文，下面就来了解各版块的功能以及各版块所对应的需要发布的软文类型。

（1）买房。

买新房、买二手房、海外购房和买房贷款——4 项专享服务，快速买房，网上买房既省心又安心。在买房筛选器中，你可以选择想要买的房子类型、区域、户型、价格，并且需要填写真实姓名与联系方式，如图 16-7 所示。

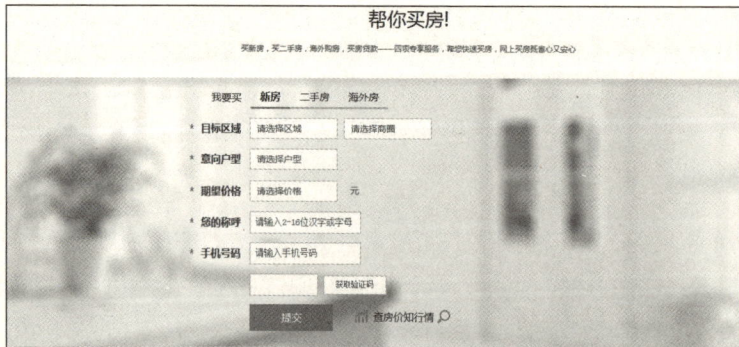

▲ 图 16-7 买房

根据最后的筛选，我们会发现一些与要求相符合的楼盘，然后根据自己的喜好与条件进行更进一步的选择，极大地节省了购房者在茫茫楼市中的选择时间。

对于房地产企业来说，在"买房"版块中可以多发布一些分析房子类型、推荐买房区域、提供挑选户型的知识、推出促销价格等方面的内容，这样能提高软文的曝光率。

（2）租房。

租房，是很多刚就业的白领的最佳选择，所以租房者是一个相当庞大的群体。这时候就会出现一些问题。搜房网的"租房"环节就解决了租房者的很多问题，并且可以根据不同的需要进行筛选，房源也非常可靠，如图 16-8 所示。企业可以运用软文的方法在租房信息中将交通、位置、周边配套、房屋信息等内容写清楚。

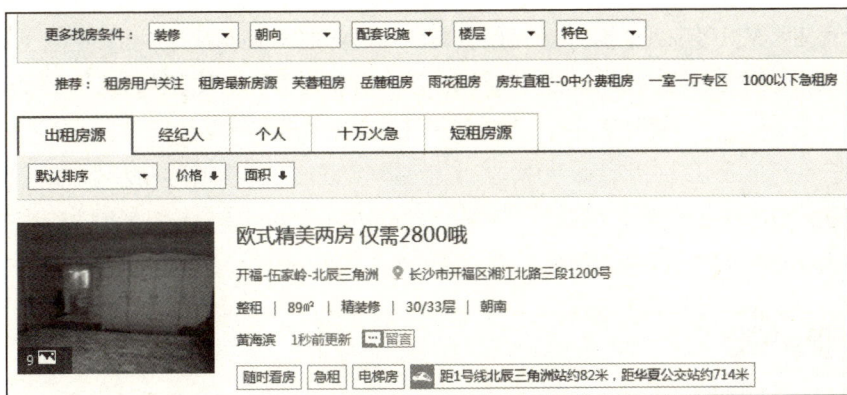

▲ 图 16-8 租房

（3）金融。

金融和房地产行业一直都是密不可分的，特别是现在人买房大多都会进行贷款，房地产企业可以在软文中加入"金融"中如下所示的三大环节的相关知识，能大大提高软文的曝光率。

- "专业评估"，从专业的角度进行的基于对房地产行业数据的专业分析，精准评估楼盘项目的价值。
- "房产抵押保障"，借款人办理房屋抵押登记，抵押物价值充足，可以有效地防范风险。
- "资金安全保障"，天下贷的风险备用金先行赔付，可以有效地保障投资者的本金安全。

（4）卖房。

卖房环节中，卖家需要填写一些基本信息，包括楼盘名称、楼栋、户型、面积、期望价格、楼层、朝向、照片、房源自评、联系人、手机号。完成填写之后就可以进行发布，发布之后的售房信息就会出现在首页出售的房源当中，如图 16-9 所示。

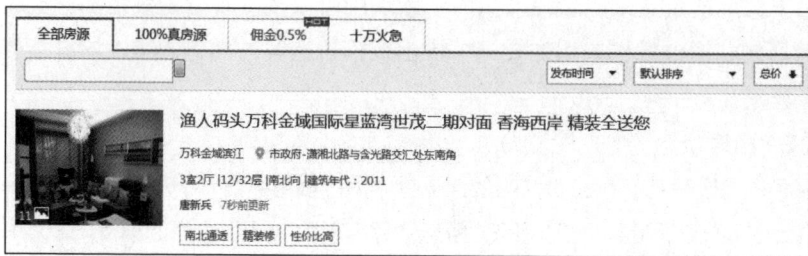

▲ 图 16-9　卖房

（5）装修。

搜房网充分考虑到了购房者在买房过程中所遇到的一切问题，并且都给出了合理的解决办法或者参考方法。比如装修包含了"自助装修""看图找灵感""找设计师""找工长""找建材家具""家居知识""家居资讯"等内容。

房地产企业可以在装修版块中发布包含装修需要注意的事项与方法的软文，以全面解决购房者的装修问题为核心，为用户提供多份不同的户型设计及预算方案，这样能大大提高软文的可读性。图 16-10 为装修版块的部分界面。

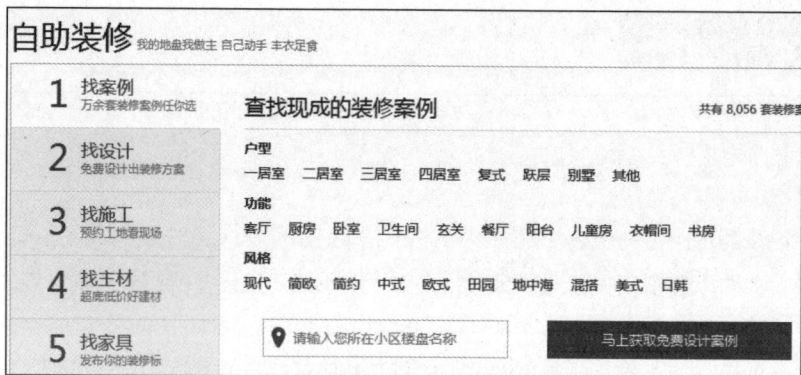

▲ 图 16-10　装修

2. 房地产排行榜

搜房网中的房地产排行榜，还是比较权威和可靠的。其主要分为 3 部分内容，分别为：热评楼盘和热门楼盘；资讯、问答和论坛；热门团购和热门商圈。

热评楼盘根据楼盘的点评量来排名，首页会显示排名前 8 的楼盘。热门楼盘则是根据点击量来排名，首页同样只显示前 8 位，如图 16-11 所示。

　　资讯栏目会显示搜房网中点击量排名靠前的新闻资讯，如图 16-12 所示。问答栏目为购房者 / 网友提出问题提供平台，由网站专家进行回答，也会有房地产行业的资深网友进行解答。论坛栏目是搜房网各大业主论坛中点击量和回复量较高的地方，若是房地产企业软文能出现在资讯栏目版块、问答栏目版块、论坛栏目版块，且软文中的内容大多都是为读者解决关于房子的容易陷入误区的各大问题、注意事项，定能大大提高软文的吸引力。

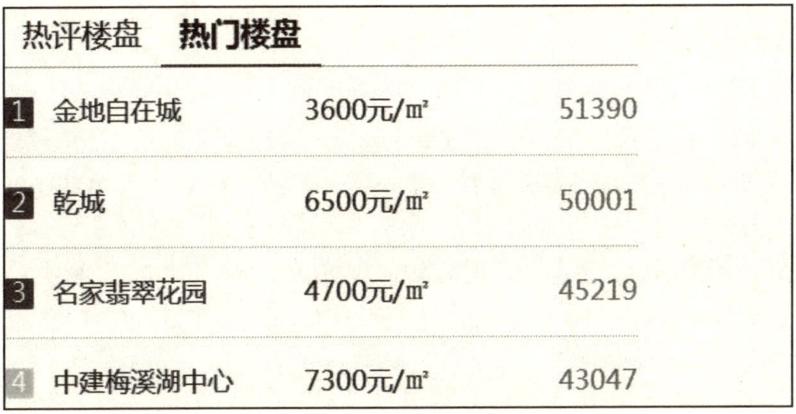

热评楼盘	**热门楼盘**		
1 金地自在城	3600元/m²		51390
2 乾城	6500元/m²		50001
3 名家翡翠花园	4700元/m²		45219
4 中建梅溪湖中心	7300元/m²		43047

▲ 图 16-11　热门楼盘

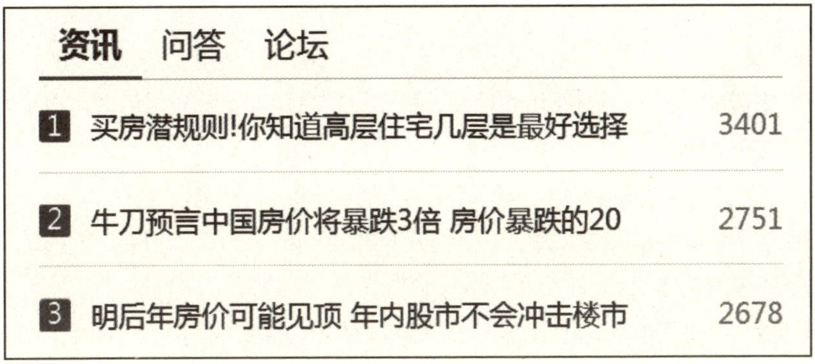

资讯	问答	论坛	
1 买房潜规则!你知道高层住宅几层是最好选择			3401
2 牛刀预言中国房价将暴跌3倍 房价暴跌的20			2751
3 明后年房价可能见顶 年内股市不会冲击楼市			2678

▲ 图 16-12　资讯

　　热门团购栏目，根据参与团购人数进行楼盘排名，排名越靠前就说明楼盘团购的人数越多。热门商圈则是根据长沙各地区商圈内的房价环比上月增长百分比大小进行排名，排名靠前，证明商圈房价上涨越多，商圈越火，如图 16-13 所示。

1 中海国际社区	6500元/㎡	9509
2 旭辉御府	6500元/㎡	7485
3 江山帝景	5500元/㎡	6032

▲ 图 16-13　热门商圈

343　搜狐焦点

搜狐焦点网，是搜狐门户网站的重要成员之一。作为优秀的房地产家居在线服务平台，搜狐焦点用心为 6 亿用户提供买房、卖房、租房、装修、金融全方位一站式在线交易服务。

依凭"诚信正直、用户至上、结果导向、永不言败"的业内文化，搜狐焦点网已经成功在近 300 座城市开设地方站，拥有超过 5000 万对买房、卖房、装修有强烈需求的注册会员，合作客户覆盖率在同行业也是遥遥领先。

搜狐焦点网在移动互联网领域的全面战略部署，包括 WAP 端的信息交互，APP 买、卖、租交易功能及搜狐新闻客户端的数据分发，三位一体，奠定了其在移动领域的领先地位。

1. 网站介绍

下面来详细了解一下搜狐焦点网站，我们只有在足够了解它之后才可以更好地进行软文的发布与操作。

（1）搜狐焦点新闻中心。

搜狐焦点新闻中心是搜狐焦点内容业务的重要组成部分，承担着涉及房地产相关内容的所有采编工作。

新闻中心将每天最新、最全的与房地产有关的内容以最快的速度呈现给广大网友，并及时有效地提供楼盘的相关信息，进行购房指导，并且反馈网友对事件和现象的观点与看法。

秉承着专业和敬业的媒体工作理念，搜狐焦点新闻中心通过专业视角，挖掘有价值的房地产新闻，并且在第一时间报道新闻事件和解读房地产政策。视频新闻作为新兴的产品业态，是搜狐焦点新闻中心连接电视新闻产品的最新尝试，在目前的房地产网络媒体中处于领先地位。

（2）搜狐焦点购房中心。

搜狐焦点购房中心为购房者提供全面、及时的房地产信息，还提供项目地图、楼盘搜索、楼盘动态、购房知识、购房流程、购房专题、房贷计算器以及房价评估等服务，搜狐焦点购房中心的"楼市焦点""楼盘对对碰"和"爬房团"等特色购房栏目也一直广受购房者好评。

搜狐焦点购房中心，线上将最实用的购房信息和资讯提供给购房者，线下让购房者轻松享受个性化的购房指导和专业的购房咨询。

（3）搜狐焦点业主论坛。

搜狐焦点业主论坛不仅是面向广大业主的"业主社区"，更覆盖了全国主要城市的大多数楼盘的业主论坛，被称为购房人的必到之处，是城市高端人群的购房和活动平台，也是最具互动媒体价值的业主论坛。

在经过了多年的发展后，搜狐焦点北京站已经有 4000 多个业主论坛、上万社区版主及百万活跃网友，总帖量突破 6000 万，注册用户超过 1000 万。

搜狐焦点业主论坛聚集着各大中城市中主流购房者的声音，同时也引起了社会及媒体的广泛关注，与多家知名媒体、政府机构、知名商家合作策划并组织大量互动活动，开创性地创建了"业主新视角""社区羽毛球联赛"和"有产自驾联盟"等品牌活动。

同时，由于搜狐焦点业主论坛拥有着各行业的精英、意见领袖和草根写手，所以每天可以提供海量的购房和社区新鲜信息，引发众多知名媒体关注，并深度报道论坛里的社区事件或房地产行业的业内消息。

（4）搜狐焦点二手房。

搜狐焦点二手房被定位于"优秀二手房导购平台"，搜狐焦点二手房隶属于搜狐焦点，成立于 2010 年 11 月，重组后的搜狐焦点二手房无论是在技术、渠道、资源、内容、运营、互动还是在推广等方面均有较大的改变，对网站的全面整合做出了相当大的贡献。

搜狐焦点一直致力于把搜狐焦点二手房打造成二手房领域垂直门户网站的领军平台。搜狐焦点二手房业务还向更多区域和领域拓展，并计划在现有一线城市的基础上把业务覆盖到国内主要省会和重点城市，提供全国性的二手房网络信息联动服务和在线交易平台。

（5）搜狐焦点家居。

作为领先业界的家居资讯服务商，搜狐焦点家居以"国际化视野、本土化关注"为宗旨，引领中国家居潮流。无论是解读全球家居流行趋势，还是剖析我国家居行业的热门话题、推荐最新的家居精品，搜狐焦点家居都一马当先，始终站在购房者的角度为购房者提供细致的服务。

搜狐焦点家居是购房装修人群选购家居产品、进行装修的首选平台，是家装、建材领域领先的行业新媒体。搜狐焦点家居新闻、资讯流量和论坛发帖量均居同行业之首，是消费者和业内人士非常重视的网站。

搜狐焦点家居作为搜狐门户大家族的一员，通过搜狐焦点自身房产、家居产业链的互动，并借助搜狐微博、财经、娱乐、女人等各频道的强大资源，品牌优势已经越来越明显。

2. 热门资讯

搜狐焦点的热门资讯版块，内容分类十分的清晰，发布的软文根据内容类型的不同，分类显示在热门资讯中的不同分类中，包括"本地新闻""市场要闻""宏观动态""今日关注""房产八卦""业内论坛""楼市热点""特惠楼盘""优惠折扣""开盘认筹""低价房源"与"刚需房源"等内容。

每一种分类，都会在搜狐焦点的首页显示一篇分类内最火的软文，点击热门资讯进入资讯页面之后，可以浏览更多的内容，如图 16-14 所示。

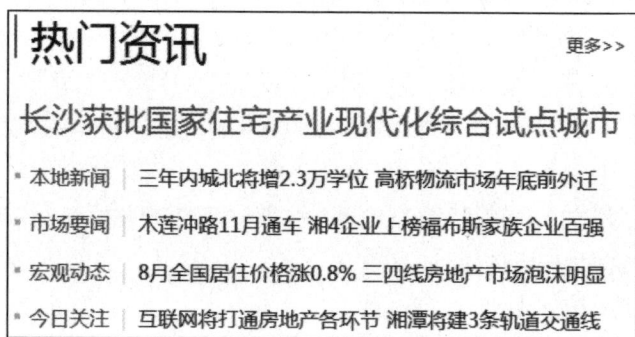

▲ 图 16-14　热门资讯

3. 新盘推荐

搜狐焦点网的新盘推荐，主要包含了"半年内开盘""3 月内开盘""本月开盘""下月开盘"和"一年内开盘"，用户可以根据不同的需要进行选择。新盘推荐版块中会显示本月开盘的楼盘数量，如图 16-15 所示。

▲ 图 16-15　新盘推荐

4. 产业地产

产业地产版块，是搜狐焦点网的特色部分，不仅包含了长沙本地楼盘，更是以省份划分，将全国的楼盘都囊括其中，极大地方便了购房者在挑选楼盘时与省内省外的众多楼盘进行比较。

产业地产中的热点资讯和热门园区部分，也一直备受购房者的好评，如图 16-16 所示。

▲ 图 16-16　产业地产

16.4　房地产软文写作技巧——3 种方法

随着软文市场的开发，房地产行业从业者也发现了软文推广的价值。正因如此，房地产软文不管是在报纸上、杂志上，还是网站上都十分常见。

可以这么说，房地产软文非常容易写，但写一篇好的、效果佳的房地产软文却不容易。下面我们就来了解房地产软文 3 种常见、有用的写作方法。

344　树立品牌形象

所谓树立房地产的品牌形象，是指房地产企业使自己的产品在市场竞争中能站住脚，以及在消费者中获得的知名度。品牌价值的形成过程是企业与顾客双向互动的过程。如果没有客户的信赖和支持，品牌就会失去价值和意义。

所以，软文撰写者要多写几篇能树立房地产行业品牌形象的软文，这样才能更容易获得消费者的信任和提高知名度。

一般来说，用新闻性较强的软文来树立房地产的品牌形象，是最好不过的，因为新闻早已经在人们心中贴上了"权威""可靠""信赖"的标签，若房地产的软文撰写者从新闻事件角度入手，或许会有事半功倍的效果。

房地产软文撰写者可以从以下3个方面出发，利用新闻性较强的软文来树立品牌形象，如图16-17所示。

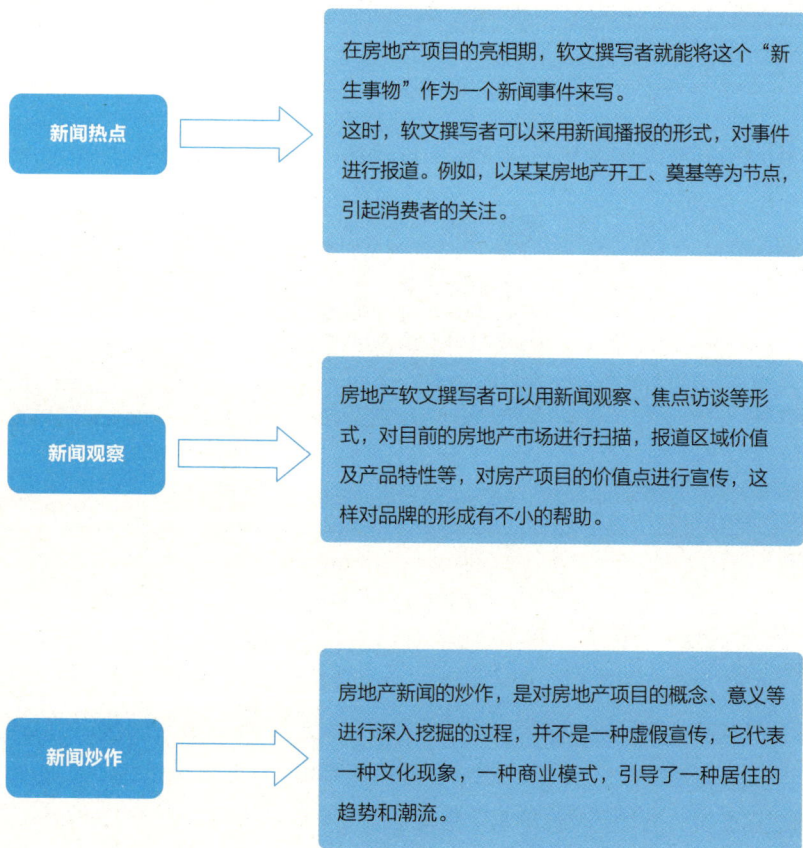

新闻热点 → 在房地产项目的亮相期，软文撰写者就能将这个"新生事物"作为一个新闻事件来写。
这时，软文撰写者可以采用新闻播报的形式，对事件进行报道。例如，以某某房地产开工、奠基等为节点，引起消费者的关注。

新闻观察 → 房地产软文撰写者可以用新闻观察、焦点访谈等形式，对目前的房地产市场进行扫描，报道区域价值及产品特性等，对房产项目的价值点进行宣传，这样对品牌的形成有不小的帮助。

新闻炒作 → 房地产新闻的炒作，是对房地产项目的概念、意义等进行深入挖掘的过程，并不是一种虚假宣传，它代表一种文化现象，一种商业模式，引导了一种居住的趋势和潮流。

▲ 图 16-17 新闻软文三大要点

345 深化产品卖点

所谓的深化产品卖点，就是在产品推出的初期，宣传产品理念、产品概念，主推产品的价值点等，通过这一系列的前期价值浸透、理念阐述等，让消费者对房地产产品有一个大概的认知，利用软文来更多地增强消费者的购买信心。

一般来说，软文撰写者想要房地产软文能达到深化房地产产品的卖点效果，可以从以下3个方面进行，如图16-18所示。

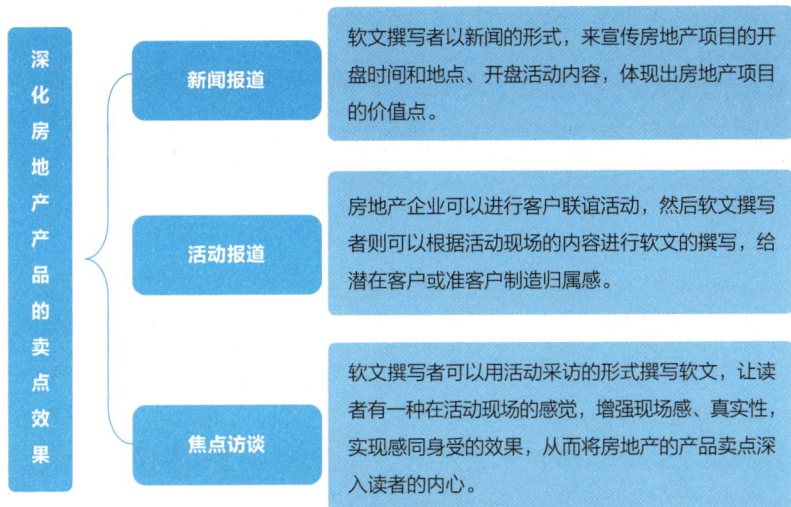

▲ 图16-18　深化房地产产品的卖点效果

346　强势促进销售

所谓的强势促进销售，是针对房地产项目的销售态势撰写出具有渲染和烘托作用的软文，或者根据销售情况进行相关的新闻报道，以及将软文宣传的重点聚焦在销售过程中所遭遇的问题上，这样可以解决那些不了解房地产销售的消费者心中的疑惑。

一般来说，软文撰写者想要房地产软文能达到强势促进销售的效果，可以从以下3个方面进行，如图16-19所示。

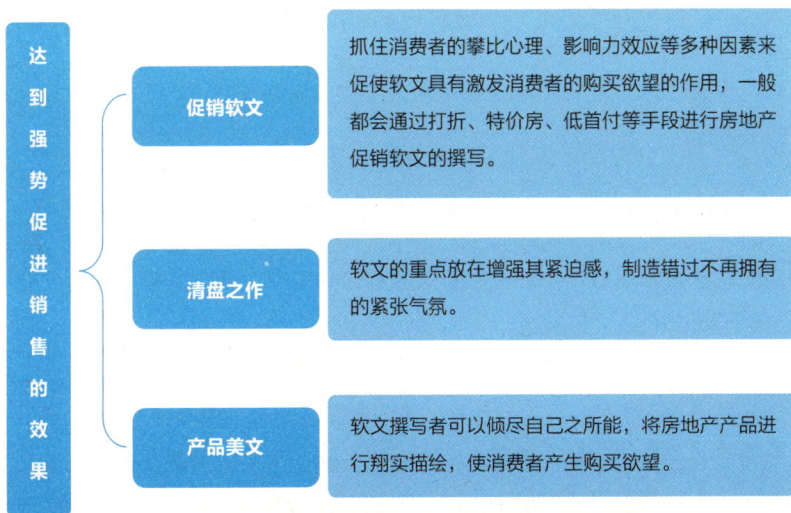

▲ 图16-19　达到强势促进销售效果的3种方法

16.5　房地产软文写作注意事项

随着房地产行业的不断发展，越来越多的房地产开发商开始注重软文营销，而一篇优秀的软文是进行软文营销时不可缺少的。如何写好房地产软文也就越来越受到更多人的关注。

347　不要让软文变成垃圾广告

垃圾广告式的软文在报纸上可以经常看到。它的特点是：一般都在报纸的广告专版，很少有图片，有的还加了边框，其内容从头至尾都是王婆卖瓜似的吹嘘，如地段如何好、景观如何美、物业服务如何周到等。

标题大都缺乏创意，地址、联系人、电话都明显地标注在文后，完全失去了软文的意义。这类软文几乎全是付费的，因为对于报纸来讲，这些版面是当作广告版面销售的。

真正看报纸内容的读者一般是不会看这样的版面的，因而这类软文的传播效果极差。企业为这种软文花了大量的广告费用，却得不到良好的效果，事倍而功半。想要解决这种问题，软文撰写者必须先要理解什么是软文。

现在的房地产行业中，大多数项目宣传都停留在使用这种垃圾广告式软文的阶段。企业必须在观念上明白软文与平面广告的不同，软文完全以文字表现，它通过读者逐字阅读来传递内容。

所以，软文有没有效果，首先是看它能不能吸引读者的阅读兴趣。而平面广告也许只需要一个具有创意的设计、一幅极富冲击力的图片或者是几句富有诗意的短句，都有可能给人以无法抗拒的感染力。

因此，软文的撰写必须充分注意到这些差异，要扬长避短，绝不能将软文用作广告的方式来处理。

348　不要让软文太啰唆

软文撰写者必须注意，少在大家都知道的公共信息上浪费太多的笔墨，要尽量精简，突出自己要讲的核心的东西。

撰写者可以站在客户或者读者的角度想想：在面对同一份报纸时，发现上面有数个满足自己需求的楼盘时，是否会优先浏览内容简洁明确的内容？

这个问题的答案很明显，没有人会花时间去阅读大量的没有实在意义的文字。当然，有事件噱头的软文可进行稍长处理。平常多看看报纸，多学习别人的房地产软文是如何写的，学习对手是很重要的。

349 软文不是发布得越多越好

虽然房地产软文营销为的就是宣传，不过这绝对不是盲目地进行大量软文发布。过多地重复发布，非但不会增加软文的宣传效果反而会有所减弱。一篇软文具体发布多少家网站，还要根据推广的目的及软文的性质来决定。

如果是一篇普通的公关软文，发布一家自然是比较少的，发布 5 家以上最为合适；如果是重磅出击的房地产事件新闻，或者房地产推出新品又或者是房地产促销软文，则建议更多，10 家以上最为合适。

各大网站均有自己的特性，但无论如何大量重复的发布都是不合适的。

350 不可与当下营销节奏脱节

房地产的软文，是为了房地产开发商或者楼盘所服务的，并不是独立存在的。这就要求房地产软文必须和房地产项目紧密结合，无论是何种类型的软文，必须紧跟房地产项目的营销节奏。

那什么是营销节奏？营销节奏指的就是营销工作自身所特有的均匀的有规律的工作进程，它是营销工作规律的重要组成部分，简单来说就是营销计划的进程。在房地产行业，营销节奏尤为重要。

因此在撰写房地产软文的时候，绝不可与营销节奏脱节。例如，现在房地产项目在进行"零首付"的购房促销活动，而软文还在说项目开盘的事，这就是严重的脱节。

351 不可恶意诋毁竞品楼盘

房地产行业中，竞品楼盘的存在是很正常的。什么是竞品楼盘？竞品楼盘就是与自己项目类似的，位置相邻的楼盘，彼此之间存在着一定程度的竞争。但是值得注意的是，虽然彼此之间有竞争，但绝对不可以进行恶意竞争。

体现在房地产软文当中就是不能在软文当中出现恶意的诋毁，可以进行比较，从而突出自己的优势。切记，是突出己方楼盘的优势而不是强调对方楼盘有多差。之所以会如此，一方面是为了避免社会舆论的压力；另一方面也是避免竞品楼盘的还击而恶意诋毁自己。

第 17 章

案例：餐饮行业软文

学前提示

很多餐饮行业抓住商机，通过软文发布获得红利，充分发挥了网络巨大的威力，有了让自己的公司锦上添花的技能。

本章从餐饮行业软文写作与发布和酒行业软文写作与发布的相关内容，进一步展现出餐饮行业软文的相关内容。

案例：餐饮行业软文

餐饮行业软文写作
技巧与发布

酒行业软文写作与
技巧发布

17.1　餐饮行业软文写作技巧与注意事项

当国民摆脱了温饱问题后，对食品的要求越来越挑剔，一度让众多食品商家感叹，餐饮行业越来越难做。酒香也怕巷子深，饮食商家如何才能让自己的产品脱颖而出，备受市民青睐呢？

届时软文的出现，从很大程度上解决了饮食商家的困扰，大大提高了行业销售率，下面就以德芙、王老吉等品牌为例，来讲解餐饮行业软文的相关写作技巧及注意事项吧！

352　品牌的塑造

所谓的品牌的塑造，是指将企业产品塑造成一个特定的形象，并深刻地印在消费者的心中，从而形成品牌形象。

餐饮行业的推广软文也是需要首先解决品牌的问题。随着消费者对食品的各项要求越来越高，品牌意识越来越强烈，餐饮行业软文的品牌塑造就逐渐地成为了重要的一环。就像现在人们只要提起豆奶就知道维维，提起巧克力就想到德芙，可见品牌营销的效果很重要。

因此，在餐饮行业营销软文中一定要注意对品牌的塑造，就算品牌暂时没有人气，也可以通过一些专门塑造品牌的软文来慢慢地打造品牌。

353　产品的拆分

在餐饮行业中，消费者对于产品了解得越详细，就会产生越多的信任感。当然，前提是产品从选料到出厂销售，每一个环节都经得起考验，不然就是搬起石头砸自己的脚。将产品进行拆分，可以最大限度地将产品透明化，在如今假冒伪劣产品横行的市场环境中，这是很重要的。

餐饮行业的软文营销要对产品进行拆分宣传，以下4个环节一个都不能少，如图17-1所示。

环节越完整越可以让消费者产生信赖感，只有产生了信任感和依赖感，其才会进行持续性的消费。例如，一篇名为"中国乳业：在'裸奔'中崛起"的产品拆分软文，就是描述在2008年的"三鹿奶粉事件"之后，中国乳业纷纷进行了产品拆分的事件。

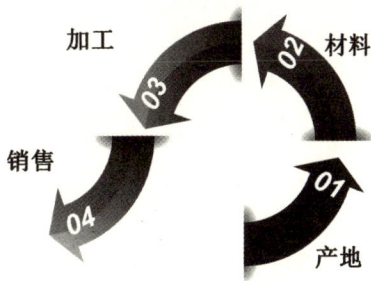

▲ 图17-1　产品拆分

这种产品拆分就是将乳业的生产过程：加工和饲喂集成技术、“牛性化”的牛场设计、福利化的管理技术、奶牛疾病防治的集成技术以及粪污收集处理集成技术等环节——呈现在广大消费者的眼前，增加透明度，赢得消费者的信赖。

354 用事件做营销

事件营销在英文里叫作 Event Marketing，国内有人把它直译为“事件营销”或者“活动营销”。

事件营销是企业通过策划、组织和利用具有名人效应、新闻价值以及社会影响的人物或事件，引起媒体、社会团体和消费者的兴趣与关注，来增加企业或产品的知名度同时树立良好的品牌形象，最终实现增加产品或者服务的销售目的的方法。

简单地说，事件营销就是通过把握新闻的规律，制造具有新闻价值的事件，并通过具体的操作，让这一新闻事件得以传播，从而达到广告的效果。

事件营销是营销策略中重要的一环，在餐饮行业软文撰写中加入事件营销，会让软文的推广效果得到很大的提升。餐饮行业事件营销最好的题材便是与少儿相关的健康话题，其次就是老人的健康与养生。

餐饮行业软文的事件营销中，王老吉做得就很不错。例如，一篇名为“健康寒冬，凉茶相伴”的软文，就将凉茶与养生健康结合，完美地将凉茶王老吉引了出来，并且让读者在脑海中将凉茶和健康画上了等号，如图 17-2 所示。

> **王老吉软文营销：健康寒冬，凉茶相伴**
>
> 寒冬来临，什么是你这个冬天的健康饮料呢？生活习惯往往是根深蒂固的，然而在冬季饮料市场上，健康的消费观念已经悄然地改变了人们的一些生活习惯，越来越多原本喜欢普通饮料的消费者开始将目光转向健康饮品。近日，记者在王老吉冬季防上火行动的写字楼和社区推广现场看到，市民们争相填写健康调查问卷，购买王老吉凉茶，火热的场面和寒冷的天气形成了巨大反差。促销人员介绍，消费者大都是看中了王老吉凉茶预防上火的健康功效。
>
> 健康的才是最好的
>
> 随着生活水平的不断提高，人们已经不再满足于最基本的生活需求，在吃穿住行的方方面面，天然、健康都成为了优质生活的代名词。
>
> “健康是福。”“千金难买是健康。”“每天锻炼一小时，健康生活一辈子。”季先生津津乐道于他的“健康经”。其实，季先生以前烟酒均沾，很少参加体育运动，作息也没有规律。用季先生自己的话说，那时的他“就像个病秧子似的”。而现在的季先生则时时不忘“健康”，饮食要讲究天然、营养、健康，买东西也要选有益健康的。

▲ 图 17-2　王老吉案例

355 色香味俱全

餐饮行业软文与其他行业的软文不同，餐饮行业软文的宗旨是要通过文字让美食跃然纸上，做到只看文章就已经垂涎三尺。所以餐饮行业软文一定要突出该食品的色、香、味，语言描述一定要能挑逗读者的味蕾。

这就比较考验软文撰写者的文字功底和语言的驾驭能力了，要记得饮食软文是为了产品服务的，最终目的是促使读者或者消费者因为这篇软文而产生购买欲，所以语言一定要真切，不能仅仅停留在好吃的地步。

例如，一篇名为“财富趣闻‘豆八怪’，穿越百年的悠扬豆香”的软文，通过讲述扬州“豆八怪”起源的故事，形象又生动地将郑板桥赐字成名“豆八怪”的趣闻与“彩虹果香豆浆豆腐”“爽滑果冻豆浆豆腐”“金种子保健豆浆”等“豆八怪”刚刚上市的产品结合，如图 17-3 所示。

食品软文：财富趣闻“豆八怪”，穿越百年的悠扬豆香

都知道扬州有八怪，那说起“豆八怪” 想必各位读者一定觉得熟悉而又陌生吧。没错，它就是最近在市场屡推“彩虹果香豆浆豆腐”“爽滑果冻豆浆豆腐”“金种子保健豆浆”等创意新品的豆制品创富品牌。您要问起它的渊源，那就要追溯到百年以前了……

话说号称康熙秀才、雍正举人、乾隆进士的七品芝麻官郑板桥，因荒年赈灾得罪大吏被罢官后，就从山东潍县辞别百姓毅然返乡。板桥一行，三匹毛驴，一匹主一匹仆一匹行李，简简单单。不计多日到得扬州蜀冈地面，黄昏时刻归乡的游子累得人仰驴翻，只得停下歇息。但这一停，又成就一段让人津津乐道的板桥佳话。原来，喘息之间，顿觉山野清风夹杂丝丝香甜扑鼻而来。呵呵，哪来沁人心脾的美味？惹得我饥肠咕咕！他把毛驴交给仆从，自己一路小跑寻香而去。逆着风向，沿着一条岗腰小道逶迤而行，左兜右转便见数居山房迎面而立，香气随着袅袅炊烟弥漫了山野。

▲ 图 17-3 “豆八怪”案例

356 顾客体验

近年来，“顾客体验”一词在各个行业中迅速风靡，但就像“创新”和“设计”一样，实际上很难给它找到一个众所公认的明确定义，尽管许多企业都将改进顾客体验视为一项差异化的竞争优势。

可是，如果企业连“顾客体验”的定义都说不清楚，又如何谈得上对其加以改进呢？在饮食行业，顾客体验就显得更加的重要了。饮食软文中，体验式软文就是一种很好的方法，通过消费者食用食品的经过、感受等为撰写素材，形成软文，引起读者的共鸣。

例如，一篇名为“康师傅私房牛肉面：闪亮登陆津城”的软文，就通过大量的笔墨对康师傅牛肉面的口感、味道等进行了细致又生动的描写，引起了读者的强烈共鸣，如图 17-4 所示。

康师傅私房牛肉面：闪亮登陆津城

台湾顶新国际集团旗下品牌"康师傅私房牛肉面"日前正式登陆天津，塘沽店的开业标志着继北京和上海两城市数十家店面成功运作之后，康师傅私房牛肉面正式进军天津市场。2006年7月24日，"康师傅私房牛肉面"在北京安贞桥推出首家门店后，出现了消费者几乎天天排队品尝的火爆场面，之后两年间的数家旗舰店也都获得了消费者的连连好评。此番康师傅私房牛肉面天津新店的开业旨在将全新的新派主义饮食文化带给天津的消费者，也标志着顶新集团开始了在天津餐饮市场的开疆辟土！

据悉，康师傅私房牛肉面天津店餐厅主推顶级弹牙嫩排面、私房红烧牛肉面和私房养生牛肉面等特色私房牛肉面。面对炎炎夏日，餐厅还最新推出了沁香珍菇鸡腿面和香醇焦糖冰咖啡，为人们增进食欲、消暑解渴提供了绝佳的选择。并有多款不同口味的私房小菜，如花生腐乳裙带菜、辣爽千页豆腐、爽口泡菜、精卤牛三宝，以及多款精致的私房甜品饮料,如芒果奶酪、花生冰沙、椰香赤豆白玉糕、香滑杏仁豆腐、果色天香汇冰山、锡兰奶茶等。这些让人们在品尝牛肉面的同时，也享受到各式美食带来的立体化的情趣。

▲ 图 17-4 康师傅案例

357 避免对企业的直接宣传

餐饮行业由于和人们的生活密切相关，所以在进行软文撰写的时候要把重点放在产品的质量及特色介绍上，不可出现大篇对于产品企业的宣传。虽然产品的品牌同样重要，但是消费者对于企业却不是特别感兴趣，不会去花时间看什么企业文化及企业介绍。所以软文对企业的宣传可以有，但是需要巧妙地融入进去，而不是大张旗鼓地直接说，要始终记得产品才是重点。

358 避免同行业进行比较

和同行业的竞争者进行比较，这是很多商家企业惯用的手段，这也是所谓的货比三家的体现。可是在餐饮行业中，这种比较尽量少用或者不用。

因为在进行对比的时候肯定是用自身优势与对方劣势进行比较，如此做，也许会在短时间内收到奇效，但是竞争对手肯定也会予以还击，就会拿对方的优势与己方的劣势比较，这对任何的企业都是不利的。

359 价格出入不可太大

餐饮行业软文除了注重产品的质量之外，价格也是需要特别注意的一点。无论是餐饮类还是食品类，都属于一种消费行为。既然是消费行为，那么消费者就会对价格十分在意。这就产生了很多软文在提及价格的时候，不仅模糊隐晦还会将价格写得很低。这固然可以在一定程度上吸引消费者，可是当读者成为消费者进行消费的时候，实际价格与软文中的价格就会有冲突，让读者有被欺骗的感觉。

360 避免和行业法规冲突

餐饮行业软文的目的就是吸引读者，并且通过软文中文字的描述让读者产生购买欲。可是现在很多企业的软文将吸引读者放在了第一位，为了吸引读者的眼球无所不用其极，甚至不惜与行业法规相冲突。

这其实是一种饮鸠止渴的办法，绝不是长久之计。无论出于什么目的，餐饮行业软文绝对不要和行业法规相冲突。

361 了解读者喜好

餐饮行业软文的宗旨就是将美食的"味美""貌美""浓香"，以文字的形式展现在读者的面前，使读者产生想要品尝的欲望。

不过在撰写之前，软文撰写者需要了解读者的喜好，了解他们喜欢怎样的口味、怎样的食物、哪样的食物比较容易引起他们的食欲等，只有投其所好，才能获得好的效果。

362 进行策划

餐饮行业软文尤其要注重策划，餐饮行业软文不仅要引起读者阅读的兴趣，更要调动读者的行动力，就是说要让读者看完这篇软文，会有去店里吃吃看的想法。说得通俗一点就是餐饮类的软文目的是把读者变成顾客。

因此，撰写者需要在软文撰写之前就进行详细的策划。餐饮行业的软文策划就是针对所写餐饮品牌进行不同阶段、不同主题的软文宣传。假设一个名为 XX 啤酒的品牌，我们对其进行软文策划，分 4 个阶段进行软文推广。

- 第一个阶段的软文推广主题可以设定为品牌形象。
- 第二个阶段的主题可以设定为品牌特色。
- 第三个阶段的软文主题可以设定为啤酒的宣传。
- 第四个阶段则可以进行购买 XX 啤酒会有什么优惠的主题宣传。

下面来欣赏一篇优秀的餐饮行业软文。

走在吃蟹的路上

淄博人对于吃是颇有研究的，如周村烧饼、博山素锅等一些地方的名小吃令众多国内外食客垂涎欲滴，更有诸如巴西烤肉、日本料理等"外来户"定居淄博，为好吃的淄博食客提供了品尝异域风情美食的机会。

可是对于好食者而言，这远远不能满足他们的胃口，吃就是他们的天性，他们用自己独特的嗅觉时刻寻找着特殊的美味。9 月 6 日，从天乐园大酒店里陆续飘出的蟹香引来淄博无数美食爱好者，他们沿着浓浓的蟹香一路"嗅"来。

于是，一场品尝阳澄湖大闸蟹的活动在天乐园大酒店如火如荼地展开了。

天乐园的大厨们厨艺高超，一只只活蹦乱跳的阳澄湖大闸蟹经过他们精湛的厨艺加工后，一盘盘丰盛的阳澄湖大闸蟹美餐就上桌了，清蒸闸蟹、蟹黄汤包、香辣闸蟹、油酱大闸蟹……真是煎蒸烹煮，应有尽有。

"在天乐园，足不出户就可品尝到正宗地道的阳澄湖大闸蟹，再也不用为吃一只正宗湖蟹而下江南了！"一位食客吃完蟹宴走出天乐园时，由衷地感叹道。

吃蟹就要吃出个性来，吃个畅快淋漓，吃个无怨无悔。不管是帅哥靓女，还是公司老总、企业职员……在这样一个难得的蟹宴现场，他们暂时忘却了自己的身份，两只眼睛紧盯着满桌子的阳澄湖大闸蟹。

有的先从螃蟹的金爪开吃，有的先从螃蟹的白肚下手，更多的则不约而同地选择了悠闲的"品蟹"，他们一边吃一边细细端详大闸蟹的每一个部位，仿佛在欣赏一幅美丽的动漫画，真是既饱了口福，又养了眼福。

螃蟹，光吃是不够的。只要你在国庆期间亲临天乐园，还可参加欢度国庆，"蟹蟹"真情的活动，即：每位食客只需花28元钱便可以吃上2只阳澄湖大闸蟹；如果你是三口之家，只要父母各点一只大闸蟹，儿童便可以免费赠送一只大闸蟹。

这样好的机会真的好难得哦！如果您想吃正宗的阳澄湖大闸蟹请到天乐园来，如果您想饱尝口味各异的美食蟹宴也请到天乐园来……

您还等什么呢，快来吧！倾城蟹宴，尽在天乐园。

【分析】整篇软文就如同一道烹饪的色香味俱全的美味大闸蟹，让读者在阅读的过程中仿佛亲自在品尝一样。本篇软文先从"吃"字上着手，自古民以食为天，没有人可以拒绝美食的诱惑，而在众多美食当中，天乐园的大闸蟹更是首屈一指。

首先软文一开始就表明了，这篇软文是为了9月6日的品尝澄阳湖大闸蟹活动写的，软文通过细致的描写，将活动当日的盛况一一展现在读者眼前，让读者犹如身临其境。而且软文通过对于食客不同的吃法描述，更是将大闸蟹的美味表现得淋漓尽致。

最妙的是在软文的最后，点出了天乐园国庆节期间还有一次"蟹蟹"真情的活动，并且指明活动当天的一些优惠，这就是典型的软文策划，将读者悄然间转化为了潜在的食客。相信看到这篇软文的人，都会产生国庆节去天乐园的想法。

363　注意格式

对于餐饮类品牌的软文，最好是以新闻的格式进行推广。新闻格式可以突出餐饮品牌的品牌价值，也可以在另一方面折射出它的营养和健康价值，而且新闻格式可以让读者产生较强的信任感。

除了新闻类的软文，体验类软文也是读者较为喜欢的一种。作者可以从消费者的角度，撰写亲身经历的消费过程，在描写细致入微，重点突出了色、香、味的同时，可以对餐馆的环境、服务、卫生等做出评价，这一类的软文最容易引起读者的共鸣。

但是不管采用何种方式，在撰写的过程中一定要注意行文的布局和逻辑上的格式，不可出现逻辑颠倒甚至前后矛盾的情况，如图 17-5 所示。

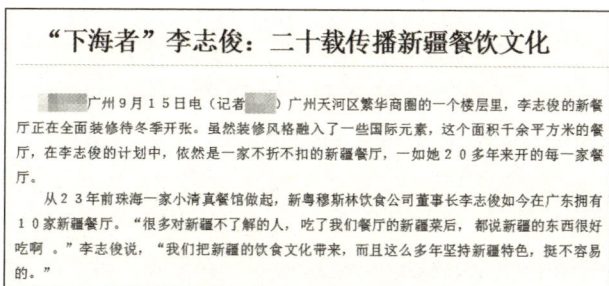

▲ 图 17-5　新闻式软文

364　注意口碑

现在，网络口碑营销已经成为网络整合营销中必不可少的重要部分，其核心是抛开只有媒体可以做宣传的思路，巧妙地将品牌信息包装成具备话题性和自发传播性的"病毒"，让用户自愿成为"核裂变式传播"的一个节点。

餐饮行业的软文尤其需要注重这一点，餐饮与网友的生活息息相关，十分容易引起网友和读者的讨论，所以餐饮行业品牌的口碑营销也在网络上开展得如火如荼。

餐饮行业软文营销的经典案例："咖啡的创意吃法"中展示了某人用雀巢咖啡制作多种美味可口的食品的过程，很新鲜，富有创意。

而"OL 咖啡瘦身全攻略"介绍了办公室 OL 用雀巢咖啡减肥塑身的方法。"十二星座最爱的雀巢咖啡"融合年轻人热衷的星座话题，根据各星座的特性为他们找到了雀巢咖啡大家族中的一类最适合他们的咖啡。

这些帖子因为结合了网友们关心的热点，大家乐于在网上分享。而正是在网友自发的讨论分享中，雀巢咖啡的品牌"润物细无声"地潜入了网友的大脑。这就是餐饮行业软文的口碑营销策略。

17.2　酒类软文写作技巧与发布平台

15 年前，史玉柱携脑白金重出江湖，靠软文炒作一举热销全国。一时间软文成为各行各业启动市场的营销利器，被广泛地应用于医药保健品及功能化妆品等健康产业。

而酒类行业，也深受影响，一时间各类型的酒类软文如雨后春笋一般层出不穷，其中也不乏一些经典的软文。

酒类软文的发布平台，共有以下 3 种。

- 酒类的行业网站。
- 论坛所有的 B2B 商务信息平台。
- 所有的分类信息平台。

但是无论选择哪一种平台发布还是所有平台全都进行发布，始终要记得软文的质量才是关键。通过分析酒媒网和酒仙网两个常见的酒类软文发布平台放置软文的功能版块，来让读者进一步了解什么样的发布平台才适合酒类软文的发布。

下面我们就先来了解一下酒类软文的写作技巧和发布平台的相关内容。

365 拥有足够吸引力的标题

软文标题的重要性前文已经说得很清楚了，在这里重点说明一下软文标题中主标与副标的撰写。主标的要求是一下就要抓住眼球，要具有震撼性，不能平庸无奇。

副标要求能说明问题，概括性要强，要把很长的文章分成几个组成部分，以便使阅读性增强，图 17-6 为常见的酒类软文的标题。

酒类软文也好"色"
——酒类营销向保健品学习软文执行策略与细节
山东 / 张洪瑞

　　九年前，史玉柱携脑白金重出江湖，靠软文炒作一举热销全国。一时间软文成为市场启动的营销利器，被广泛的应用于医药保健品及功能化妆品等健康产业，帮助保健品走出过市场低谷，创造过市场辉煌。医药保健品的软文营销模式无疑是中国市场营销的创新，更给中国营销带来了飞速发展，以及后来的保健品概念营销模式、会议营销模式等，一些先进的营销理念与世界同步。国内营销专家说"把医药保健品营销模式运用到其他行业，都必将获得成功！"因此，近年来国内各行各业纷纷向医药保健品学习营销模式，收益都非浅，尤其是酒类快速消费品更是纷纷效仿保健品的概念营销和软文营销模式，如：国酒茅台曾一度在全国主流报媒刊登署名董事长季克良"告诉你一个真实的国酒茅台"的整版软文；保健品企业万基集团收购孔府家酒，二次复兴就是靠软文发起的；还有《糖烟酒周刊》《新食品》《酒海观潮》《酒类营销》《中国酒》等酒类专业杂志，酒类软文更是随处可见。

燕京啤酒软文：暗自发力广东中高端市场

燕京啤酒软文：暗自发力广东中高端市场

　　燕京广东生产基地自2005年正式投产至今已经近3年，虽然广州的消费者对燕京这个品牌不太了解，但是燕京在粤西却早已成为了主流啤酒品牌。日前广东燕京啤酒有限公司总经理阳路德在接受记者采访时透露："今年我们的销售目标是18万吨。"虽然产销量比上年大幅增加，但是阳路德表示，广东啤酒行业竞争激烈，虽然燕京在广东取得了一定的成绩，但是目前我们的目标是在广东市场有一席之地，并无更大的"野心"。

今年目标18万吨

▲ 图 17-6　酒类软文标题

366　将企业的亮点展现出来

　　没有特点的企业是不容易被记住的，所以在软文撰写的过程中，一定要将企业的特色和亮点展示出来，让大家看到。企业的亮点，可以从以下几方面着手撰写。

1．新产品

　　每当有新的产品准备推出的时候，这就是一个制造新闻的机会。创新的产品是推动社会进步的物质基础，人们是通过一件件的新产品来感知社会进步的。在酒类行业更是如此，人们注重的就是酒本身，所以努力去挖掘产品或者新产品的价值吧。

2．企业领导人

　　每一个企业都有自己的领导人，也就是领军人物，而每个领导人又拥有着自己的特点。这些人的经历、业绩、做事风格等很多东西都可以作为企业的亮点进行宣传，从而引起人们的关注。

　　在领军人物的身上做文章，会让企业显得有个性，可以把企业写活，而且人们也往往愿意去深入了解这些成功人士。

> 💡 **专家提醒**
>
> 　　现在很多报刊都拥有人物专栏，介绍各界人物的成功和失败、经历和思想。软文操作人员要善于发掘企业领军人物的亮点，这也是媒体需要的极好的素材。

3．企业品牌

　　很多企业本身就处在受人瞩目的行业中，所以企业如果在这类行业中做得比较优秀，这也可以成为一大亮点。在酒行业中，企业的品牌就是行业地位的象征，知名品牌的企业撰写软文的时候，就要时刻把品牌放在第一位。

　　软文操作人员还可以把有特点的企业文化、有成效的经营管理方法等加以总结，这都会成为很有价值的东西。

367　酒媒网

　　酒媒网成立于2011年，旗下有酒媒网的特约杂志《酒媒》。酒媒网主要是为了弥补葡萄酒市场商务方面的空缺，尤其是针对我国葡萄酒市场，是实现葡萄酒全球化的窗口。

　　酒媒网主要是展示国内外知名的和有代表性的葡萄酒，以及受到资深葡萄酒消费者认可的性价比高的葡萄酒和相关的产品，正在逐渐成为世界葡萄酒的"大仓库"。

它同时也会通过国外一些资讯、营销经典案例、培训、俱乐部活动等一起推广葡萄酒文化，引导消费者正确消费和理性消费，努力打造第一个葡萄酒搜索引擎和最有经济价值的门户网站。

酒媒网不仅仅是一家卖酒的网站，更是一家推广葡萄酒文化的综合性网站。酒媒网所拥有的诸多版块，极大地满足了葡萄酒爱好者的多种需求。

1. 旅行

"旅行"版块主要描写各种旅行的见闻以及作者与葡萄酒的情缘，描述作者的亲身经历，更加地贴近生活。当然，"旅行"版块中的所有文章，都是软文，既然是软文，就是为了宣传，只不过"旅行"版块中的软文，将葡萄酒的宣传非常巧妙地融入了进去，值得借鉴和学习，如图 17-7 所示。

▲ 图 17-7 "旅行"版块的内容

2. 酒食

酒和美食，一直以来都是焦不离孟，孟不离焦的，就如同俗话说的下酒菜，所以酒食的文化，从来就不比酒的文化少。"酒食"版块中，就包含了食材、餐厅、城市等内容，如图 17-8 所示。

▲ 图 17-8　酒食

3. 其他版块

除了上述两个版块，酒媒网还拥有"说酒""酒评""书籍""葡萄酒国际产区"与"葡萄酒国外产区"等版块，内容丰富，涉及面广，使得酒媒网成为了葡萄酒爱好者非常喜欢的网站。

这些版块都是酒媒网软文呈现的地方，在酒媒网发布的软文会根据类型的不同，分别出现在不同的版块中。

368　酒仙网

酒仙网，公司原名为北京酒仙电子商务有限公司，于2013年9月正式更名为酒仙网电子商务股份有限公司，简称"酒仙网"。酒仙网是行内领先的酒类电子商务综合服务公司，主要从事国际国内知名品牌、地方畅销品牌以及进口优秀品牌等酒类商品的线上零售，为酒企提供电子商务综合服务，经营范围包括白酒、葡萄酒、洋酒、保健酒、啤酒等。

酒仙网是一家以卖酒为主的网站，包含了"白酒""葡萄酒""洋酒""养生酒""酒具"等版块，囊括了市面上的绝大多数类型和品牌的酒，可以说是种类非常齐全的卖酒网站。

1. 白酒馆

无论是国内知名品牌还是一些经典的老牌子，几乎都可以在这里找到，每种酒都会有详细的产品说明和教消费者如何辨别真伪的教程，很大程度上避免消费者购买假货。

2. 葡萄酒馆

在"葡萄酒馆"中，消费者可以根据需要的不同进行葡萄酒的筛选，按照"整箱套装""中秋送礼""女士之选"等分为不同的类别，极大地方便了消费者的选购。

3. 软文呈现

由于酒仙网更侧重于产品，所以没有特别设置的软文版块，如果想要在酒仙网投放软文就只有在"公众信息"与"促销信息"栏目和产品的详情页中体现。虽然酒仙网的侧重点不在于软文，可是由于酒仙网的巨大点击量，还是成为了软文发布一个比较好的平台，如图 17-9 所示。

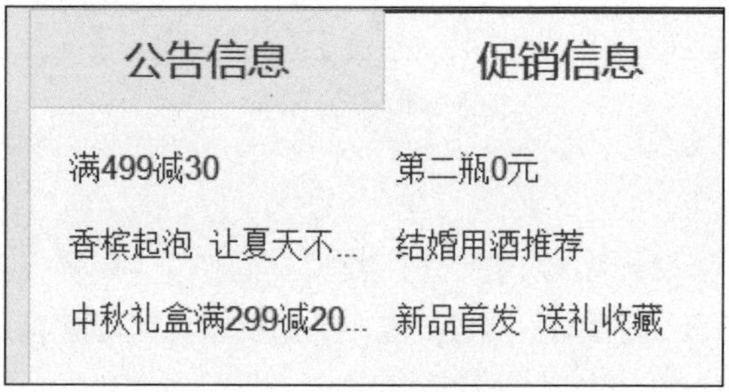

公告信息	促销信息
满499减30	第二瓶0元
香槟起泡 让夏天不...	结婚用酒推荐
中秋礼盒满299减20...	新品首发 送礼收藏

▲ 图 17-9 软文呈现

第 18 章

案例：家电行业软文

学前提示

随着互联网的高速发展，传统的经营项目在网上的发展也是如火如荼，甚至大有赶超之势，家电零售就属于其中一个。为了宣传推广网站，各大网站纷纷在百度、搜狐、新浪等门户资源投放硬广告，同时一些"润物细无声"的软文也纷纷出现。家电软文究竟该怎么写？本章就为大家讲述如何撰写家电行业软文。

案例：家电行业软文

了解产品是写作的基础

家电行业软文发布平台及方法

价格赠品是推广的有力武器

家电行业软文写作注意事项

完善的服务会增加你的回头客

18.1　了解产品是写作的基础

网络的迅猛发展，使得越来越多的家电行业更加注重软文营销的功效。要写出一篇高质量的家电软文也不是一件简单的事，必须具备这个领域的专业知识，不然写出的东西都是读者已经知道的，就没有什么意义。这样的家电软文，宣传效果就打了一个大大的折扣。要时刻记住，读者想要看到的，是自己不知道而且需要知道的内容。下面就说一说如何写出一篇优秀的家电行业软文。

369　软文体现产品质量

随着生活水平的提高及对产品的高标准要求，消费者对产品的质量非常关注。这就需要在撰写软文的时候，着重对产品的质量进行说明。就算产品的质量不是特别突出，也可以进行相对式的说明。总之，一定要将产品质量体现出来，这样读者才会在进行消费的时候心里有一个产品质量之间的比较。

很简单的道理：同样一件商品在两家店出售，一家店只说了价格，另一家店却在说明了价格的基础上介绍了性能和质量。无疑，后者的信息更加丰富，使消费者有更大的购买欲望和购买动力。

例如，国美网上商城就承诺国美所销售的家电产品，从大件的彩电、冰箱、洗衣机等到小件的剃须刀、微波炉等，无论经营的形式为经销还是代销，均有严格的质量保证。这就让消费者产生了信赖感。

370　软文体现产品特色

任何家电产品都有自己的独特之处，只有熟悉这些家电各自的特色并且融入软文当中，才会让这篇软文也拥有自己的特色。现在网络上信息如潮，如果没有自己的特色就很容易被大量的信息淹没。熟悉并利用这些产品的特色进行宣传，会让软文的宣传效果超出想象。

每一种家电都有自己的特色，每一家店也拥有自己的特色。同样的价格同样的功能，消费者肯定会选择特色明显的商品，因为现在就是一个彰显个性的时代。下面来看一篇着重介绍家电软文中体现商品特色的软文。

特色家电塑造"家庭达人"

"工欲善其事，必先利其器"，"达人"们也不例外，需要有很多辅助工具完成"达人计划"。对于家庭生活而言，归根结底就是吃喝、拉、撒、睡等看似烦琐的事情，但在家庭各式"达人"的眼中，这些琐事往往却是"达人们"极为擅长的领域。

在好的家电产品帮助下，"家庭达人"越来越多。一个幸福的家庭当中如果多几个这样的"达人"，各施所长，相得益彰，这小日子可就过得有滋有味，充满生活的情趣了。

烘焙达人

美食好吃，做起来不易。尤其是很多家庭缺少专业的家电产品，比如各种烘焙食品，蛋挞、面包、蛋糕，还有烤鸡翅、培根肉等，这些几乎食品绝大部分都需要通过超市或者食品专卖店购买。

不过，随着面包机、电烤箱、带有烧烤功能的微波炉等西式小家电在市场上的崛起，追求生活品质的消费者也开始学习使用这些西式家电，自己制作各种烘焙食品。在微博、微信等平台上，很多有志于成为"烘焙达人"者经常会展示他们自己制作的烘焙食品。

刚刚生完小孩的媒体人林小姐就是其中之一，她经常在微博上展示她烤出的蛋挞，心灵手巧的她有一次竟然做出了跟品牌店相仿的"千层蛋挞"，一时间引得微博上的粉丝的不住的赞叹，好多人都表示想亲口尝一下。这也让林小姐在朋友圈里得意了很久。

而想要成为一名烘焙达人，一个合适的烤箱类家电是必不可少的。新式的面包机，甚至能够制作米饭面包呢，百变烤箱足以将各种烧烤美食一网打尽。

百变烤箱

烤箱的功能就是"烘烤"，是制作各种烘焙食品的必需品。从功能上说，似乎烤箱只有一个"烤"的功能，看起来较为简单。某品牌的这款立式百变烤箱，糅合了中西烹饪文化中的特点，让烤箱更符合我国消费者的烹饪需求。18升大容量的百变烤箱，定时、定温，多档烧烤火力，具有多重组合式烤制功能。

【解析】这篇软文以"家庭达人"作为切入点，对现在的家用电器中带有特色功能的家用电器作了说明，特色的家电塑造"家庭达人"，如果拥有这些家电，那你也可以成为"家庭达人"。

文中的百变烤箱就是典型，将只有一个"烤"功能的烤箱变成了一款多功能的烤箱，更加符合中国人的烹饪需求。文中并没有对这款烤箱的价格、产品信息等进行着重说明，就是为了使这篇文章更"软"，避免了生硬的产品广告所带来的消费者的抵触感。

读完这篇文章，消费者不会觉得这是一篇广告，而且烤箱的多种功能会让消费者产生买一台试试的冲动，毕竟一台百变烤箱的功能可以代替很多其他家电。

18.2　低价和赠品是推广的有力武器

低廉的价格和有吸引力的赠品永远是消费者的最爱，特别是在 CPI 日益上涨的今天，买到就等于赚到。那么如何写才可以突出这一点呢？让读者真正意识到买到即赚到这件事呢？

371 用低价吸引眼球

对于消费者来说，最有冲击力的还是价格的高低，一般消费者都会对价格低廉、性价比高的产品比较关注。例如，"传新 Apple TV 将上市 售价 199 美元"，通过一个诱人的价格为文章点睛，吸引读者，如图 18-1 所示。

传新Apple TV将上市 售价199美元

分享到：

1、传即将发行的 Apple TV 4售价低于 200 美元

有消息来源，Apple TV 4 售价可能在 149 美元到 199 美元之间，并在功能上则新增：支持 Siri 语音操作、带有体感应应的遥控器、开放 SDK 的 App Store 以及全新的交互界面。另外，最快在今年，苹果将推出取代付费电视(参数 图片 文章)的流媒体视频服务，定价 40 美元／月，并且这项服务也将在 Apple TV 3 上推行。

▲ 图 18-1　Apple TV

372 用赠品拓展客户

赠送礼品也会是一种吸引用户的手段，在软文中最好将赠送的礼品详细地描述出来，这样就能使读者知道活动力度的强弱，如图 18-2 所示。

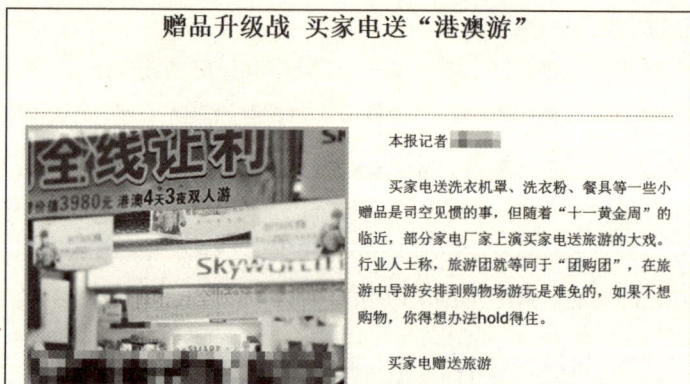

赠品升级战 买家电送"港澳游"

本报记者

买家电送洗衣机罩、洗衣粉、餐具等一些小赠品是司空见惯的事，但随着"十一黄金周"的临近，部分家电厂家上演买家电送旅游的大戏。行业人士称，旅游团就等同于"团购团"，在旅游中导游安排到购物场游玩是难免的，如果不想购物，你得想办法hold得住。

买家电赠送旅游

▲ 图 18-2　赠品升级

18.3　完善的服务会增加你的回头客

家电行业并不是一锤子的买卖，虽然家电的使用周期一般都很长，可是回头客仍旧十分重要。对于家电，也许单个的家庭消费能力是有限的，但家庭和家庭之间是可以产生联动消费的。

就比如李先生在这家店里买了台冰箱，用起来感觉很好，也许当李先生的朋友需要买冰箱的时候，李先生就会进行推荐，从而促成联动消费。

这样的情况是很常见的，所以如何增加回头客和促使消费者带来新消费者，就成为了提升隐性消费的重要手段。根据调查显示，妥善细致的服务，会让消费者对商家增加好感，而完善的售后服务更可以直接增加消费者的二次消费的可能性。

373　附加服务更能打动客户

如果服务已经做到了尽善尽美，但是还想再进一步，这时候就需要附加服务了。特别是网上购物，附加服务会成为吸引消费者的一个重要而且有效的手段。因此，每逢"3.15"前夕，各大家电零售企业，家电零售网站纷纷推出全新服务。软文作者都可以把这些附加服务运用在软文的结尾处，作为锦上添花之笔，如图18-3所示。

▲ 图18-3　家维亿佳清洗服务

家维亿佳的家电清洗服务确实十分得周到，以"舒心""舒适""经济""高效"为目标，形成一整套的家电维保服务解决方案。每次上门进行维修的维修人员在进行维修之后，不仅会将维修造成的污渍全部清理干净，还会主动检查其他家电以及使用的线路。

清理现场和检查其他家电及线路就属于附加服务，这部分的服务并不需要花费什么成本，但是带来的效果却是出乎意料的好。

374　促销升级案例

下面给大家看一篇非常成功的促销升级的案例。

在 2015 年的"五一"小长假期间，国美、苏宁等各大家电卖场纷纷推出让利促销活动。

从 4 月 29 日起，北京苏宁在线上线下同步启动"五一"大促销。苏宁通过规模采购和成本集约在确保绝对的市场优势的情况下，推出低价惊爆机型，如华为手机 G7 原价 2099 元，活动特价 1899 元；联想四核处理器 /4G 内存 /1T 一体机原价 3899 元，活动期间仅售 3399 元等。

国美则在苏宁的促销基础上，进行了一次成功的促销升级。在活动开始起至 5 月 3 日，在线上线下同步开启主题为"巅峰低价在国美"的"五一"升级促销活动。推出了"价高赔 500""大牌套购减 20%""购物送专车现金""全城请吃饭"四大活动。在促销价格上，显然国美更低。

国美非常成功地利用促销升级模式，抢占了"五一"的促销市场和大量的顾客，如图 18-4 所示。

增购物体验 卖场五一促销升级

"购物即送 AA 专车现金""价高赔 500 元""夜市大狂欢"……在即将到来的五一小长假，国美、大中、苏宁各大家电卖场纷纷推出让利促销活动。依托家电卖场的丰富经验和资源，线上线下资源融合，实现实体经济与虚拟数字世界的无缝对接。同时，利用门店仓储优势，不断刷新送货时效，切实提高用户体验，增加消费者的购物保障。

从 4 月 29 日起，北京苏宁将在线上线下同步启动五一大促，从货源、促销、服务等方面，投入数亿资源，以实打实的降价折扣让利于消费者，预计下拉市场均价 20% 以上。

苏宁将通过规模采购和成本集约确保绝对的市场优势，推出低价惊爆机型，如华为手机 G7 原价 2099 元，活动特价 1899 元；联想四核处理器 /4G 内存 /1T 一体机原价 3899 元，活动期间仅售 3399 元等。

"依托线上线下的平台采购优势，特惠产品在价格力度上得到保障，各品牌 3C 新品也将大批量集中推出。"北京苏宁总经理下农表示。

国美也不甘示弱，即日起至 5 月 3 日，在线上线下同步开启主题为"巅峰低价在国美"的"五一"促销活动。

线下门店方面，国美将推出"价高赔 500""大牌套购减 20%""购物送专车现金""全城请吃饭"四大活动。此外，还有近千款低价热销产品在线上线下进行不限量销售，供消费者选择购买。为满足有家装需求的消费者购买全套家电产品，国美在本次五一活动中特别设立了"大牌家电套购"专属服务电话，消费者提前预约到店时间、意向品类等基本信息，国美将为消费者量身制定一套专属家电套购组合，优惠力度保证在 20% 以上。

▲ 图 18-4　促销升级

375　服务升级案例

近年来手机厂商为了拉近自己与用户的距离，推出各种自定义的节日，如小米的米粉节、华为荣耀的狂欢节等。在 2015 年 8 月 29 日，魅族携手苏宁在南京举办粉丝线下狂欢 Party，魅族的粉丝节也来了。不过，与小米、华为以售卖为主的粉丝节文化不同的是，魅族携手苏宁的 8.29 粉丝狂欢会将活动主题定义为用户欢乐互动和服务体验。

在魅族苏宁 8.29 粉丝狂欢会上，魅族进行了现场快修、以旧换新、意外保购买和游戏互动四大活动环节。

为环保而努力的魅族 mCycle 回收项目也出在现粉丝狂欢会现场。魅族通过回收用户的旧手机并支付回收价格及魅族补贴，让用户购买新机器更加实惠，听现场工作人员讲解，回收后的机器会经过"绿色分离""无氯化湿法"等技术分解手机并提取稀贵金属，做到真正环保。

针对新购机的用户，魅族苏宁 8.29 粉丝狂欢会上还提供了意外保险购买服务，可为用户提供原厂保修范围外的意外损坏保修，为新手机增加一份保障。粉丝狂欢会活动最后进行了寻宝游戏，游戏中不乏"与苏宁员工合影"等趣味任务，用户参与可谓"欢乐多"。

粉丝狂欢会上提供的意外保险购买服务就是属于服务升级，在提供了免费维修的服务之后又增加了意外保险购买服务，这部分的升级服务就会给用户带来一种意外的惊喜，而且还是一种非常实用的服务。可以说魅族的这一次粉丝狂欢会是真的做到了名利双收。

18.4　家电行业软文发布平台及方法

撰写完成之后的软文，只是一个产品，需要使用才能体现其价值，所以就需要将家电软文发布出去。

除了直接将家电软文一对一地发布到目标网站外，更多时候需要利用第三方媒体的影响力进行软文传播。以前，企业主要选择报纸，但随着互联网应用的成熟，网络媒体的影响力已大大超出了人们的想象。

376　家电软文发布的优势

在各行各业都逐渐把目光放在了软文营销上面的时候，家电行业当然也不例外。相对于其他行业的软文营销，家电行业的软文营销具备着一些其他软文营销没有的优势，善于利用这些优势，就可以让这些优势成为盈利的利器，如图 18-5 所示。

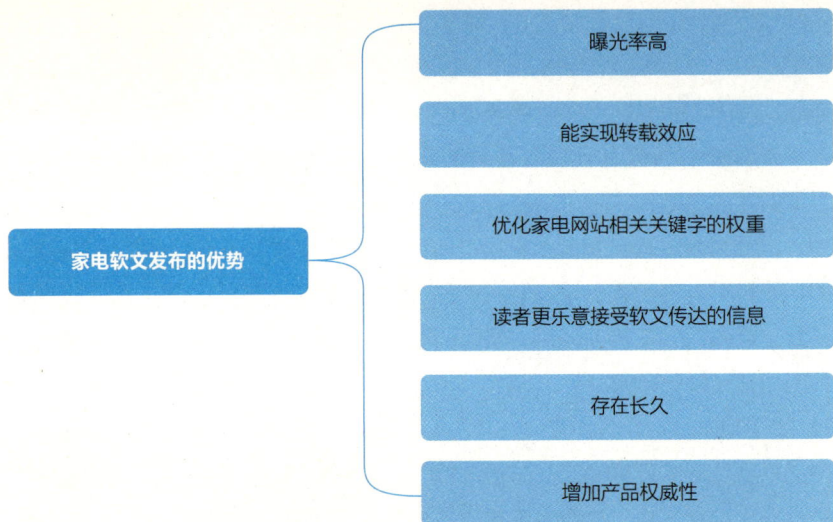

▲ 图 18-5　家电软文发布的优势

377　家电软文发布简介

网络推广是企业通过网络对自身的推广和宣传的方式之一。就家电行业来说，对于自家的商品软文，不能只注重撰写，软文撰写之后的网络推广更是至关重要。

1．家电软文传播意义

如今，互联网已从最初的娱乐工具转变为了最重要的信息获取和交流工具，互联网中与生活相关的信息更是备受网民关注。

通过传统门户网站、地方门户网站、行业门户网站等互联网第三方媒体，合理有效地进行企业信息的传播，包括企业日常新闻稿和企业项目宣传软文稿等，利用互联网第三方媒体新闻传播速度快、覆盖面广、持续时间久、转载率高等特性，向网民定向传播企业品牌信息，重点提高企业品牌的知名度、好感度和忠诚度。

2．网络媒体介绍

网络媒体和传统的电视、报纸和广播等媒体一样，都是传播信息的渠道，是交流、传播信息的工具和信息载体。

- 传统门户网站：拥有非常高的权威性，在传统门户网站传播企业信息，有着传统门户的公信力作为支撑，容易在网民心中积累企业品牌好感度。
- 地方门户网站：面对网民地域相对集中，使得发布的家电产品软文更容易被本地网民接受，对于在大都市的网民心中积累企业品牌知名度具有极强的针对性。
- 行业门户网站：近年来迅速兴起，因为受众精准，所以其是高效传播并不可少的途径，容易在网民心中积累企业品牌忠诚度。

除此之外，门户网站的新闻时效性长久，而且门户网站在搜索引擎中享受着高排名的优势，在门户网站传播的信息容易在网民搜索相关内容时检索到，并常常被其他网站、博客和论坛等转载，形成二次传播。

378 网易家电频道

网易作为我国领先的门户网站，其中的家电频道自然也是非常优秀的，内容丰富、功能齐全，是家电行业软文推广的重要平台。

1. 网站简介

网易网站中的家电频道是家电行业网站中比较优秀的一家，利用先进的互联网技术，加强人与人之间信息的交流和共享，实现"网聚人的力量"。

在网易的诸多栏目中，家电频道虽然不是最火爆的，但也是相当重要的，网易的家电频道以各种类型的软文为主，少量的产品介绍为辅，集中了家电行业大量的优秀软文，如图 18-6 所示。

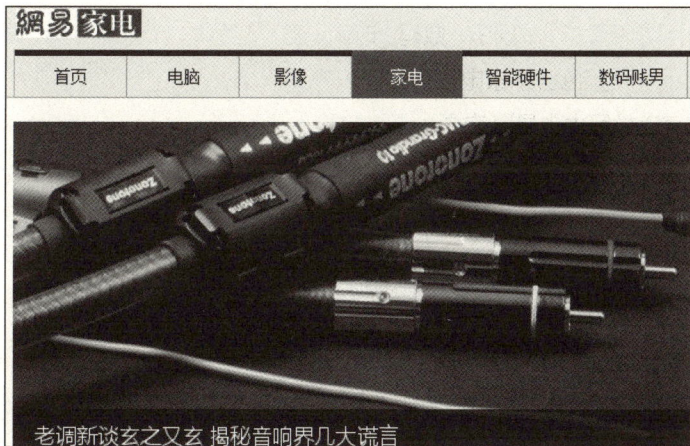

▲ 图 18-6　网易家电频道

2. 家电频道软文发布

在网易家电频道发布软文，需要注册登录，只有登录之后才可以进行软文的发布。发布之后的软文点击量高的出现在首页。虽然网易网站的家电频道并不是一家单独的网站，只是网易中的一个频道，但是内容却很丰富，频道里面的软文质量也很高，如图 18-7 所示。

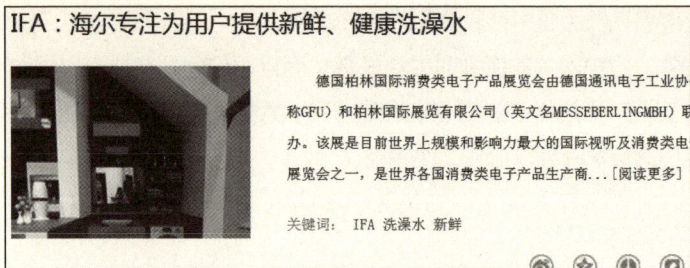

▲ 图 18-7　网易家电软文

379　长株潭网

长株潭网始创于 2008 年年初，是长株潭地区中规模、信息、内容更新、影响力和权威性都十分出色的地方门户网站。2012 年招兵买马，全力发展，由问道网络科技有限公司管理团队运营，汇集媒体精英，公司拥有近百人的行业精英及 30 多人的采编团队。

1. 网站介绍

长株潭网站拥有资讯、娱乐、数码、时尚、房产、汽车、女性、男性、体育等栏目，其中数码栏目中，就包含了家电栏目。在长株潭网这一类地方门户网站中，更多的是信息，所以家电栏目中也是以软文为主，如图 18-8 所示。

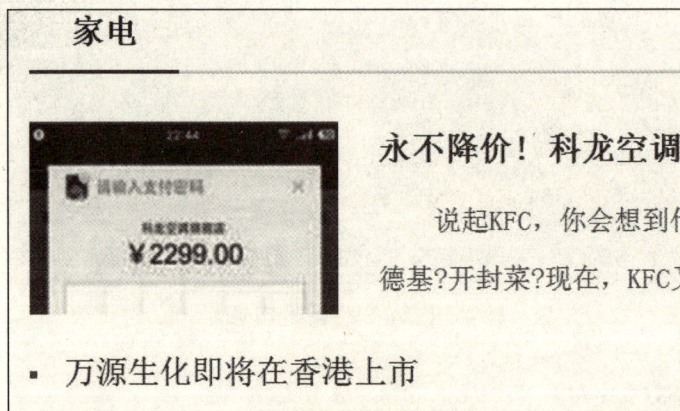

▲ 图 18-8　家电栏目

2. 软文发布

在长株潭网中发布软文，没有特定要求，只要注册登录之后，软文中没有违规内容即可自主在网站中进行发布。发布的软文会根据点击量的不同，选择性地出现在网站首页。如果和长株潭网有合作关系，可以要求长株潭网网站编辑将软文优先显示在网站首页。

380 中国家电网

中国家电网成立于 2000 年，是由中国家用电器协会主办、面向全球家电产业的综合行业门户网站。中国家电网立足于家电行业，以家电企业、家电消费群体为服务对象。

1. 网站介绍

中国家电网秉承"服务创造价值"的理念，打造家电行业的网络领导媒体，搭建家电工业的信息交流互动平台，面向家电业内外提供全方位家电资讯服务，同时提供企业信息化建设方面的咨询、设计和开发服务，致力于中国的家电产业的信息化发展，促进中国家电行业的健康有序发展。

2. 网站优势

中国家电网以一年一度的"红顶奖"颁奖盛典，引领中国高端家电的发展趋势。"冰箱行业高峰论坛""空调行业高峰论坛""洗衣机行业高峰论坛"均为家电行业的三大盛会，同时也颁发家电界的最高荣誉奖项。

- 有力的支持。中国家电网与国内外的行业协会、众多相关企业、科研院所、专业媒体、专业市场保持长期的密切合作，为中国家电网的专业服务提供了强有力的后台支持。
- 广泛的知名度。经过多年的发展，中国家电网在浏览量、网上广告、家庭或企业用户接触面上，在同类网站中居于领导地位，是认知度最高及最有价值的互联网品牌之一。
- 宽广的平台。中国家电网与 QQ 门户的战略合作，实现了家电行业垂直门户与大型公众门户的有机结合，搭建了更宽广的服务平台。

3. 网站功能

中国家电网包括电视、冰箱、空调、洗衣机、厨房电器、卫浴电器、手机、生活家电和个人护理等栏目，包含了绝大多数家电产品，以及当今市场诸多品牌的电器，所包含的内容十分丰富。

除此之外，它还拥有"最原创""火热测评""家电人物""图说家电"等重点栏目。

4. 网站发布

中国家电网的软文是不可以自主发布的，需要将想发布在中国家电网的软文通过电子邮件的方式进行投稿。如果是编译的软文需要注明软文的出处并且附带原文。

通过电子邮件进行投递的软文，会有以下一些要求。

- 软文内容必须与家电行业发展紧密相关，软文中的观点阐述、新闻评论、技术解读等内容，论点必须中立，论述翔实。文章体裁不限，字数不限。
- 软文建议采用纯文本格式（txt）。如果是文本文件，请注明插图位置。插图应清晰可辨，可保存为 jpg、gif 格式。如使用 Word 编辑的文本，建议不要将图片直接嵌在 Word 文件中，而应将插图另存，并注明插图位置。
- 如果用电子邮件投稿，最好压缩后发送。
- 请使用中文的标点符号，例如，句号应为"。"，而不是"."。
- 投递的软文请注明作者署名（真实姓名、笔名）、详细地址、邮编、联系电话、E-mail 地址等，以便联系。
- 保留对稿件的增删权。
- 对有一稿多投、剽窃或抄袭行为者，将保留追究由此引起的法律、经济责任的权利。

18.5　家电行业软文写作注意事项

家电行业软文的撰写虽然没有其他行业那么严格，但是也有着自己的一套方法和注意事项。如果可以在软文的撰写中有效地避免以下这些注意事项，那么写出的软文一定会是十分优秀的。

381　不要把家电软文写成说明书

虽然软文的目的就是做软性的广告，但是，如果把软文只当作广告来写，这绝对是错误的。特别是家电行业，很容易把一篇软文写成一份产品说明书。为了避免这一点，在撰写软文的时候，必须要进行策划。

如何进行策划？这时候就要思考，通过这篇软文给这个产品做广告，切入点是什么？主题是什么？要达到的目的是什么？大概的时间间隔是多少？而且，软文的篇幅大概多长？最后，还要选择投放的媒体，那么所在媒体的受众是什么？这些都要考虑到，只有思考了这些，写出来的才是软文，而不是产品说明书。

382　不可忽略品牌

家电类软文，家电的品牌是非常重要的。在撰写软文的时候，一定要明确该产品的品牌，因为很多人买家电看的都是品牌。在实际的消费行为中，品牌对于消费者的消费选择确实有着非常大的影响。

无论产品品牌是不是知名品牌都应该准确无误地表达出来，如果是大品牌，就要对品牌进行着重的说明，凭借大品牌的优势和信誉给消费者带来安全感。家电类软文最忌讳的就是通篇没有提到品牌的任何信息或者品牌信息前后不一，这样的产品很难吸引读者注意，并会让读者对产品的质量有不信任感。

383　家电产品的信息必须准确

软文撰写者写家电类的软文，要时刻站在消费者的角度，把自己当成消费者。这样的话就需要思考自己是消费者的时候想在软文里看到什么内容，希望会出现产品的一些什么信息。

一般来说，大多数的消费者还是希望能够看到产品的一些详细信息。虽然消费者不一定懂这些信息的意义，但是消费者需要这些信息来和其他的产品做比较，也会根据这些信息去网上查询，从而进一步地了解该产品。

比如一台海尔电冰箱，包含的信息就有以下几点。

商品名称：海尔（Haier）BCD-216SDN 216 升 L 三门冰箱（银色）。

电脑控温，三温三控。

品牌：海尔（Haier）。

型号：BCD-216SDN。

产品规格：三门。

开门方式：侧开门。

产品外形尺寸：580×560×1739。

商品净重量：60 kg。

制冷方式：直冷式。

能效等级：一级。

定频 / 变频：定频。

这些基本的信息是一定要有而且必须准确无误的。

384　家电软文布局美观

若一篇软文的布局呈现出杂乱的状况，那么读者定然不会花时间阅读下去了。由此，家电软文的布局非常重要，一定要注意软文中的字号、段落排列等，呈现出有逻辑的美观性。

不仅如此，在家电类软文的撰写过程中，撰写者不可避免地需要对家电产品进行一些说明，而这一类的说明包含了产品信息和具体的参数。当然，并不是说家电软文一定要有这些东西，不过一旦涉及这类内容就必须要特别注意。

产品信息和参数的内容如果是直接在网上复制的，就会出现这样的情况：规格产品外形尺寸 580×560×1739 商品净重量 60 制冷类型 压缩机制冷 冷冻室容积 58L 软冷冻室容积 43L 冷藏室容积 115L 电压 / 频率 220V/50HZ。

没错，所有家电产品的信息说明或者参数，是没有任何标点符号的。可是软文里是必须有的，这时候就需要进行编辑整理，不然看上去乱七八糟的一团，消费者是没有兴趣看下去的。

385 家电软文用词"生活化"

在家电软文中，如果以产品厂家的口吻再加上一些专业的术语来写一篇软文，消费者看了之后会感觉这就是纯粹的广告，会让消费者有抗拒感，不会继续阅读。但是如果软文的用词都是生活用词，会让消费者感觉到就像是邻居在说昨天买了什么东西很好用一样，不会产生抗拒的心理。

第 19 章

案例：汽车行业软文

学前提示

汽车行业已经从几年前的品牌启蒙期发展到现在的品牌升级期，竞争日趋激烈。所以进行品牌升级再造，打造具有"准确而有力的品牌定位""鲜明的品牌形象"是让自身品牌增值的重要措施。

如何快速让消费者在短时间内认可或尝试了解这种品牌价值？软文营销是不可忽视的一种方法。

案例：汽车行业软文

汽车行业软文的类型

汽车软文写作技巧

19.1　汽车行业软文的类型

按照目前的一个大环境来说，我国仍将处于工业化和城镇化同步加速发展的阶段，国内生产总值和居民收入将持续增长，国家也将继续出台有利于扩大内需的各项政策，加之二、三线城市及农村市场的汽车需求增加，预计我国汽车消费市场将进一步扩大。

随着汽车消费市场的扩大，汽车行业的销售手段也越来越多，作为互联网时代越来越被各大行业、各大企业所喜爱的软文营销，汽车行业当然也不会放过。汽车行业与软文营销相结合，给汽车消费市场打了一针强心剂。

不过汽车行业的软文，和其他行业还是有些区别的，最主要的是软文类型不同。

386　科学宣传型软文

科学宣传型软文是通过科学宣传或介绍，让消费者看到产品采用的新科技成果，从而让消费者接受的软文。

汽车是高技术行业，经常会有一些新材料、新技术、新成果被应用到新产品中。在这种情况下，汽车厂商会把这种新技术作为一个卖点。通过硬广可能无法把其技术原理原原本本地传递给受众，所以科普软文在此时就会派上用场。

387　功能型软文

在汽车行业，所谓功能型软文，主要是介绍汽车的驾乘体验。汽车厂商可以把媒体试车、媒体测评的结果以文章的形式进行传播。并且，汽车品牌的老客户和潜在消费者的试车体验也可以当成是功效性软文发布出去。软文的形式没有固定的模式，可以灵活一些。

388　新闻型软文

对于一家在国内乃至国际上都颇具影响力的汽车企业，每天都有可能会发生一些或大或小的新闻事件，有些事件是媒体所需要的，特别是专业性很强的媒体。企业在不停地进步，不停地推出新产品、升级新服务，塑造品牌形象；推广事件，如果通过新闻的形式传播出去，一定会给企业增加无形资产，对品牌积累大有裨益。

389　感性型软文

对于汽车行业，在汽车品牌向人们勾勒出一种独特的人车生活方式，以及阐释一种独特的社会价值观时，一定会让消费者感兴趣。如果汽车品牌可以向人们兜售生活情趣及驾驶乐趣时，感性化的描述一定会在精神层面产生巨大的影响。

另外，尊贵、豪华、成功、地位和身份等都已不再是生硬的东西，抢占心理阵地与精神阵地会收获更大的成功，感性型软文就是这方面最有力的武器。

390 案例型软文

软文仅仅说理谈情还不行，正所谓"理论要结合实践"，所以如果可以在软文中加入恰当经典的案例会更有说服力。

汽车行业还是有很多优点可以找的。例如，"汽车厂商可以找出行驶 XX 万公里无大修"的软文，用以证明汽车的性能与耐用；也可以拿出具体的节油数据，让消费者知道某款车能节多少油。

391 销量型软文

实际上，每一个企业在经营管理过程中，都会取得一些业绩或积累一些荣誉。这些业绩及荣誉不仅是企业的骄傲，更是企业产品的卖点。

软文就可以把这些销量或者足够分量的荣誉放进去，从而增加企业的亮点。汽车行业有很多销量的点可抓，如"第 XX 万辆汽车下线""全球累计销售 XX 万辆""年度销售突破 XX 万辆""年度销售第一""品牌客户满意度调查获得第一名""品牌成为 XX 活动指定用车"等。

392 领军型软文

每个企业都有自己的"领头羊"，作为领军人物的企业领导人往往也是媒体关注的焦点，企业领导人的成长经历、企业创业史、管理思想等都为媒体所关注。只要仔细挖掘，还是有很多的传播点可以写的。比如近几年，汽车行业关于企业家的评选也逐渐地多了起来，诸如"年度汽车风云人物"，其实这也是一个很不错的传播点。

19.2 汽车软文写作技巧

伴随着网络的不断发展，软文推广已经成为汽车销售中最为重要的营销推广手段。一篇优秀的软文不管在宣传推广上，还是在提升客户转化率上都起着举足轻重的作用。

但是一篇优秀的软文在发布的时候，还是有很多的技巧和方法需要注意的。

393 软文篇幅要合理

一般来说，软文的篇幅不需要太长，一定要合理，不然读者会失去阅读的欲望，图 19-1 为对软文的篇幅要求。

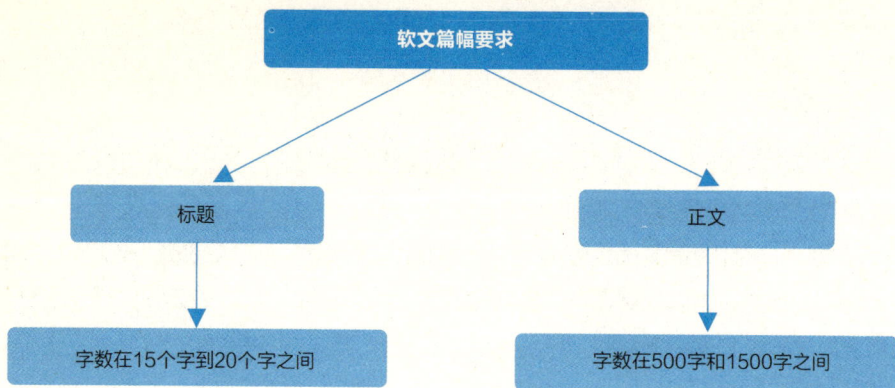

▲ 图 19-1　软文篇幅要求

394　软文分段要清晰

对于汽车软文来说，应该根据不同类型的软文使用不同的分段技巧，如图 19-2 所示。

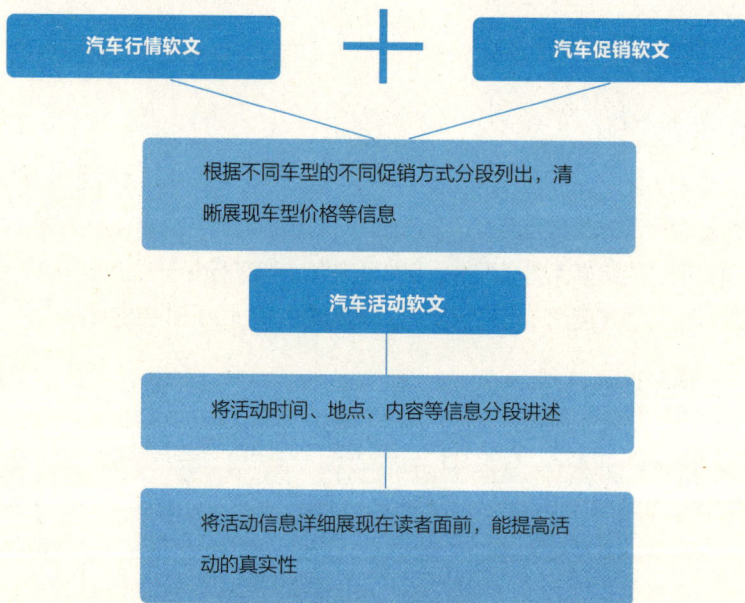

▲ 图 19-2　软文分段技巧

一篇不规范的软文呈现在读者的眼前，读者肯定看得不明所以。例如，会产生"这是什么品牌？""到底搞什么活动？""这个活动可信吗？"这样的疑问。

一般来说，常见的汽车行业软文分为 4 种类型，如图 19-3 所示。

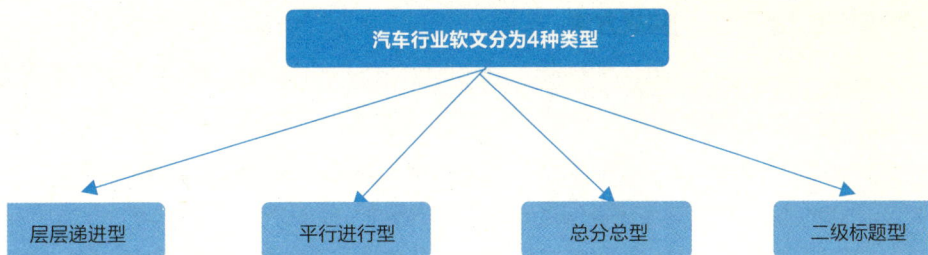

▲ 图 19-3　汽车行业软文的 4 种类型

395　图文并茂更有吸引力

　　若汽车软文以图文并茂的方式展现在读者的眼前，使读者对文字的描述不再觉得抽象，对产品有更清晰的认识，且精美的图片更具有吸引力，如图 19-4 所示。

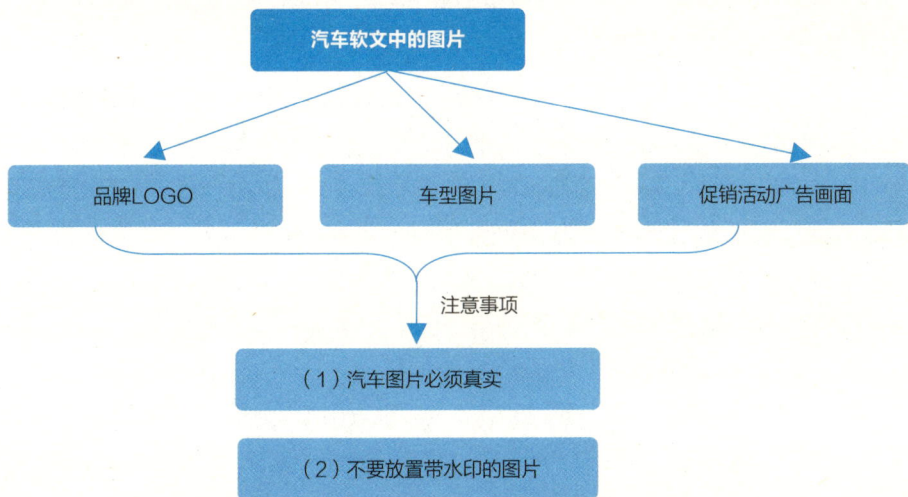

▲ 图 19-4　汽车软文中的图片

396　添加超级链接

　　在汽车软文中，撰写者可以适当地加入一些汽车官网、汽车活动等的超级链接，这样能让读者更详细地了解汽车方面的相关信息。

397　文末需要总结

　　软文撰写者在撰写汽车软文时，在结尾处最好放置一些总结性的话术，为读者增加理解能力，也将软文的主要内容提炼出来，让软文意图更加明显，让读者更加明白软文所要表达的内容，提高软文的可读性。

398 控制关键词出现频率

在软文的开头、文中、结尾处添加几个主要关键词，来加深读者对软文中的广告信息的印象。全文中的主要关键词最好不要超过 5 个。

在汽车行业的软文中，需要控制好"关键词"的出现频率。根据中文搜索引擎的搜索习惯，如百度、搜狗、谷歌等，在文章开头和结尾处添加能代表软文的主要关键词：表达信息的关键词，大概 3 ~ 7 个字，不要选择太长的字眼，在全篇文章中出现 3 ~ 12 次。

399 凸显汽车的价值

汽车行业也是一种更新换代的行业，因此，汽车的价值体现在软文中尤为重要，软文撰写者可以从汽车的价值方面进行软文的撰写，将汽车的价值体现得淋漓尽致，让读者有兴趣进一步了解汽车的其他性能。

400 活动才是硬道理

如今，汽车对于人们来说算是一种比较"烧钱"的产品，对于那些有想法购车、准备购车的人群来说，活动是最为吸引他们眼球的营销招数了。

一般来说，活动对于汽车行业来说，有以下两种作用。

- 增添企业和消费者的互动性。
- 以活动价格来激起消费者的购买欲望。

因此，软文撰写者需要抓住活动点来入手，撰写出有"场景""有促销"的活动汽车行业软文。只有这样的汽车行业软文，才能紧紧地扣住读者想要购买汽车的欲望。

401 只写专一产品

企业在进行汽车行业的软文撰写工作时，最好是有针对性地、专一地介绍一个产品，这样的软文既不会显得杂乱又能体现出软文撰写者的专业性，软文撰写者可以根据车型的卖点，在软文中进行分段列举，这样能让读者条理清晰的将软文阅读完，并便于理解汽车产品的性能与特点。

402 拿出权威性

汽车毕竟是一种高消费产品，人们在购买一部汽车之前大部分都会学习汽车方面的知识，在网络上搜索一些有价值的资料。届时，企业在软文中若能加入一些购买汽车方面的小知识，定能为软文增加吸引力。若能在软文的开篇就以"每次写试驾的稿子都是免不了介绍外观内饰"之类的话语，给读者一种作者是专门撰写这类稿子的资深人士的感觉，能大大的提高汽车软文的权威性，能加深消费者心中的信赖感。

403 抓住4个角度

汽车软文其实一点都不难学，反而很容易写，只要抓住消费者的需求来进行撰写，在很大程度上，能大大的加强软文的曝光率以及吸引力。

一般来说，消费者都会从4个角度来考虑汽车，如图19-5所示。

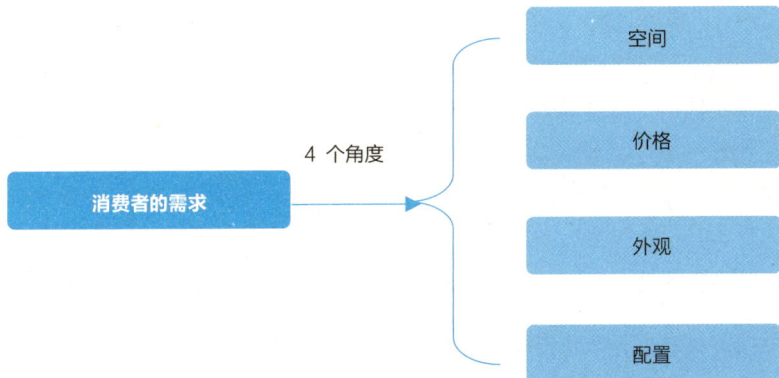

▲ 图 19-5 消费者的需求

企业可以围绕上述4个角度来撰写汽车软文，定能吸引一部分人群的注意力。

404 引入新闻式标题

汽车软文可以多运用新闻式标题，标题就相当于软文的"门面担当"。若在标题上就能给人一种权威的感觉，那还怕没有人愿意在网络上点击标题，进入观看内容吗？

由此，汽车行业软文不妨多用一些新闻式标题，来为自己的软文增加一丝权威性和信赖感。图19-6为一篇新闻式标题的汽车软文。

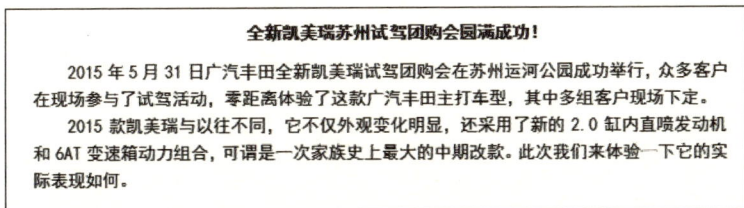

> **全新凯美瑞苏州试驾团购会圆满成功！**
>
> 2015年5月31日广汽丰田全新凯美瑞试驾团购会在苏州运河公园成功举行，众多客户在现场参与了试驾活动，零距离体验了这款广汽丰田主打车型，其中多组客户现场下定。
>
> 2015款凯美瑞与以往不同，它不仅外观变化明显，还采用了新的2.0缸内直喷发动机和6AT变速箱动力组合，可谓是一次家族史上最大的中期改款。此次我们来体验一下它的实际表现如何。

▲ 图 19-6 新闻式标题的汽车软文

405　抓住热点实事

软文撰写者在撰写汽车行业软文时，可以利用热门的综艺节目，一定要抓准角度来与热点时事相结合。若汽车有为热门节目做赞助商，那么就完全可以围绕热门节目来撰写软文；若是没有做热门节目的赞助商，可以从其他热点事件入手，找到事件与自己汽车的结合点，即可撰写出一篇借助热点时事的汽车行业软文。

406　利用评测手法

汽车软文可以运用评测手法来增加软文的可读性。软文撰写者在撰写评测类型的汽车软文时，不需要华丽的辞藻来堆砌文章，也不需要多余的铺垫来引出核心关键词，只需要实打实地将读者想要知道的内容展示出来，扣准主题，老老实实地写出汽车产品的评测内容即可。就算要将汽车的价格体现出来，都能大大方方、非常直接地加到文章中，只要合理，无需隐晦；但切记文章中一定以评测为主，这样的评测的汽车软文才有阅读的价值。

407　选择特定主体

软文撰写者在撰写汽车行业软文时，可以以某个特点人群为主角，根据这些特定人群的对挑选汽车的要求进行扩张与连接，将汽车品牌嵌入到其中，并且以积极向上的态度来铺设文章，这样既能提高品牌的美誉度又能精确人群。

408　突出汽车性能

软文撰写者在撰写汽车行业软文时，可以尽可能地将汽车比较具有特色的性能给展现出来。这样能突出汽车的卖点，让读者产生想要购买的情绪，并能让读者更加全面地了解汽车的特点。

软文撰写者在突出汽车性能的过程中，不妨用与其他品牌的汽车进行对比的方式来凸显出彼此的差异之处以及自己的优劣势，当然最好是针对几个比较有特色的地方来进行描写。这样就能让读者快速地知道软文中的汽车亮点，这样的汽车展示效果会比较显著。